Dietmar Grieser

Was bleibt, ist die Liebe

Dietmar Grieser

Was bleibt, ist die Liebe

Von Beethovens Mutter bis Kafkas Braut

Mit 29 Abbildungen

Amalthea
Verlag

Für Annemarie

Besuchen Sie uns im Internet unter: amalthea.at

© 2018 by Amalthea Signum Verlag, Wien
Alle Rechte vorbehalten
Umschlaggestaltung: Elisabeth Pirker/OFFBEAT
Umschlagmotiv: Pierre Auguste Renoir, *In the Garden*,
Öl auf Leinwand, 1885 © Bridgeman Images
Herstellung und Satz: VerlagsService Dietmar Schmitz GmbH,
Heimstetten
Gesetzt aus der 11,15/14,9 pt New Caledonia
Designed in Austria, printed in the EU
ISBN 978-3-99050-136-8

O lieb', solang du lieben kannst!
O lieb', solang du lieben magst!
Die Stunde kommt, die Stunde kommt,
Wo du an Gräbern stehst und klagst!

Diesen 1845 von Franz Liszt für Sologesang und Klavier vertonten Vers des erst 19-jährigen deutschen Freiheitsdichters Ferdinand Freiligrath stellte Maximilian Schell an den Schluss seines 1984 gedrehten Dokumentarfilms *Marlene Dietrich – Porträt eines Mythos*. Die damals 83-Jährige ließ sich für dieses außergewöhnliche Projekt nicht filmen, sondern war mit Regisseur und Interviewer Schell ausschließlich per Telefon verbunden. Beim gemeinsamen Rezitieren des von ihr hochgeschätzten Liedtextes zeigte sich Marlene Dietrich zu Tränen gerührt.

Inhalt

Vorwort

Für alles und jedes gibt es ein Gütesiegel. Für Bankaktien. Für Büromöbel. Für schottischen Whisky wie für molukkische Gewürznelken. Auch für die Liebe?

Steht die *letzte* Liebe höher als die *erste*? Wieso musste die *amour fou* des Malers Richard Gerstl mit Mathilde Schönberg tödlich enden? Weshalb hat Ludwig van Beethoven seinen Vater so sehr gehasst? Der Fall Erich Kästner wiederum ruft die Psychologen auf den Plan: Wie weit darf Mutterliebe gehen?

Österreichs Thronfolger Franz Ferdinand musste den Widerstand »seines« Kaisers, der Praterakrobat Nikolai Kobelkoff die gesellschaftliche Ächtung körperlicher Missbildung brechen, um zu seinem Eheglück zu gelangen. Benjamin Britten's Liebesleben – ein Problem für seine Mitwelt? Hier der Altruismus des Armenarztes Ladislaus von Batthyány, dort der Narzissmus eines Silvio Berlusconi; hier die Hassliebe der Strindbergs, dort der Totenkult des Fürsten Lanckoronski, der seiner über alles geliebten Frau mit dem Bau des »Tadsch Mahal von Wien« huldigt. Ohne die Wiener Flitterwochen eines New Yorker Brautpaares anno 1938 gäbe es den Kultfilm *Casablanca* nicht, ohne den Veroneser Grabhüter Ettore Solimani keine Antwortpost für jene unglücklich Liebenden, die Romeo und Julia ihr Herz ausschütten.

Wer sich für komplizierte Partnerschaften interessiert, kommt an Namen wie Franz Kafka und Bertolt Brecht, wie Agatha Christie und Consuelo de Saint-Exupéry ebenso wenig vorbei wie etwa an der Frage, inwieweit das Zusammenleben mit einem

Haustier das menschliche Miteinander ersetzen kann. Für alle diese Konstellationen und viele mehr ist die Kulturgeschichte reich an Beispielen – einigen von ihnen bin ich für das vorliegende Buch nachgegangen.

Mutterliebe

»Sehr geliebt und geacht'«
Beethovens Mutter Maria Magdalena Keverich

Ab einem bestimmten Prominenzgrad dürfen auch die Anverwandten des Hochberühmten damit rechnen, in dessen öffentliche Lobpreisung einbezogen zu werden. Catharina Elisabeth Goethe geborene Textor, wahlweise »Frau Rath Goethe« oder »Frau Aja« genannt, wird in der Geburtsstadt ihres Sohnes gleich zweifach gewürdigt: mit einer Gedenktafel an der Frankfurter Hauptwache und einer Skulptur im Rosarium des Palmengartens. Beethovens Mutter Maria Magdalena geborene Keverich hat es sogar zu einem eigenen Museum gebracht. Das kleine Ehrenbreitstein, heute ein Stadtteil von Koblenz, huldigt der hier am 19. Dezember 1746 Geborenen mit einem Memorial, das nicht nur dem rheinland-pfälzischen Denkmalschutz unterliegt, sondern seit 2002 auch Teil des UNESCO-Welterbes Oberes Mittelrheintal ist.

Ehrenbreitstein – das ist zunächst einmal die alles weitum überragende, über Jahrhunderte dem Erzbistum Trier unterstellte, 1801 von den Franzosen gesprengte und in den folgenden Jahrzehnten zu einer der stärksten preußischen Bastionen ausgebaute Festung, die noch heute massenweise Besucher anzieht. Auch die Liste der an diesem Ort geborenen Berühmtheiten ist lang: Sie reicht von dem Romantikdichter Clemens von Brentano, der mit der von ihm und Freund Achim von Arnim herausgegebenen Volksliedsammlung *Des Knaben Wunderhorn*

13

in die Weltliteratur eingegangen ist, bis zu dem deutsch-franzö-
sischen Romancier und Dramatiker Joseph Breitbach, der mit
seinem 1962 erschienenen *Bericht über Bruno* international
Aufsehen erregte und bis heute in dem von ihm gestifteten und
nach ihm benannten Literaturpreis fortlebt (der unter anderen dem österreichischen Lyriker Raoul Schrott zugesprochen
worden ist). Und die Fernsehkonsumenten der 1970er-Jahre
werden sich an den Kabarettisten Jürgen von Manger erinnern:
Auch er stammt aus Ehrenbreitstein.

Ja, und dann jene Frau, die anno 1770 eines der größten
Musikgenies aller Zeiten zur Welt gebracht hat: Ludwig van
Beethoven. Man weiß wenig über die kaum 41 Jahre alt Gewor-
dene, hat nie auch nur das kleinste Bild von ihr gesehen und
muss sich auch im ihr gewidmeten Ehrenbreitsteiner »Mutter-
Beethoven-Haus« mit Marginalem begnügen.

Den Geburtsort des berühmten Sohnes spare ich auf meiner
Deutschland-Reise aus, fahre vom Flughafen Köln-Bonn gleich
weiter nach Koblenz, verweile auch dort nur wenige Stunden:
das Metternich-Geburtshaus am Münzplatz, die Liebfrauen-
kirche mit dem Mutter-Teresa- und Sophie-Scholl-Fenster.
Nicht Maria trägt das Jesuskind im Arm, sondern Josef – ich
registriere allgemeine Zustimmung insbesondere unter den
jüngeren Touristen, die den Erklärungen des Fremdenführers
folgen. Auch die nach dem Revoluzzer Johann Joseph von Gör-
res benannte Buchhandlung ist mir einen Abstecher wert: Hier
habe ich vor mehr als 40 Jahren aus meinen Büchern gelesen,
es war ein besonders aufmerksames Auditorium, nur einer, noch
dazu in der ersten Reihe, schlief auf der Stelle ein. Wie passte
das zusammen, dass sich der alte Herr bei der anschließenden
Diskussion als der Lebhafteste und Versierteste entpuppte? Er

habe es sich, so erläuterte er, zur Angewohnheit gemacht, sich bei Vorträgen tief in das Gehörte zu versenken, um in dieser meditativen Haltung besonders aufnahmefähig zu sein. Von Schlafen keine Rede.

Erinnerungen werden auch an meine Studentenzeit in Münster wach: Beim Anblick eines Koblenzer Firmenschildes mit dem Namen Adenauer gehen meine Gedanken zu jenem hünenhaften Kanzlersohn Paul, der in einem unserer Seminare mein Sitznachbar war. Ganz der Vater, nur zwei Kopf größer. Ein Besuch am Grab Karl Baedekers, der mit dem Reisebericht *Rheinreise von Mainz bis Köln* 1828 die nach ihm benannten, nachmals weltberühmten Reiseführer begründete, geht sich leider nicht aus, obwohl er für mich als »Literaturdetektiv« (wie man mich zuzeiten genannt hat) so etwas wie ein Säulenheiliger sein sollte.

Am Deutschen Eck, wo die Mosel in den Rhein mündet, besteige ich die Seilbahn nach Ehrenbreitstein. Sie ist ein Überbleibsel der Bundesgartenschau von 2011, befördert 7600 Personen in der Stunde, legt die 890 Meter in fünf Minuten zurück und – weckt in mir patriotische Gefühle: Es handelt sich um eine Konstruktion der Vorarlberger Unternehmensgruppe Doppelmayr, die in ihrer Branche den Weltmarkt anführt.

Nun also Ehrenbreitstein. Keine zehn Minuten Fußweg und das Haus in der Wambachgasse 204 ist erreicht, in dem vor 271 Jahren Beethovens Mutter das Licht der Welt erblickt hat. Bis weit ins 19. Jahrhundert floss hier der Wambach offen an den Bürgerhäusern vorbei, ohne den Fuhrwerken, die sich den Weg zum Rheinufer und zur Fähre bahnten, ein Hindernis zu sein. Das dreistöckige Haus, kleinfenstriges Bürgerbarock mit Giebelfachwerk, ist wieder und wieder verändert, unter Verwendung der alten Bauteile zuletzt totalsaniert worden und seit

2001 ein öffentlich zugängliches Museum. Die zu großen Teilen aus dem asiatischen Raum anreisenden Touristen verbinden ihren Aufenthalt in der Beethoven-Geburtsstadt Bonn gern mit einer Rhein-Fahrt – Stichwort Lorelei! – und einer Visite im »Mutter-Beethoven-Haus«.

Was sie zu sehen bekommen, ist freilich – mangels unmittelbarer Memorabilien – dürftig: Maria Magdalena Keverichs Taufeintrag im Kirchenbuch, ein paar edle Möbelstücke »aus der Zeit«, die obligate Nachbildung der Beethoven-Totenmaske, Erstausgaben von Erasmus, Brentano und Sophie von La Roche, ein *Narrenschiff* mit den Holzschnitten Albrecht Dürers. Mutter B. begegnen wir nur in Gestalt eines fragwürdigen Phantasieporträts von heutiger Malerhand. Würde dem Besucher nicht ein höchsten wissenschaftlichen Ansprüchen genügender Museumsführer mitgegeben werden, der ihn auf 70 reich bebilderten Seiten über die Baugeschichte des Hauses, die Familienchronik der Keverichs und Maria Magdalenas Lebensumstände instruiert, wäre der Abstecher nach Ehrenbreitstein verzichtbar.

Bei den Keverichs dreht sich über mehrere Generationen alles um die Herrschaft der seit dem 13. Jahrhundert in Ehrenbreitstein residierenden Trierer Kurfürsten. Das Zeremoniell bei Hof ist streng, in den »höheren Etagen« sind Französisch und Italienisch die Umgangssprachen. Zur Hofhaltung gehört neben den Regierungsbeamten eine große Zahl von Bediensteten und Lieferanten. Von den 7500 Einwohnern, die die heutige Großstadt Koblenz um 1790 zählt, steht ein Fünftel im kurfürstlichen Dienst. Allen – vom Gesinde über die Musiker bis zum Kanzler – ist eine feste Besoldung sicher, desgleichen freie Unterkunft, wenn nicht gar standesgemäße Dienstwohnung. Bei Krankheit sowie im Alter sind Pensionszahlungen vorgesehen, für die Ausbildung begabterer Kinder Beihilfen.

Während der Regierungszeit des Kurfürsten Johann Philipp von Walderdorff, dem nicht nur »aufrichtige Frömmigkeit«, sondern auch besonderer Kunstsinn und üppige Festesfreude nachgesagt werden, finden im Prunksaal der Philippsburg Konzerte statt, zu denen die erste Musikergarnitur aufgeboten wird. Am 18. September 1763 – da ist Beethovens Mutter ein Mädchen von knapp 17 – treten der siebenjährige Mozart und Schwester Nannerl in Ehrenbreitstein auf. Der sie begleitende Vater hat von den kurfürstlichen Höfen keine allzu gute Meinung: »Meißte besteht in Essen und tapfer trinken.« In seinem Tagebucheintrag vom 18. September hält der geschäftstüchtige Leopold Mozart immerhin lobend fest, man sei »gleich nach der Production mit 10 Louisdor beschenkt worden«.

Auch die Familie Keverich lebt vom Hof. Schon Maria Magdalenas Großvater dient den Kurfürsten als Kutscher, Vater Johann Heinrich ist Hofkoch und steigt 1744 zum Oberhofkoch auf. Der Mann, den die 17-jährige Maria Magdalena heiratet, ist der Leibkammerdiener Johann Georg Leym, der aus seiner ersten Ehe drei Kinder mitbringt und in der zweiten keinen weiteren Nachwuchs hat. Als er 1765 stirbt, lässt er eine kaum 19-jährige Witwe zurück. Maria Magdalena begibt sich wieder in elterliche Obhut, bis sie zwei Jahre darauf – die Quellen sprechen von einer Erstbegegnung in einem Ehrenbreitsteiner Gasthaus – den sechs Jahre älteren Bonner Hoftenoristen Johann van Beethoven kennenlernt und am 12. Jänner 1767 in der St. Remigius-Kirche zu Bonn ehelicht.

Die Verbindung wird von beiden Familien missbilligt: seitens der Beethovens, weil die Braut »nur« als Kammerzofe gedient hat, und seitens der Keverichs, weil der Bräutigam zu geringe Einkünfte hat (die allerdings auf dessen »Drohung« mit Weggang an den zahlungskräftigeren Hof von Lüttich erhöht wer-

17

den). Der Trauung folgt ein dreitägiger gemeinsamer Aufenthalt bei den Ehrenbreitsteiner Verwandten der Braut, dann wird die erste Wohnung der jungen Eheleute bezogen, in der man sieben Jahre verbleibt: Bonngasse 386 (heute Nummer 20). Es ist der Ort, an dem im dritten Ehejahr Sohn Ludwig auf die Welt kommt. Von den weiteren sechs Kindern, die Maria Magdalena gebiert, überleben nur drei das Säuglingsalter.

Was das Auskommen der Familie betrifft, ist Sparsamkeit geboten: Das nicht unbeträchtliche Vermögen, das Maria Magdalena von ihrer Mutter geerbt hat, ist durch die Machenschaften eines nahen Verwandten verloren gegangen. Auch der Prozess vor dem Ehrenbreitsteiner Schöffengericht, dem sich der wegen Veruntreuung Angeklagte zu stellen hat, bringt der Klägerin nichts von ihrer Mitgift zurück.

Das Wenige, das wir über Beethovens Mutter wissen, über ihr Wesen, ihre Erscheinung und insbesondere ihren Umgang mit dem später so berühmten Spross, verdanken wir den Aufzeichnungen eines Mannes, der der Familie Beethoven eine Zeit lang als Vermieter nahesteht: Es ist der Bonner Bäckermeister Gottfried Fischer. Zunächst einmal hält er fest, »daß Maria Magdalena eine schöne schlanke Person war und keiner was auf sie bringen konnte«. Und er fährt fort: »Madamm v. Beethoven war eine geschickte Frau, sie konnte für Hohen und Nidrige sehr fein, geschickt, bescheiten red und antwort geben, deßwegen würte sie auch sehr geliebt und geacht, sie beschäftig sich mit Nähen und stricken, sie führten Beide eine rechtschaffene friedliche Ehe, sie zahlten alle Virteljahr ihren Haußmieht und gelifferte Brod auf den Tag, und so auch andere, sie war eine Häußliche, gute Frau, sie wußte zu geben, auch zu nehmen, wie jedem gut ansteht, der rechtschaffen denkt.«

Mit 16 Halbwaise:
Ludwig van Beethoven

Alles überstrahlend, ja tief ergreifend Beethovens eigene Worte über seine Mutter; der 16-Jährige richtet sie nach deren Tod an einen seiner Wohltäter: Der Augsburger Geistliche Joseph Wilhelm von Schaden hat ihm für die Heimfahrt von Wien nach Bonn mit 35 Gulden Reisegeld ausgeholfen. Ihm schreibt er in seiner Dankadresse: »Sie war mir eine so gute liebenswürdige Mutter, meine beste Freundin; O! Wer war glücklicher als ich, da ich noch den süßen Namen Mutter aussprechen konnte, und er wurde gehört, und wem kann ich ihn jetzt sagen? Den stummen ihr ähnlichen Bildern, die mir meine Einbildungskraft zusammensetzt.«

Auch aus späterer Zeit ist eine Lobpreisung der Mutter überliefert: Beethovens Schüler und künftiger Berater, Ferdinand Ries, erinnert sich: »Von seiner Mutter besonders sprach er mit Liebe und Gemüthlichkeit, nannte sie öfters eine brave, herzensgute Frau. Von seinem Vater sprach er wenig und ungern.«

Gleichwohl nimmt die Rolle, die Johann van Beethoven im Leben des Heranwachsenden einnimmt, in allen Biografien weit größeren Raum ein. Das hat zwei Gründe: Erstens ist es der Vater, der sich um die musikalische Ausbildung des »Söhnchens« kümmert, und zweitens sind der Mutter durch deren frühen Tod nur 16 Jahre des Zusammenseins mit ihrem »Ältesten« vergönnt. An gemeinsamen Unternehmungen der beiden, die den Alltag unterbrechen, ist lediglich eine Reise nach Rotterdam überliefert, die im Übrigen bloß einem Besuch bei den dortigen Verwandten gilt. Die Frage nach Maria Magdalenas etwaiger eigener Musikalität kann nicht beantwortet werden; man weiß lediglich von einem ihrer Vettern, dem Bonner Hofmusikus Johann Konrad Rovantini, der dem jungen Ludwig Geigenunterricht erteilt. Spielt sie auch selbst ein Instrument, oder staubt sie nur das Klavier ab, an dem ihr Mann seinen Sohn zu den ersten Übungen zwingt? Rückt sie nur das Bänkchen zurecht, das der Kleine benötigt, um an die Tasten heranzureichen? Bringt sie nur das Kinderbett in Ordnung, aus dem der von spätabendlichen Wirtshausbesuchen schwer angeheitert heimkehrende Gatte das Büblein aus dem Schlaf zerrt, um ihn mit nächtlichem Klavierunterricht zu foltern? Beethovens Mutter tritt erst wieder aus dem Schatten, der über ihrem Leben liegt, hervor, als sie 1787 schwer erkrankt. Der Sohn, zum ersten Mal auf dem Weg in die künftige Wahlheimat Wien, wird nach Bonn zurückbeordert, trifft die 40-Jährige »in den elendsten Gesundheitsumständen« an.

Maria Magdalena leidet seit der Geburt eines ihrer Töchterchen an schleichender Auszehrung, lässt sich angesichts der andauernden Schmerzen gar zu der Bemerkung hinreißen: »Was ist heiraten? Ein wenig Freud, aber nachher eine Kette von Leiden.« Sie stirbt am 17. Juli 1787 im Alter von kaum 41 Jahren; auch ihr »Ältester« weilt am Sterbebett der »guten liebenswürdigen Mutter« und »besten Freundin«. Ihr Leichnam wird auf dem Alten Friedhof von Bonn beigesetzt.

Bis ihr »Ältester« zum zweiten Mal nach Wien aufbricht und nunmehr endgültig von seiner rheinischen Heimat Abschied nimmt, verstreichen über fünf Jahre. Und wieder ist es Wien, wo ihn die Nachricht vom Hinscheiden eines Elternteils erreicht: Der Vater hat die Mutter nur um fünf Jahre überlebt.

Doch so schlecht sich Vater und Sohn vertragen haben, eines ist klar: Dem Hoftenoristen und Gesangs-, Klavier- und Violinlehrer Johann van Beethoven sowie – mehr noch! – Großvater Lodewyk, der es als Solosänger, Chorleiter und Kapellmeister in Lüttich, Regensburg und Bonn zu großem Ansehen und Einkommen gebracht hat, verdankt Ludwig das für seine Entwicklung zum Musikgenie ausschlaggebende Gen.

Jurka
Ein Kind, drei Bücher

Ich bin keine Mutter, bin nicht einmal ein Vater. Ich sollte mir daher bei der Beurteilung von Elternverhalten Zurückhaltung auferlegen. Doch der Fall Jurka ist dermaßen krass, dass ich ihn Ihnen, meine verehrten Leserinnen und Leser, zur Diskussion stellen möchte. Jurka ist nämlich nicht irgendeines, sondern das Kind einer berühmten Frau, der die Welt (vor allem die deutschsprachige Welt) eine Reihe außergewöhnlicher und außergewöhnlich erfolgreicher Bücher verdankt.

Wer genau ist dieser Jurka? Alexander von Hoyer (Jurka wird er von den Seinen gerufen) ist das einzige Kind der russischen Schriftstellerin Alja Rachmanowa und des aus dem altösterreichischen Czernowitz stammenden Gymnasiallehrers Arnulf von Hoyer.

Über Alja Rachmanowa, mit bürgerlichem Namen Galina Djurjagina, habe ich in mehreren meiner Bücher geschrieben, sie ist also vielen meiner Leserinnen und Leser vertraut. Unter dem *nom de plume* »Milchfrau in Ottakring«, dem Titel ihres populärsten Werkes, hat die 1898 in der Uralstadt Kasli Geborene von 1933 an ein Millionenpublikum zu Tränen gerührt, und seitdem der Wiener Verlag Amalthea (der auch mein Verlag ist) 1997 meinem Rat gefolgt ist, das jahrzehntelang vergriffene Buch neu aufzulegen, ist die »Milchfrau« wieder in die Herzen ihrer alten und vieler neuer Verehrer zurückgekehrt. Es ist der Schlussteil einer Tagebuchtrilogie, deren weitere Bände, ebenfalls in den frühen 1930er-Jahren unter den Titeln *Studenten, Liebe, Tscheka und Tod* sowie *Ehen im Roten Sturm* den Buchmarkt aufgemischt haben.

Alja Rachmanowa schildert in ihren autobiografischen Aufzeichnungen das dramatische Schicksal einer zum Zeitpunkt ihres Debüts 33-jährigen Russin, die einer wohlhabenden Akademikerfamilie entstammt, an der Universität von Perm Philosophie, Psychologie und Literatur studiert, 1919 mit ihren Eltern vor den Bolschewisten ins sibirische Irkutsk flüchtet, in Omsk den aus der Kriegsgefangenschaft entlassenen sieben Jahre älteren Österreicher Arnulf von Hoyer kennenlernt, ihn im Jahr darauf heiratet und 1925, inzwischen Mutter eines Sohnes, aus ihrer Heimat ausgewiesen wird und in der ihres Ehegatten Fuß zu fassen versucht.

235 Schilling Bargeld haben sie in der Tasche, als Arnulf, Galina und der knapp vierjährige Jurka am 17. Dezember 1925

in Wien aus dem Zug klettern. Sie wissen sehr genau, dass sie auch hier, in Arnulfs Geburtsland, einen schweren Weg vor sich haben: Für Intellektuelle wie sie ist im von Arbeitslosigkeit und Not gebeutelten Österreich dieser Jahre kein Platz.

In einem billigen Hotel in der Laxenburger Straße verbringen sie die erste Nacht, dann folgen zwei Monate in einem der Barackenquartiere im sogenannten »Negerdörfel«, einem von der »Gesellschaft für Notstandswohnungen« im Bezirk Ottakring errichteten Auffanglager für Obdachlose mit Kleinkindern.

Nächster Schock: Mit den in Russland abgelegten Prüfungen kann Arnulf Hoyer in Österreich nichts anfangen. Er muss aufs Neue die Universität beziehen und seinen gesamten Studiengang wiederholen. Und wovon wird man in der Zwischenzeit leben?

Da kommt Galina bei einem der gemeinsamen Streifzüge durch die Stadt der rettende Einfall, es mit dem Betreiben eines kleinen Milchladens zu versuchen, und bei einem seiner alten Freunde aus den Tagen der Kriegsgefangenschaft gelingt es Arnulf tatsächlich, das dafür erforderliche Startkapital lockerzumachen. Mit einem Darlehen von 3500 Schilling ausgerüstet, erwirbt man ein leer stehendes Geschäft in der Hildebrandgasse im Bezirk Währing; die dazugehörige Ein-Zimmer-Wohnung gibt der Familie das nötige Dach über dem Kopf. Und während Arnulf sein Universitätsstudium fortsetzt, steht Galina hinter dem Verkaufspult und versorgt die Anrainer mit Butter und Milch, mit Käse und Brot.

Als Ausländerin – Galina ist nicht nur wegen ihres tatarischen Aussehens ein Fremdkörper, sondern spricht auch nur gebrochen Deutsch – wird sie angefeindet, schikaniert, betrogen. Und zwischendurch auch noch von Wiener Emissären des sowjetischen Geheimdienstes observiert. Aber immerhin: Die kleine Flüchtlingsfamilie aus dem Osten hat ihr leidliches Auskommen. Und vor allem: Die anderthalb Jahre von Februar 1926 bis Juli 1927, die die Akademikerin Galina Hoyer geborene Djurjagina als Greißlerin durchsteht, tragen literarische Früchte. Im Zuge der noch 1927 erfolgenden Übersiedlung in Arnulfs Heimatstadt Salzburg kommt man mit dem am selben Ort ansässigen Pustet-Verlag in Kontakt, der sich – ebenso mutig wie weitsichtig – zu einem Projekt bereitfindet, das ab 1931 auf dem österreichischen und bald auch auf dem internationalen Buchmarkt Furore machen wird: Galinas Tagebuchaufzeichnungen, von ihrem Mann ins Deutsche übersetzt, werden gedruckt!

Besonders *Milchfrau in Ottakring* wird ein Sensationserfolg. Der österreichischen Erstausgabe folgen Übersetzungen in 21 Sprachen, das Autorenpseudonym Alja Rachmanowa wird zum Markenzeichen, Leser in aller Welt (außer in der Sowjetunion) bewundern die explosive Sprachkraft und naive Frische, mit der hier ein heroisches Frauenschicksal dokumentiert ist, und schöpfen daraus Trost und Kraft für die Bewältigung des eigenen Existenzkampfes. Friedrich Hebbels berühmte Worte »Dies Österreich ist eine kleine Welt, in der die große ihre Probe hält« – hier finden sie ihre greifbare Bestätigung, exemplifiziert an der Leidens- und Überlebensgeschichte einer in der Heimat ihres Mannes Wurzel schlagenden Neubürgerin, die sich nicht nur nicht unterkriegen lässt, sondern, gestärkt durch ihren christlichen Glauben, hoffnungsvoll in eine mehr als ungewisse Zukunft blickt.

Das ist der Stoff, aus dem die Träume sind – und mögen es über weite Strecken auch die ärgsten Albträume sein: 600000 Exemplare sind bis zum Jahr 1938 von der *Milchfrau* abgesetzt. Die Hoyers könnten bequem von den Tantiemen leben. Doch das widerspräche ihrem Lebensstil: Arnulf hat endlich eine Stelle als Gymnasiallehrer gefunden, Galina eine Dozentur für Kinderpsychologie. Daneben setzt sie mit stupendem Fleiß ihre Aktivitäten als frischgebackene Erfolgsautorin fort, schreibt Romanbiografien über die Großen ihrer alten Heimat Russland, über Tolstoi und Dostojewski, über Puschkin und Tschechow, über Turgenjew und Tschaikowski, über die Mathematikerin Sonja Kowalewski. Ihr Buch *Die Fabrik des neuen Menschen* wird als »bester antibolschewistischer Roman der Gegenwart« mit einem französischen Akademiepreis ausgezeichnet.

Sohn Alexander, der das einzige Kind der österreichisch-russischen Jungfamilie bleiben wird, ist knapp vier Jahre alt, als seine Eltern ihr neues Leben in Wien beginnen (dem ab 1927 18 Jahre in der Stadt Salzburg und 1945 die Übersiedlung in die Schweiz folgen werden). Ist schon in dem Band *Milchfrau in Ottakring* der Entwicklung des Buben reichlich Platz eingeräumt, so widmet ihm die übersensible und überbesorgte Mutter in dessen 16. Lebensjahr ein eigenes Buch, dem sie den Titel *Jurka* gibt (und den Untertitel *Tagebuch einer Mutter*).

Es wird – nach der Lektüre des 400 Seiten starken Bandes ahnen wir es schon – nicht Alja Rachmanowas einziges Werk über den geliebten Sohn bleiben: Als Jurka in der Endphase des Zweiten Weltkrieges als Soldat der Deutschen Wehrmacht in der Nähe von Wiener Neustadt fällt, entschließt sich die Autorin zur Niederschrift des zweibändigen Werkes *Einer von vielen*, und auch als sie und ihr Mann Salzburg verlassen und sich in der Ostschweiz ansiedeln, greift sie ein weiteres Mal zur Feder und setzt ihr Erinnerungswerk mit dem Buch *Jurka erlebt Wien* fort. Auch wenn mir Rachmanowa-Fans vielleicht widersprechen werden: Einer Mutter, die so sehr an ihrem Kind hängt und dieses durch den Krieg verliert, ist jede noch so überbordende Verherrlichung ihres Sprösslings nachzusehen, einer Buchautorin *nicht*. Die Verleger mögen es mir verzeihen, aber zu viel ist zu viel.

Beginnen wir mit *Jurka*, Alja Rachmanowas erstem Versuch, ihre Mutterschaft schriftstellerisch aufzuarbeiten – und zwar die zwölf Monate bis zum ersten Geburtstag ihres Lieblings. 1. Februar 1922, in der Millionenstadt Perm herrscht wie überall im Sowjetreich nicht nur Not, sondern auch ein rauer Ton. Arnulf von Hoyer hat seine hochschwangere Frau im Schlitten zum Gebärhaus gebracht, nur jeden zweiten Tag darf er sie besuchen. Das Spitalshemd ist schmutzig, trägt noch Blutspuren der Vorgängerin; der Gebrauch eines eigenen Leintuches wird als »bourgeoiser« Luxus abgelehnt. Die Verköstigung ist dürftig, eine Bettnachbarin stiehlt Alja ihr Brot. Wieder daheim, fehlt es der jungen Mutter an Milch. »Ich quäle mich fürchterlich, habe Fieber und stechende Schmerzen in der Brust«, trägt sie in ihr Tagebuch ein. »Und dazu diese lähmende Verzweiflung, wenn ich mitansehen muß, wie das arme Kind nach Nahrung lechzt.« Wenigstens können sie sich im Garten hinter dem Haus eine Ziege halten, die einen Teil des Bedarfs deckt. Um zu ein paar frischen Eiern zu kommen, trennt sich Alja im Tauschhandel von einer ihrer Blusen. Das Baby müsste regelmäßig gewogen werden – nur wie? Die Mutter müsste den Kleinen auf den Bauernmarkt tragen – aber bei 30 Grad minus?

Natürlich gibt es auch glückliche Momente: Es ist lange her, dass Alja bei gemeinschaftlichem Singen mitgetan hat; jetzt fallen ihr Abend für Abend alte und auch flugs improvisierte neue Liedchen ein, mit denen sie ihren Liebling in den Schlaf wiegt. Am 73. Tag zittert sie vor Freude, als sie aus Jurkas Lallen zum ersten Mal den Laut »Ma« heraushört, der sich alsbald zum »Mam« steigert. Und wieder ein paar Monate später die ersten selbstständigen Schritte; Alja wäre keine Schriftstellerin, kleidete sie dieses Erlebnis nicht in enthusiastische Worte: »Jurka hielt sich am Rande des Bettes fest, setzte ein paar Mal den einen Fuß vor den anderen und machte dabei ein so ernstes Gesicht, als wäre er sich bewußt, daß er in diesem Augenblick aus der Klasse jener Lebewesen, die sich auf allen vieren fortbewegen, in das einzige Geschlecht derer eingetreten ist, die auf zwei Beinen gehen.«

Abgesehen von seinen Spielsachen sind Mutter und Vater zu dieser Zeit Jurkas einziger »Besitz«, und diesen Besitz verteidigt er. Die Mutter braucht nur nach dem Hut zu greifen und damit zu signalisieren, dass sie für eine Weile das Haus verlässt, da fängt er auch schon bitterlich zu weinen an, desgleichen wenn sich der Vater zum Korrigieren der Schulhefte an den Schreibtisch zurückzieht. Eifersucht lodert auf, wenn die Eltern einander küssen: Augenblicks drängt sich der kleine Kerl zwischen die beiden, zerrt den Vater bei den Haaren, reißt der Mutter die Kleider vom Leib.

Für Jurkas ersten Geburtstag, mit dessen Schilderung das Buch endet, ist ein großes Programm vorgesehen. Zuerst wird der kleine Mann trotz heftigen Widerstandes gemessen, Vater Arnulf trägt »Höhe im Stehen, Höhe im Sitzen, Brustumfang, Kopfumfang, Hals, Wade und Fußlänge« ins Tagebuch ein. Fürs Wiegen hat man sich beim Fleischhauer die große Federwaage ausgeborgt. Und zur eigentlichen Feier wird der »Jubilar« in ein rotes Plüschkleid gesteckt. Die Schuhe, die ihm die Eltern geschenkt haben, betrachtet er nicht als Kleidungsstück, sondern als Spielzeug; die Großeltern rücken mit einem Stehaufmännchen und einem Pfeifchen an; von dem laut quietschenden Gummi-Elefanten des Taufpaten wird sich Jurka sein Leben lang nicht trennen.

»Das Buch über sein erstes Lebensjahr«, so lesen wir in der vorzüglichen Rachmanowa-Biografie von Ilse Stahr, »erschien noch zu Lebzeiten Jurkas. Ob dies den damals Sechzehnjährigen mit Stolz erfüllt hat oder ob es ihm eher peinlich war, das Buch mit dem eigenen Bild in den Auslagen der Buchhandlungen zu sehen, ist nicht bekannt.« Die Autorin gibt lediglich zu bedenken, dass die extrem aufmerksame Mutter durch ihre minutiösen Verhaltensbeobachtungen dem Kind »nur wenig Freiraum ließ«. Und sie fährt fort: »So entwickelte sich Jurka in dem kleinen Kosmos seiner gelehrten Eltern zu einem altklugen, begabten Kind, das sich gern in seine Phantasiewelt flüchtete.« Im Erwachsenenalter, als die Fragen der Mutter dem Sohn zu aufdringlich werden, reagiert dieser manchmal mit dem Diktum »Nachrichtensperre«.

Auch in den Wiener und Salzburger Jahren der Familie Hoyer führt Alja Rachmanowa detailliert Tagebuch, und wieder nimmt darin der über alles geliebte Jurka breiten Raum ein, auch wenn die Mutter nun, ein Jahr lang gezwungenermaßen Geschäftsfrau und anschließend als Autorin an den Schreibtisch gebunden, nicht mehr so viel Zeit hat für ihren Sohn wie zuvor. Sie sorgt sich, seine Erziehung könnte ihr entgleiten, auch der Einfluss der Gassenbuben, mit denen sich Jurka anfreundet, ist ihr ein Dorn im Auge. Grässlich, welche Schimpfwörter er sich da aneignet! Immerhin freut es sie, dass er zweisprachig aufwächst. Der Vater macht ihn mit dem Geschenk eines Radiodetektors glücklich, die Mutter kauft ihm die erste Lederhose. Der Anblick des Stephansdoms raubt ihm die Sprache, Praterausflüge ersetzen ihm die lang entbehrte Natur.

Auch über diese Zeitspanne schreibt Alja Rachmanowa ein Buch, das allerdings erst nach Jurkas Tod erscheinen wird: *Jurka in Wien*. Was den Buben von seinen Altersgenossen unterscheidet, ist, dass er sich in seinem Zimmer kaum mit Spielzeug umgibt und stattdessen stundenlang die große Landkarte studiert, die vor ihm an der Wand hängt. In der Volksschule in Salzburg reift er zum Vorzugsschüler heran, zum Ausgleich zieht er im Schrebergarten hinter dem Haus Kaninchen auf. Als er ins Gymnasium übertritt, muss er seine Mutter – mit Rücksicht auf die hänselnden Mitschüler – darum bitten, ihn von nun an nicht mehr in die Schule zu begleiten. Glücklich machen ihn die gemeinsamen Ausflüge im Auto: Der Vater hat ein Steyr Cabrio angeschafft.

Auch als Jurka, von seinen Mitschülern »Schura« gerufen, zum Jüngling heranreift, bleibt er unter allzu liebevoller mütterlicher Aufsicht: Zwar wünscht sich Alja Rachmanowa nichts sehnlicher, als eines nicht zu fernen Tages Großmutter zu werden, doch die »Kandidatinnen«, die dafür in Betracht kommen könnten, unterliegen ihrer strengen Beurteilung. Ein Jahr nach Jurkas Matura hat allerdings der Krieg begonnen, und der 18-Jährige, noch kaum zum Jusstudium an der Münchner Universität immatrikuliert, muss zuerst einmal damit rechnen, zur Wehrmacht einberufen zu werden. Der fesche und kraftstrotzende Bursche, schon durch den Dienst bei der Hitlerjugend »vorgeschult«, schließt sich dem NS-Studentenbund an (so wie sein Vater dem NS-Lehrerbund). Die Mutter, aufgrund ihrer starken Bindung an die katholische Kirche von der Reichsschrifttumskammer mit Schreibverbot belegt und somit tief um ihre Zukunft besorgt, wird Mann und Sohn wohl kaum vom »Arrangement« mit dem herrschenden Regime abgeraten haben. Am 22. Juni 1941 tritt Hitler in den Krieg mit Russland ein, Jurka recte Alexander kommt an die Ostfront. Die Mutter hat ihm einen Zettel geschrieben, den er immer bei sich tragen soll: »Vergiss niemals, daß Du alles für uns bist, unsere Freude, unser Glück, unser Leben! Tag und Nacht werden wir an Dich denken, immer werden wir mit Dir sein. Gott schütze Dich!«

Von diesem Tag an gibt es in Alja Rachmanowas Tagebuchaufzeichnungen kaum noch ein anderes Thema als das Bangen um Jurkas Überleben. Hier die glücklichen Momente des Wiedersehens, dort die Schreckensnachrichten von den ersten Gefallenen. Die Kosenamen, die die Mutter ihrem einzigen Kind gibt, werden von Mal zu Mal zärtlicher: Aus Jurka ist längst Schurotschka geworden und aus Schurotschka »unser Katerchen, unser Spätzchen, unser Küken«.

März 1945. Jurka, den Zulassungsbescheid fürs Universitätsstudium in Berlin in der Tasche, vom Dolmetscherdienst inzwischen zur Infanterie abkommandiert, wird zu einem Ausbildungslehrgang in Wiener Neustadt verpflichtet. Die Panzer der Roten Armee stehen schon vor der Stadt, bereiten den Sturm auf Wien vor. Am 1. April – es ist der Ostersonntag – erfahren Galina und Arnulf Hoyer von Jurkas Tod: Er wurde von einem russischen Artilleriegeschoss getötet. Auf dem frisch errichteten Waldfriedhof im niederösterreichischen Bad Erlach wird der 23-jährige »stud. med., Fahnenjunker-Feldwebel und Träger der Ostmedaille« bestattet. Das Sterbebild zeigt ein Birkenkreuz mit Stahlhelm und dem Namenstäfelchen »Hoyer«, dazu das Matthäus-Wort »Ihr wisset, daß in zwei Tagen Ostern ist; dann wird der Menschensohn zur Kreuzigung ausgeliefert werden«.

Ein mit der Familie befreundeter Geistlicher zelebriert den Trauergottesdienst, aus Angst vor den Russen ist an eine Teilnahme der Eltern nicht zu denken. Erst 1947 lassen sie die sterblichen Überreste ihres Sohnes auf den Salzburger Kommunalfriedhof überführen; im selben Grab werden 1970 beziehungsweise 1991 auch ihre eigenen Urnen beigesetzt werden.

*Alja Rachmanowa
und Sohn Jurka*

Alja Rachmanowas eigentliches Gedenken an den über alles geliebten Sohn wird – wie könnte es sich bei einer so leidenschaftlichen Schriftstellerin anders verhalten – abermals ein Buch sein. *Einer von vielen* wird das zweibändige Werk heißen und 1946 in der Schweiz erscheinen, wohin Alja Rachmanowa und ihr Mann ein Jahr nach Jurkas Tod übersiedelt sind.

»Mein liebes, gutes Muttchen, Du!«
Ida und Erich Kästner – ein Leben in Briefen

Berlin, 1930. Erich Kästner ist ein Mann von 31, vor zwei Jahren ist sein Kinderbuch *Emil und die Detektive* erschienen, auch mit Gedichtbänden wie *Herz auf Taille* und *Lärm im Spiegel*, dem Hörspiel *Leben in dieser Zeit* sowie zahllosen Beiträgen in so renommierten Organen wie *Weltbühne*, *Vossische Zeitung* und *Berliner Tageblatt* hat er sich deutschlandweit einen Namen gemacht. Der berühmte Max Ophüls führt Regie bei Kästners erstem Film *Dann schon lieber Lebertran*, und der noch berühmtere Billy Wilder hilft ihm beim Drehbuchschreiben für das nächste Projekt. Es ist ein gutes Jahr für den Autor, auch seine laufenden Einkünfte können sich sehen lassen. Wie ist es da zu verstehen, dass ein arrivierter Mann wie er nach wie vor – so wie einst in seiner Studentenzeit – regelmäßig seine Schmutzwäsche nach Hause schickt? Per Postpaket von Berlin (wo er) nach Dresden (wo seine Mutter lebt)?

Die Antwort ist so einfach wie verblüffend: Ida Kästner selbst ist es, die ihr Leben lang darauf besteht, ihren Sohn zu bedienen, zu verwöhnen, zu bemuttern. In vielen der Briefe, die nahezu täglich zwischen Mutter und Sohn hin und her gehen, kommt das Thema offen zur Sprache; greifen wir jenen vom 17. September 1930 heraus: »Mein liebes, gutes Muttchen! Vielen Dank für die schöne saubere Wäsche. Nun ist der Schrank wieder bummvoll. Hoffentlich hast Du Dich dabei nicht überarbeitet ...«

Ja, es ist eine nicht alltägliche Mutter-Sohn-Beziehung, die Ida Kästner mit ihrem einzigen Kind verbindet. Die 1871 im mittelsächsischen Kleinpelsen geborene Ida Amalia Augustin kommt aus kleinsten Verhältnissen, aber sie hat einen starken Willen und einen hellen Verstand. Für eine ihren Anlagen entsprechende Ausbildung fehlt es im Elternhaus an Geld: Ida verdingt sich mit 16 als Stubenmädchen, eine Zeit lang auch als Vorleserin. Die Ehe, die sie mit dem Sattlermeister Emil Kästner eingeht, verläuft freudlos: Nicht er ist es, der im Sommer 1898 Sohn Erich zeugt, sondern der jüdische Hausarzt der Familie, Sanitätsrat Dr. Zimmermann, von dessen Vaterschaft die Öffentlichkeit allerdings erst lange nach dem Ableben des

Autors erfahren wird. Ida Kästners übermäßiger Ehrgeiz, ihrem Sohn eine perfekte Mutter zu sein, mag zum Teil dem schlechten Gewissen geschuldet sein, das ihr jener folgenreiche Seitensprung vom Sommer 1898 bereitet.

Fest steht, Erich muss eine erstklassige Ausbildung erhalten, soll nach dem Willen der Mutter Lehrer werden. Doch woher das Geld nehmen für das Internat, für die teuren Bücher, für die Anschaffung eines Klaviers? Was »Schein-Vater« Emil Kästner in seiner Kellerwerkstatt mit der Anfertigung von Portemonnaies und Brieftaschen, mit dem Reparieren von Koffern und Taschen verdient, reicht dafür nicht aus. Also entschließt sich Ida Kästner, obwohl schon über 35, einen Beruf zu erlernen: Sie wird Friseuse. Da sie die Miete für ein Ladenlokal nicht aufbringen kann, bettelt sie dem Innungsmeister die Ausnahmegenehmigung ab, ihre Kundinnen in der eigenen Wohnung im dritten Stock des Hauses Königsbrückerstraße 48 empfangen und frisieren zu dürfen. An der Haustür wird ein Porzellanschild angeschraubt, das »zur Ausführung der einfachsten bis elegantesten Tages-, Ball- und Brautfrisuren« einlädt sowie zu »Kopfwaschen, Ondulation und Gesichtsmassage«. Aus einer der Ecken des Elternschlafzimmers wird also ein Frisiersalon; Sohn Erich, nun schon im Volksschulalter, darf an den freien Nachmittagen das auf dem Küchengasherd erhitzte Wasser für die Kopfwäsche in großen Krügen zu Mutters Arbeitsplatz schleppen.

In seinem Erinnerungswerk *Als ich ein kleiner Junge war* schreibt der Dichter über jene Zeit: »Meine Mutter blickte weder nach links noch nach rechts. Sie liebte mich und niemanden sonst: Sie war gut zu mir, und darin erschöpfte sich ihre Güte. Ihr Leben galt mit jedem Atemzuge mir, nur mir. Darum erschien sie allen anderen kalt, streng, hochmütig, selbstherrlich, unduldsam und egoistisch. Sie gab mir alles, was sie war und was sie hatte, und stand vor allen anderen mit leeren Händen da. Das machte sie unglücklich. Das trieb sie manchmal zur Verzweiflung.«

Diese Verzweiflung geht so weit, dass sie wiederholte Male durchdreht, auf dem Küchentisch einen Zettel mit den Worten »Ich kann nicht mehr! Sucht mich nicht! Leb wohl, mein lieber Junge!« zurücklässt und wegläuft. Erich, soeben aus der Schule heimgekehrt, rennt dann in Panik durch die Stadt, sucht seine Mutter – und findet sie meistens auf einer der Brücken der Stadt, wo sie bewegungslos auf den Elbstrom hinunterblickt, bereit zum Sprung. Der Bub packt sie, umarmt sie, schüttelt sie, bis sie aus ihrer Starre erwacht, die ersten Schritte macht und ihm schließlich zuflüstert: »Komm, mein Junge, bring mich nach Hause, es ist schon wieder gut.«

Erich Kästner weiß nun – und zwar fürs Leben: Auch wenn seine Mutter ihm solche Schrecknisse antut, ist es er und immer nur er, um den sie sich sorgt, für den sie sich aufopfert, und das heißt wiederum für ihn: Auch er darf sie niemals enttäuschen. So wie sie die vollkommene Mutter sein will, will er der vollkommene Sohn sein. »Meine Mutter war mein bester Freund!«, wird er später Bilanz ziehen.

Solange er noch bei den Eltern in Dresden lebt, steht einer hundertprozentigen Kommunikation nichts im Wege. Mutters Berufsausübung erfolgt ohnehin in der gemeinsamen Wohnung, und daran, dass sich der von ihr ungeliebte Mann in seiner Kellerwerkstatt verkriecht, hat man sich gewöhnt. Was aber wird sein, wenn der Sohn das Elternhaus verlässt, mit 20 zum Studium nach Leipzig und mit 28 als Theaterkritiker, Feuilletonist und Schriftsteller nach Berlin übersiedelt? Wie es zu dieser Zeit unter einfachen Leuten, die über keinen eigenen Telefonanschluss verfügen, Usus ist: Man schreibt einander. Auch Ida

Kästner und Sohn Erich tauschen sich brieflich aus. Was sie jedoch von der großen Masse unterscheidet, ist, dass sie dies nahezu täglich tun. Wenn schon kein Brief, dann wenigstens eine Postkarte. Oder, wenn der junge Herr auf Reisen ist, eine Ansichtskarte, damit sich Ida Kästner, die kaum je aus Dresden hinauskommt, von den Aufenthalten ihres Lieblings ein Bild machen kann.

Fürs Alltägliche reichen Postkarten aus; nur Intimes (wozu vor allem Gesundheit, Finanzen und Erichs wechselnde Mädchenbekanntschaften zählen) bleibt dem geschlossenen Brief vorbehalten, dem übrigens, seitdem der Herr Sohn gut verdient, sehr häufig »ein Scheinchen« beiliegt, mit dem Ida Kästners Einkünfte als Friseuse aufgebessert werden sollen. Keiner seiner Briefe bleibt unbeantwortet: Ida Kästner nützt die Zeit, wenn ihre Kundinnen unter der Haube sitzen, zum Schreiben, und nach Geschäftsschluss eilt sie zum Briefkasten, damit noch der letzte Postzug erreicht wird.

Eines bleibt bei Erichs Briefen immer gleich: die vertraute Anrede »Mein liebes gutes Muttchen«. Höchstens, dass einmal »gutes« durch »tüchtiges« ersetzt ist oder die »hunderttausend Grüßchen und Küßchen« am Briefende zu »Millionen« anschwellen.

Wie nicht anders zu erwarten, bewahrt Ida Kästner die Briefe und Postkarten ihres Sohnes sorgsam auf, und als sie 1951 stirbt, kehrt der einzigartige Schatz zum Absender zurück, der das Konvolut seinerseits an seine langjährige Lebensgefährtin Luiselotte Enderle weitergibt. Frau Enderle, Journalistin und als solche Nachfolgerin Erich Kästners auf seinem von 1945 bis 1947 innegehabten Posten als Feuilletonredakteur der von den Amerikanern in München herausgegebenen *Neuen Zeitung*, fasst 1980 – 29 Jahre nach Ida Kästners und sechs Jahre nach

Erichs Tod – den Entschluss, dessen Briefe an das »liebe gute Muttchen« als Buch herauszubringen. Ich erinnere mich, wie ich ihr zu diesem Projekt gratulierte, als ich mich zu Recherchen für mein Buch *Musen leben länger* einige Stunden in der Kästner-Villa im Münchner Stadtteil Bogenhausen aufhielt. Luiselotte Enderle, von Kästner stets »Lottchen« gerufen, gibt dem Sammelband den einzig möglichen Titel »Mein liebes, gutes Muttchen, Du!«, gefolgt von einem Faksimile der Signatur »Dein oller Junge« und dem Zusatz *Briefe und Postkarten aus 30 Jahren*.

Diese 320 Buchseiten legen Zeugnis ab von einer Mutter-Kind-Beziehung, wie sie in der Zwischenkriegs- und Nachkriegszeit des 20. Jahrhunderts Millionen Menschen erlebt haben mögen – nur mit dem Unterschied, dass hier ein erfolgreicher, ja berühmter Schriftsteller am Wort ist, und das Tag für Tag.

Natürlich nimmt auch Kästners Berichterstattung über sein berufliches Auf und Ab, über seine Probleme mit Redakteuren, Verlegern und Kritikern und vor allem über seine politischen Schwierigkeiten während der NS-Zeit breiten Raum in der Korrespondenz ein. Doch das Hauptthema der unzähligen Postkarten und Briefe zwischen ihm und seiner Mutter ist und bleibt das Alltagsleben und dessen Bewältigung – bis hin zu der Ermahnung, sie möge doch ja während der kalten Tage immer ihr Strickjäckchen überziehen, vor dem Aufbruch in die Sommerferien an der Ostsee den kostbaren Reisehut im Schrank lassen und stattdessen das sturmfeste Mützchen aufsetzen, das er ihr kaufen werde. Geradezu kindliche Töne schlägt der Mittdreißiger an, wenn er manchen seiner Briefe mit einem »Winke-winke« beschließt, und hört er aus einem der Antwortbriefe auch nur die leiseste Verzagtheit heraus, versichert er der Mutter: »Du bist und bleibst das Kostbarste, das ich habe!«

Keine größere Freude kann er ihr machen, als Bekleidungs-
wünsche zu äußern: neue Hosenträger, Strümpfe, Taschentücher – alles kommt prompt mit dem nächsten Wäschepaket.
Als der ansonsten gesunde Erich Kästner im Sommer 1927 erstmals Herzprobleme hat, verspricht er der Mutter, die Zigaretten
entweder »nur noch halb zu rauchen« oder bei der Entziehungs-
gesellschaft *Nikolus* »entschärfen« zu lassen. Dass er sein Laster
nicht gänzlich aufgibt, geht aus einem Brief aus dem Kriegs-
jahr 1941 hervor, in dem er beklagt, dass es nun auch Zigaretten
nur mehr gegen Bezugsmarken gibt – und zwar sechs Stück pro
Tag, für Frauen gar nur die Hälfte. »O weh, das ist bitter.«

Sehr ungewöhnlich ist, dass Kästner seine Mutter auch in
Liebesdingen ins Vertrauen zieht. Ob das sich anbahnende
Scheitern seiner Beziehung zu Ilse, mit der er als Mittzwanziger
zusammen ist, deren Schuld ist oder die seine, wird wochenlang diskutiert. Dass es sie ist, die mit ihm – nach acht Jahren –
Schluss machen will, tut dem Selbstbewusstsein des 27-Jährigen
gar nicht gut. »Ich werde wohl nie wieder eine finden, die mir
gleichwertig erscheint. Das heißt also, dann werde ich niemals
heiraten.«

Tatsächlich wird Erich Kästner – vor allem in späteren Jahren – mehrmals die Geliebte wechseln, jedoch mit keiner von
ihnen den Ehestand anstreben. Psychologen, die sich mit dem
»Fall« befasst haben, machen dafür nicht zuletzt seine über-
starke Mutterbindung verantwortlich. »Es ist so schön«, schreibt
Kästner am 10. Jänner 1929, »daß wir beide einander lieber
haben als alle Mütter und Söhne, die wir kennen, gelt? Es gibt
dem Leben erst den tiefsten heimlichen Wert und das größte
verborgene Gewicht. Auch wenn man vor Arbeit keine Zeit hat,
an den andern zu denken – im Unterbewußtsein herrscht immer
diese unendliche Sicherheit, daß der andere da ist. Was sind

*Untauglich
für die Ehe:
Muttersöhn-
chen Erich
Kästner*

denn andere Beziehungen dagegen? Freundschaftliche Liebe
und solche Dinge sind daneben ganz unbedeutend. Wir beide
sind uns das Wichtigste, und dann kommen alle andern noch
lange nicht.«

Was das Berufliche betrifft, achtet Kästner in seinen Briefen
darauf, dass er seine Mutter nie intellektuell überfordert. Wichtig ist ihm, dass sie auf ihn stolz sein kann: »Wenn ich 30 bin,
will ich, daß man meinen Namen kennt. Bis 35 will ich aner-
kannt sein. Bis 40 sogar ein bißchen berühmt.« Seine Rechnung
geht auf: Am 1. Jänner 1931 – das ist sieben Wochen vor seinem
32. Geburtstag – rechnet zum ersten Mal auch ein amerikani-
scher Verlag mit ihm ab, und die Ufa schickt ihm den Vorvertrag
für die Verfilmung von *Emil und die Detektive.* Davon soll auch
das »liebe gute Muttchen« etwas haben: Er schenkt ihr einen
Rundfunkapparat. »Einen feinen für 500 Mark.«

Außer den legendären »Scheinchen« legt Kästner seinen
Briefen oft auch Rezensionen seiner Bücher bei: Sekretärin
Elfriede Mechnig, der er den witzigen Spitznamen »& Co.«

gegeben hat, schneidet sie aus den Zeitungen aus. Einmal sind es lauter schlechte Kritiken. Kästners Kommentar: »Hauptsache, daß das Buch trotzdem geht« (es ist der Roman *Fabian*). Über die Verlagsleiterin berichtet er: »Sie will diese Woche in Berlin rumfahren und die Buchhändler beschimpfen, die den ›Emil‹ nicht im Schaufenster haben.« Den reizenden Leserbrief, den ihm eine Mädchenschulklasse geschrieben hat, lässt er für »Muttchen« abtippen; wem er den prachtvollen Kimono verehren wird, den ihm ein japanischer Verlag anstelle des erhofften Honorars geschickt hat, lässt er offen. An begehrlichen Damen hat Kästner jedenfalls keinen Mangel. Nur einmal, es ist während Dreharbeiten in Tirol, klagt er: »Drei Wochen ohne Frau ist eine verflixte Sache. Vor allem, wo ja in so einem Hotel alle anderen beweibt sind oder rumpoussieren.«

Auch zu literarischen Fragen holt Erich Kästner »Muttchens« Meinung ein – etwa: »Könntest Du Dir ›Pünktchen und Anton‹ als Theaterstück vorstellen?« Hauptthema bleibt jedoch durchgehend das Haushaltliche. Als er dabei ist, in Berlin eine neue Wohnung zu beziehen, schreibt er: »Da muß Muttchen bald zum Jungen kommen und alles hübsch anordnen.«

Kritisch wird es für Erich Kästner mit dem Erstarken des Nationalsozialismus. Als Autor, dessen Herz seit je links schlägt, hat er keine Chance, in die Reichsschrifttumskammer aufgenommen zu werden. Noch schlimmer: Bei der öffentlichen Bücherverbrennung am 10. Mai 1933 auf dem Berliner Opernplatz gehen auch Kästners Werke in Flammen auf. Publizieren kann er nur noch im Ausland. Auch sein deutsches Bankkonto ist vorübergehend gesperrt. In dieser Phase nimmt Kästners Briefwechsel mit dem »Muttchen« von Tag zu Tag ernstere Töne an. »Hier trägt sich fast alles mit dem Gedanken, sehr bald ins Ausland zu gehen«, schreibt er am 22. Oktober 1934. »Filme,

Stücke etc., alles wird verboten, dann erlaubt, dann wieder verboten. Da fällt das Geldverdienen schwer. Na, ich finde, man
muß es eben doch versuchen, zu bleiben.«

Kästner bleibt tatsächlich in Deutschland, schließt sich nicht
dem Heer der jüdischen Exilanten an. Zum Glück weiß er zu
dieser Zeit noch nicht, dass er jüdisches Blut in seinen Adern
hat, also aufgrund der Nürnberger Rassengesetze in höchstem
Maß gefährdet ist. Seine Mutter hat ihm verschwiegen, dass die
Eintragung in seinem Geburtsschein unzutreffend ist: Nicht der
Sattlermeister Emil Kästner ist sein leiblicher Vater, sondern –
wie schon erwähnt – der jüdische Hausarzt der Familie, Sanitätsrat Dr. Zimmermann. Nichtsahnend erwähnt Kästner dessen Namen schon in seinem Erinnerungswerk *Als ich ein kleiner
Junge war* – und zwar als jenen Wohltäter, der dem Buben ab
und zu ein bisschen Geld zusteckt. Und auch in den Briefen an
die Mutter kommt er vor – etwa, wenn Kästner ihr im Krankheitsfall rät: »Geh nur ganz bestimmt zu Zimmermann! Ich bitte
Dich inständig drum. Grüß ihn von mir! Und laß Dich gründlich
untersuchen! Nicht bloß hopphopp!« (Übrigens: Dr. Zimmermann wird kurz vor Kriegsausbruch nach Brasilien emigrieren.)

Erich Kästners Klagen über die neuen »Zustände« im Deutschen Reich nehmen auch in seinen Briefen an die Mutter
an Schärfe zu: »Zu dumm, wie schwer das alles geworden ist.
Manchmal könnte man gleich den Bleistift in die Ecke knallen
und die Arbeit abbrechen.« Seine Werke sind aus den Schau-
fenstern der Buchhandlungen verbannt, sein Name von den
Kinoplakaten entfernt. Wenn man ihn wenigstens fürs Theater
schreiben ließe! Alexander Golling, Intendant der Bayerischen
Staatsbühne, dem er in München seine Aufwartung macht, will
sich für Kästner einsetzen. Und Emil Jannings, der den Autor
im Kriegssommer 1942 auf seinen Prachtbesitz am Wolfgangsee

eingeladen und mit den feinsten Delikatessen verwöhnt hat, bietet seinem Gast sogar an, ihn mit dem allmächtigen Gauleiter von Salzburg zusammenzubringen. Doch das lehnt Kästner dankend ab.

Seine Briefe ans »Muttchen« spiegeln den allgemeinen Niedergang: Der »olle Junge« soll beim letzten Aufgebot des Volkssturms Dienst tun, sein Haus in Berlin ist zerbombt, desgleichen das Postamt, wo er regelmäßig die Briefe und Pakete an die Mutter aufgegeben hat. Jetzt kommt noch die Sorge um Dresden hinzu: »Wo Ihr doch noch gar keine Erfahrung habt in solch scheußlichen Sachen. Mit Hangen und Bangen warte ich auf den Wehrmachtsbericht!« Auch die Kommunikation wird schwieriger und schwieriger: »Nun wollte ich Dir gerade ein Briefchen schreiben, und da steht in der Zeitung, daß man nur noch Kärtchen schicken darf.« Und am 25. Jänner 1945: »Reisen kann man nur noch 75 km, und von Berlin nach Dresden ist es 180.«

Schon zu Weihnachten hat sich der »olle Junge« gesorgt und schreibt dem »Muttchen«: »Was schenk ich Dir bloß? Gibt es denn etwas, was man heutzutage noch kaufen kann?« Er weiß, sie träumt von einem neuen Hut, aber die Putzmacherinnen, so klärt man ihn auf, dürfen nur noch »Fliegergeschädigte« beliefern. Es bleibt also bei einem Paar Strümpfe: »¾ lang, grau, sehr stabil.« Ida Kästners Gegengeschenk: Streuselkuchen, Seife, eine Muskatnuss.

Immer öfter bezieht Kästner nun auch seine Lebensgefährtin in den Briefwechsel mit ein, und wenn wegen der Bomben die Gasheizung ausfällt, greift man auf Lottchens Heizsonne zurück – aber auch nur, solange nicht der Strom abgesperrt ist: »Der Staat spart in den Elektrizitätswerken Kohle. Na ja, das muß wohl sein.«

Einem der Briefe, die in dieser schweren Zeit von Berlin nach Dresden gehen, ist ein Beutelchen beigeschlossen, dessen Inhalt für Emil Kästner bestimmt ist. Es sind Zigarettenstummel, die der Sohn für den Vater gesammelt hat – für ein paar Pfeifen mag's immerhin reichen.

Das Kriegsende verbringen Erich Kästner und Luiselotte Enderle teils in Bayern, teils in Tirol, wo die Lebensmittelknappheit weniger drückend ist als in Dresden. Der Mutter Brot zu schicken, wäre freilich sinnlos: bei dem lahmenden Postverkehr käme es steinhart an.

Erich Kästner tritt bald seinen Redaktionsposten bei der von den Amerikanern herausgegebenen *Neuen Zeitung* in München an. Die starren Zonengrenzen gelten jedoch auch für einen Privilegierten wie ihn: Erst im Sommer 1946 kann er den Interzonenpass beantragen und in den Zug nach Dresden steigen, um endlich seine Eltern wiederzusehen.

Ihre letzten Lebensjahre verbringt Ida Kästner, seit 1949 gebrechlich und auch geistig verwirrt, in einem Sanatorium; Luiselotte Enderle berichtet: »Einmal, als Erich sie dort besuchte, und es sollte das letzte Mal sein, daß er sie lebend sah, sprach er sie lächelnd an. Sie schaute zu ihm auf mit leeren Augen und fragte: ›Wann kommt denn der Erich?‹ Ihre Sinne hatten sie verlassen. Aber ihr Herz kannte bis zum Schluß nur eine Frage – die Frage nach ihrem Sohn.«

Ida Kästner stirbt 1951, 80 Jahre alt. Gatte Emil überlebt sie um sechs Jahre, treu umsorgt von seinem Sohn (der dies nur laut Geburtsschein ist). Der Autor selbst stirbt am 29. Juli 1974, fünf Monate nach seinem 75. Geburtstag.

Ohne große Worte
Meine Mutter Elisabeth Grieser und ich

Seit gut einem Dutzend Jahren habe ich es mir zur Angewohnheit gemacht, regelmäßig Anfang Dezember eigene Weihnachtskarten drucken zu lassen, mit denen ich meinen Freunden und Bekannten zu Christfest und Jahreswende Glückwünsche übermittle beziehungsweise für deren Glückwünsche danke. Um die Empfänger nicht mit abgenützten Motiven wie Tannenzweiglein, Sternenglitzer oder Glücksschweinderl zu langweilen, verwende ich als Illustration stets eines der Bilder aus meinem jeweils jüngsten Buch, wobei ich nicht versäume, die Quelle anzugeben, also Autor und Titel zu nennen. Nur ISBN, Seitenanzahl und Ladenpreis lasse ich weg. Dennoch wird mir diese Praxis von manchen als dreiste Werbung ausgelegt, als geschmacklose Verquickung von Ehrerbietung und PR. Einer meiner Kritiker brachte die Sache auf den Punkt, indem er mich nach Erhalt meiner Glückwunschpost anrief: »Danke für Deinen Prospekt, aber ich hab das Buch eh schon vor drei Wochen gekauft.« In solchen Situationen schäme ich mich immer ein bisschen, freue mich aber insgeheim auch: In einer Zeit allgemeinen Leserschwunds muss dem Autor jedes Mittel recht sein, seine Leute bei der Stange zu halten.

Unterschiedlich sind die Reaktionen auf das Bildmotiv, das ich auswähle. Personen sprechen im Allgemeinen stärker an als Landschaften, Lebende stärker als Tote. Einen Rekord an Rückmeldungen verzeichnete ich zu Weihnachten 2017 – mit dem Porträt meiner Mutter. Die wenigsten unter den Empfängern hatten sie noch persönlich gekannt, welche äußeren Ähnlichkeiten mochten also zwischen Mutter und Sohn auszumachen sein, was war an Seelenverwandtschaft aus dem Bild herauszulesen?

Der Zufall wollte es, dass ich kurz davor ein Buch gelesen hatte, das gerade erschienen war, enthusiastische Rezensionen erhalten hatte und – erraten! – das Thema Mutterliebe behandelte: *Das deutsche Krokodil*, der Lebensroman des deutschnigerianischen Literaturkritikers Ijoma Mangold, der mir schon als Feuilletonredakteur der *Süddeutschen* und der *Zeit* ein Begriff gewesen war. Und nun dieses atemberaubende Werk des 46-Jährigen, der, Sohn einer 1945 aus Schlesien vertriebenen Mutter, erst mit 22 seinen afrikanischen Vater kennenlernt. Spätestens bei dem Satz »Die Liebe der Mutter ist wie eine Naturgewalt, auf die man sich verlassen kann wie auf Ebbe und Flut« gab ich dem Verlangen nach, mich ebenfalls, wenn auch in aller Kürze, dem Thema Mutterliebe zuzuwenden.

Es war mein vier Jahre älterer Bruder Hans Rudolf, der mich am 7. Jänner 1992 vom Krankenbett unserer Mutter aus anrief, es gehe mit ihr rapid dem Ende zu. Den 94. Geburtstag in sechs Wochen, zu dem ich hätte anreisen wollen, werde sie kaum mehr erleben. Tatsächlich ging es dann in Minutenschnelle: Ich konnte gerade noch einer der Pflegerinnen im Leverkusener Altersheim telefonisch auftragen, der Sterbenden einen Abschiedskuss zu geben. Ob sie meinen Wunsch erfüllt hat, weiß ich nicht.

Neun Tage darauf war das Begräbnis. Als wir vom Friedhof zurückkehrten, warfen mein Bruder und ich noch einen allerletzten Blick auf das inzwischen leer geräumte Zimmer; der Aschenbecher, der aus dem zur Entsorgung bereitstehenden Müllsack hervorlugte, erinnerte mich daran, dass mich meine Mutter bei manchen meiner früheren Besuche allen Ernstes zum Rauchen angehalten hatte: Der Zigarettenqualm gaukelte ihr für ein paar Augenblicke jene Nähe zu ihrem geliebten Mann, unserem früh verstorbenen Vater, vor, die sie über Jahrzehnte hatte entbehren müssen. Vati war Zigarrenraucher gewesen, der Übertritt vom Korridor ins sogenannte Herrenzimmer glich jedes Mal einem Sphärenwechsel.

Doch zurück zu Mutters (wie es offiziell hieß) »Seniorenzentrum«. Die in einer Art Abstellraum ausgebreiteten Habseligkeiten der Verstorbenen gaben ein getreues Bild ihres von Bescheidenheit und.Selbstlosigkeit geprägten Lebens (den Begriff »Entbehrung« hätte sie nicht zugelassen): ihr bisschen Bernstein- und Rubinschmuck, das von meinem verschwenderischen Bruder kontinuierlich geplünderte Sparbuch, ihre kleine Bibliothek, ihre Briefschaften. Mich interessierte von alledem nur der doppelte Ehering, der mir wie angegossen passte, ferner ihr letztes Adressbuch, dessen Einträge nicht mehr dem ABC folgten, sondern nur noch die ersten fünf, sechs Seiten füllten, und das Gebetbuch von 1926, das ihr einst ihre Tante, die Ordensschwester Theodolinde, zum Geschenk gemacht hatte. Damit auch die Nachwelt davon erführe, hatte Mutti auf dem Titelblatt vermerkt, Schwester Theodolinde habe vor ihrem Eintritt ins Kloster an der Münchner Kunstakademie Malerei studiert, woran ich mich sofort erinnerte, hatte ich doch als Bub von zehn Jahren die fromme Frau in ihrem Kloster besuchen und sie zum Blumenmalen auf eine nahe Wiese begleiten dürfen. Mit diesem Privileg, sie außerhalb der strengen Klausur und – des Malens wegen – mit aufgekrempelten Ärmeln, also für ihre Verhältnisse geradezu halb nackt, zu erleben, habe ich gegenüber der Familie und den Schulkameraden tagelang geprahlt.

Dann war da noch das hundertseitige quadratische Notizbuch, das meine Mutter 1981 angelegt hatte, um ihre Erinnerungen festzuhalten – leider kam sie über 30 Seiten nicht hinaus, sie hätte früher damit anfangen müssen. Warum, so frage ich mich heute, hat man in unserer Familie einander so wenig erzählt? Krieg, Vertreibung, Nachkriegszeit, Not, dazu das lebenslange Nervenleiden des Vaters, der Selbstmord des mittleren der drei Söhne, ganz zu schweigen vom Thema Liebe – ich kann mich nicht erinnern, im Kreise unserer Familie jemals auch nur das *Wort* vernommen zu haben. Ich hatte gute Eltern, aber ihre Güte haben sie nicht mit Gesten ausgedrückt, Zärtlichkeiten waren etwas fürs Kino oder für die Romane, die man im Bücherschrank stehen hatte. Sowieso lag meinem Vater, der ein begnadeter Briefschreiber war, und ebenso meiner Mutter das Schriftliche mehr als das Mündliche.

Unter den paar Habseligkeiten meiner Mutter, die ich nach ihrem Tod an mich nahm, war eine kleinformatige Broschüre von zwölf Seiten, deren Text ich noch als Gymnasiast aufgesetzt und kurz nach dem Abitur hatte drucken lassen. Durch meinen Erstjob als Redaktionsvolontär im pfälzischen Zweibrücken, wo die Familie seit 1947 lebte, hatte ich Zugang zu einem freundlichen alten Maschinsetzer, der die Angelegenheit mit einem verschwörerischen Augenzwinkern für mich erledigte, Schulfreund Kurt Löffler steuerte zwei Linolschnitte bei, auch das Papier für den Text und den Karton für den Umschlag trieb ich irgendwo auf, der Druck wurde einer altertümlichen Handpresse anvertraut, für die Bindung genügte ein Bastfaden.

Von den schätzungsweise 30, 40 Stück dieses meines Erstlings gingen die meisten an meine Freunde, auch meine Wohltäter jener Jahre sollten auf das kommende Talent aufmerksam gemacht werden, und selbstverständlich erhielt meine Mutter ein Exemplar, spielte sie doch in der Prosaminiatur *Der Moorgang* eine der Hauptrollen. Es handelte sich dabei um eine Reminiszenz an das Kriegsende 1945, als meine Mutter, einer meiner beiden Brüder und ich nach der Flucht aus Oberschlesien kurzzeitig in Oberbayern Unterschlupf gefunden hatten und nun, beim Anrücken der US-Army, in einer Torfhütte Schutz suchten vor der wild um sich schießenden Artillerie. Als Motto für die düstere Geschichte hatte ich – belesen, wie ich mich damals gerne gab – ein Zitat aus dem Gilgamesch-Epos gewählt: »Künde ich dir das Gesetz der Erde, so wirst du dich hinsetzen und weinen.«

Und wie verfuhr nun meine Mutter mit dem »Erstlingswerk« ihres Jüngsten? Sie las es, vielleicht las sie es mehrmals oder immer wieder, aber darüber gesprochen hat sie mit mir nicht ein einziges Wort. Stattdessen hatte sie, wie sich nun herausstellte, ihre Kommentare, ihre Ergänzungen und auch Korrekturen mit Kugelschreiber an den Rand gekritzelt, sodass ich mich augenblicks und sehr genau an die Abfolge der damaligen Ereignisse erinnerte: wie wir uns nach Abebben der Kampfhandlungen aus unserem Versteck herauswagten, uns Taschentücher schwenkend dem »Feind« ergaben, ins Dorf zurückkehrten, unsere Notunterkunft jedoch inzwischen von den Insassen eines von den Amerikanern befreiten KZ-Transportes »besetzt« fanden, wie wir weiterzogen, bei den Bauern der Gegend um Nahrung bettelten und Wochen später, durch einen glücklichen Zufall, mit unserem verschollenen Vater und dem ihn in Eigenregie suchenden ältesten Sohn wieder zusammenfanden.

Unter den Vokabeln, mit denen meine strenggläubige Mutter in ihren Randglossen das seinerzeitige Geschehen kommentiert hatte, fand ich mehrfach das Wort »Gottvertrauen«, auch »Fügung«, »Vorsehung« und »Wunder« kamen darin vor – alles Ausdrücke, die ihr nur schriftlich zur Verfügung standen, niemals mündlich. Die Scheu vor großen Worten und großen Gesten war ihr angeboren – erst im hohen Alter, wenn ich aus Wien anreiste, um sie in Leverkusen zu besuchen, ließ sie sich dazu

47

herbei, meine Umarmungen zu erwidern, und Wangenkuss und Schulterstreicheln musste ich ihr überhaupt erst beibringen. »Ach ja, ihr Wiener!« war dann manchmal ihr verschämt-spöttischer Kommentar. Liebe, so mag sie gedacht haben, benennt man nicht, sondern übt sie aus. Das aber hat sie getan – pflichtbewusst, opferbereit, gerecht.

Dieses »gerecht« richtete sich nicht nach bestimmten persönlichen Vorlieben, sondern nach den jeweiligen Bedürfnissen, den objektiven Erfordernissen. Ihr »Liebling« unter uns drei Söhnen war demnach folgerichtig Helmut, der mittlere. Er war der in sich Gekehrte, der den Rückzug in die Natur der lauten Geselligkeit vorzog, der kein Unrecht dulden mochte, der Hochsensible, den die Geißel Depression mit 44 in den Freitod trieb: der schwärzeste Tag im Leben unserer Mutter. Dass es zu dieser Katastrophe ausgerechnet an dem Ort kam, an dem auch sie selbst lebte, also gewissermaßen unter ihren Augen, hat sie niemals verwunden. So oft sie in ihren Briefen an mich auf Helmut zu sprechen kam, war sein Name stets mit dem Zusatz »lb.« versehen. Unser lb. Helmut.

Anders lagen die Dinge bei ihrem Ältesten. Hans Rudolf, für alles Technische hochbegabt, mit viel Phantasie und Abenteuerlust ausgestattet, doch auch zu Leichtsinn und Verschwendung neigend, hat sich durch falsche Freunde, durch eine falsche Ehe und durch die Folgen eines beinahe tödlich verlaufenden Verkehrsunfalls manchen Weg verbaut: Unsere Mutter musste in einem fort einspringen. Dies ist auch die Erklärung dafür, dass auf dem Bankkonto der vorzüglich abgesicherten Professorenwitwe bei deren Ableben nur jener genau abgezählte Betrag bereitlag, der für die Bestattungskosten vorgesehen war.

Und nun zum Jüngsten, zu mir. Es war offenkundig, dass ich, der sich nach dem Universitätsstudium in Münster und München zu einem zunächst halbjährigen Aufenthalt in Wien entschlossen hatte (woraus ein lebenslänglicher werden sollte), mit einem geringeren Maß an Zuwendung seitens der Familie auskam. Edmund de Waal, der Autor des Weltbestsellers *Der Hase mit den Bernsteinaugen*, hat (wohl auch in eigener Sache) darauf hingewiesen, schon in den Märchen der Brüder Grimm treffe man auf das Phänomen, dass bei drei Brüdern immer der jüngste derjenige sei, der das Weite suche, der in die Fremde gehe. Meiner Mutter lag nichts ferner, als in die Lebensplanung ihrer Söhne einzugreifen: Wie jede andere auch wollte sie uns nur glücklich sehen. Diesen Zustand herzustellen, war unsere Sache. Dabei Hilfestellung zu leisten, war sie selbstverständlich bereit – was vor allem dann wichtig wurde, als meine beiden Brüder Ehen eingingen und Nachwuchs bekamen.

Dies entfiel in meinem Fall. Wohl aber rechnete Mutti in meinen ersten Wiener Jahren noch mit meiner Rückkehr nach Deutschland, wo ich im Journalismus, meinem nunmehr ausgeübten Beruf, wohl bessere Chancen gehabt hätte als im damaligen Österreich. Doch je länger ich wegblieb, desto schwächer wurden ihre Urgenzen: Sie wusste, dass mich zu vieles an die neue Heimat band, die sie nun ihrerseits unter meiner Anleitung als Urlaubsziel zu schätzen begann. Schon von ihrem Jahrgang her (sie ist 1898 geboren) war sie ganz und gar der Typ für Wien. Dieses Faible werde ich also wohl von ihr haben. Von meinem früh verstorbenen Vater (Todesjahr 1952, kurz vor meinem Abitur) ist diesbezüglich nichts überliefert, außer dass er, der gebürtige Saarpfälzer, nicht nur durchs Studium (München, Würzburg, Münster) und durch zwei Kriege, sondern auch beruflich viel herumgekommen war.

Als meine Brüder und ich ins Flegelalter kamen, bedrängten wir unsere Mutter gern mit der ihr lästigen Frage, wie und wann

49

und wo sie unseren Vater kennengelernt habe. Sie stammte aus dem oberschlesischen Städtchen Leobschütz, ihr Vater war Kaufmann, die Mutter entstammte einer Kunsttischler- und Bildhauerdynastie. Sie selbst, ältere Schwester eines gleichfalls bildhauernden Bruders, besuchte die Klosterschule, legte vor allem Wert auf eine erstklassige Klavierausbildung. Musik war für sie eines der höchsten Güter, Klassik natürlich. Als sie auf die 30 zuging, so kitzelten wir aus ihr heraus, inserierten ihre Eltern im Heiratsanzeigenteil eines Akademikerblattes. Der zehn Jahre ältere Gymnasiallehrer Dr. Emil Grieser aus der Saarpfalz, also einer am entgegengesetzten Ende Deutschlands liegenden Region, entsprach sowohl den elterlichen wie den Vorstellungen der Braut: »Ich hatte eine Menge Verehrer, aber Vati (so nannte sie ihn uns gegenüber) war und blieb meine einzige Liebe.« Dann folgte jedes Mal eine Art Katalog seiner vielen guten Taten, der uns davon überzeugen sollte, dass unsere Mutter die richtige Wahl getroffen hatte. Es hatte immer etwas Rührendes, wenn sie von Vatis heimlichen Einkäufen erzählte, mit denen er Frau und Kinder hatte überraschen wollen, auch wenn das Erworbene meist das Falsche und gänzlich unnütz war.

Alle drei Buben kamen in Niedersachsen zur Welt, wo der Vater damals in Stellung war: Hans Rudolf in der Rattenfängerstadt Hameln, Helmut und ich in Hannover. Aus dieser Zeit haben sich Fotos erhalten, die die Grieser-Babys in den Armen einer wohlgestalteten und in feierlicher Landestracht herausgeputzten Hausgehilfin zeigen, von der das Gerücht umging, sie könnte auch Ammendienste geleistet haben. Einer Psychiaterin, deren Bekanntschaft ich mit circa 40 während einer Wattwanderung auf Sylt machte und der ich auf ihr Drängen aus meinem Leben erzählte, war nicht auszureden, dass die »falsche« Mut-

*Die Mutter des
Autors: Elisabeth
Grieser in jungen
Jahren*

termilch für gewisse Phobien in meinem lebenslangen Essver-
halten verantwortlich sei.

Als ich um 1980 für ein paar Tage in meine Geburtsstadt
zurückkehrte, um auf Einladung der berühmten Keksfabrik
Bahlsen vor deren Belegschaft aus meinen Büchern vorzutra-
gen, lernte ich unterscheiden, wie anders Mutter und Kind den
Geburtsvorgang bewerten. Meine Gastgeber hatten mich in
einem Nobelhotel am Stadtrand von Hannover einquartiert. Auf
meine Frage, wo ich mich denn befände, antwortete der frack-

51

tragende Concierge: »In Herrenhausen, mein Herr.« Sofort fiel
mir ein, dass meine Mutter in der Landesfrauenklinik Han-
nover-Herrenhausen entbunden hatte. »Ist das sehr weit von
hier?«, fragte ich weiter. Der Concierge: »Bitte folgen Sie mir
vor die Tür, mein Herr. Das große Gebäude vis-à-vis.« In meinem Gefühlsüberschwang, mich nur wenige Schritte von dem
Ort zu befinden, an dem ich zur Welt gekommen war, schrieb
ich auf der Stelle, noch bevor ich dem Hoteldiener mein Gepäck
übergeben und mein Zimmer bezogen hatte, eine Ansichtskarte
an meine Mutter – glückselig, tief ergriffen, voller Dank. Die,
wie ich annahm, zu erwartende ebenso enthusiastische Gegen-
post meiner Mutter blieb hingegen aus: Bei der Nummer Drei
war das Kinderkriegen wohl schon Routine. Ich hatte mich wieder einmal etwas zu wichtig genommen.

Drei Katastrophen drückten dem Leben meiner Mutter
ihren Stempel auf: die frühe Erkrankung ihres Mannes, die diesen immer wieder zu stationärer Behandlung in einschlägigen
Anstalten zwang und nur 65 Jahre alt werden ließ, die Selbst-
tötung des mittleren Sohnes und die Vertreibung aus der oberschlesischen Heimat im März 1945. Nur Letzteres brachte sie
in den Aufzeichnungen, die ich nach ihrem Tod fand, zur Sprache. Die anderen beiden Themen sparte sie geflissentlich aus.
Zu bedrückend waren sie, zu quälend. Hingegen: Die Flucht
vor den Russen – das hatten auch Tausende und Abertausende
andere erleiden müssen, das war objektivierbar, darüber konnte
man offen schreiben.

Auch wenn sie für den Rest ihres Lebens in Leverkusen und
ich in Wien blieb, kamen wir in den letzten Jahren einander
näher als früher. In ihrer gestochen klaren Handschrift berich-
tete sie brieflich von ihren kleinen Erlebnissen im und um ihr
Domizil, beklagte das Hinscheiden ihrer wenigen Freundinnen

(nicht ohne stillen Stolz auf das eigene Überleben anklingen zu lassen) und hielt sich rücksichtsvoll – im Gegensatz zu so vielen alten Menschen – mit Lamento über ihre physischen Beschwerden zurück. Als sie einmal über einem meiner Fernsehfilme eingeschlafen war, verband sie das ihr peinliche Geständnis mit dem Versprechen, sich in Zukunft von ihrem allzu bequemen Fauteuil fernzuhalten und sich den nächsten meiner Filme stehend anzuschauen. »Mutti, was für ein Unsinn!«, rief ich sie zur Ordnung.

Wenn ich sie auf meinen Deutschland-Reisen besuchte, war ihr das gemeinsame Verweilen in ihrem Appartment das Wichtigste – und zwar ohne Redezwang. Schon die Einladungen in eines der nahe gelegenen Restaurants bereiteten ihr weniger Freude, als ich erhofft hatte, nur für Einkäufe in Modegeschäften und Parfümerien war sie nach wie vor zu haben. Dem stand allerdings entgegen, dass sie in einem der Läden, in dem sie gerne ihre Kleider kaufte, Hausverbot hatte. Meiner Mutter mangelte es an Entschlusskraft: Wieder und wieder tauschte sie ihre Einkäufe um, gern auch ein drittes und ein viertes Mal. Welches Personal steht das durch? Ich weigerte mich zuletzt gar schon, sie bei ihren Einkäufen zu begleiten, wartete feig vor der Tür.

Verkalkuliert habe ich mich bei einem anderen Versuch, für ein wenig Farbe in ihrem grauen Alltag zu sorgen: Überzeugter Hotelmensch, der ich bin, glaubte ich ihr ein wenig Abwechslung zu verschaffen, indem ich sie für ein paar Tage in eines der besseren Häuser der Region einlud – in Köln, in Düsseldorf, im Bergischen Land. Was mir jeder Altenpfleger hätte sagen können, wusste oder bedachte ich nicht: Für einen Menschen von 90, der die letzten 25 Jahre in einem Seniorenheim verbracht hat, ist jegliche Umstellung – auch die Umstellung auf ein noch so bequemes Hotel – eine Qual. Meine sonst so fügsame und genügsame Mutter hatte an allem etwas auszusetzen, kam trotz meines Beistandes mit nichts zurecht, mochte das Essen nicht und schlief schlecht. Es blieb mir nichts anderes übrig, als den letzten dieser Hotelaufenthalte vor der Zeit abzubrechen. Auch im Taxi, das ich für die Rückfahrt bestellt hatte, war die Stimmung miserabel: Trotz allen guten Zuredens sprach Mutti kein Wort. Erst als wir vor ihrem Heim anhielten und ich ihr beim Aussteigen half, löste sich der Bann, und das Mädchen von der Pforte, das uns mit einem fröhlichen »Wie war's, Frau Grieser?« entgegengelaufen kam, erhielt zur Antwort: »Sehr schön, mein Kind!« Und wie zur Bestätigung ihrer Zufriedenheit gab sie mir einen leichten Schubs, sodass ich vor der Angestellten zu stehen kam, und rief dieser auftrumpfend zu: »Sie kennen doch meinen jüngsten Sohn, oder? Er ist Schriftsteller. Und er ist aus Wien.«

»Schon gut, Mutti, schon gut, jetzt komm'!«

Partnerliebe

»Von meiner Sopherl laß' ich nicht!«

Die Hochzeit von Reichstadt

Lokalaugenschein für mein Buch *Die böhmische Großmutter*,
Sommer 2004: Zákupy ist ein winzig kleines Städtchen sieben
Kilometer östlich von Böhmisch-Leipa – an der Straße nach Rei-
chenberg. Der frühere Ortsname ist so gut wie ausgelöscht, nur
auf zwei, drei Grabsteinen blieb er erhalten: »Ruhestätte der
Seelsorgspriester in Reichstadt« lese ich im Eingangsbereich
des Ortsfriedhofs. An einer der Wände der Gastwirtschaft,
in der ich meinen Kaffee trinke, wirbt ein Plakat aus der Zeit
um 1910 für die »Sommerfrische Reichstadt«, und im Souvenir-
kiosk des Schlosses erinnert eine Ansichtskarte mit dem Porträt
Kaiser Franz Josephs an die Manöver von 1899, die in nächster
Nähe stattgefunden haben.

Eine zweite Postkarte – mit dem Aufdruck »Reichstadt
1. 7. 1900« – zeigt in der oberen Bildhälfte eine 16-köpfige vor-
nehme Hochzeitsgesellschaft, in der unteren einen zweispän-
nigen offenen Landauer, der durch eine girlandengeschmückte
Straße rollt. Die Sitze hinter dem Kutschbock nehmen ein
Mann von circa 40 und eine einige Jahre jüngere Frau ein – er
in der Galauniform eines österreichischen Armeegenerals, sie
im hochgeschlossenen weißen Atlaskleid. Um zu erkennen,
wer da zu seiner Trauung in der Schlosskapelle unterwegs ist,
muss ich eine Lupe zu Hilfe nehmen: Es sind Erzherzog Franz
Ferdinand, der österreichische Thronfolger, und Sophie Gräfin

Chotek, seine Braut. Monsignore Hickisch, der betagte Dekan von Reichstadt, wird an diesem 1. Juli 1900 um 11 Uhr die Zeremonie vornehmen, bei der die beiden aus dem Chotek-Schloss Großpriesen Angereisten einander das Sakrament der Ehe spenden.

Dass man für die Zeremonie das kleine, entlegene Reichstadt gewählt hat, hat triftige Gründe: Die von Kaiser und Hof heftig bekämpfte Mesalliance des künftigen Staatenlenkers und seiner nicht standesgemäßen Ehefrau soll möglichst wenig Aufsehen erregen. Andererseits kommt als Schauplatz des Ereignisses nur eine Örtlichkeit in Betracht, die sich in habsburgischer Hand befindet.

Das 1683 barockisierte Renaissanceschloss, in dem um die Mitte des 18. Jahrhunderts Alexander Gluck als Forstmeister gedient und auch dessen Sohn, der spätere Komponist Christoph Willibald Gluck, einige Jugendjahre verbracht hat, gehört seit 1805 dem toskanischen Zweig des österreichischen Herrscherhauses und seit 1847 dessen Hauptlinie. Kaiser Ferdinand I. bestimmt den weitläufigen Besitz, dessen Anlage in manchem an das preußische Sanssouci erinnert, nach seiner Abdankung am 2. Dezember 1848 zu seinem Sommersitz.

Zu allgemeiner Bekanntheit ist der Name Reichstadt allerdings schon drei Jahrzehnte zuvor gelangt: durch Napoleons Sohn Franz Joseph Karl, dem mit neun Jahren der Titel »Herzog von Reichstadt« verliehen wird. Der am 20. März 1811 von Napoleons Gemahlin Marie Louise in Paris zur Welt gebrachte einzige Sprössling des Franzosenkaisers wächst seit dessen Abdankung anno 1815 in Wien auf. Kaiser Franz I., der Großvater des bei seiner Geburt mit dem Titel »König von Rom« Ausgestatteten, nimmt den Buben in Schönbrunn unter seine Obhut. Mit seinem Versuch, ihn unter dem Namen Napo-

leon II. zum Nachfolger auszurufen, scheiterte der Entmachtete; zur »Entschädigung« für die dem Stammhalter aber-
kannten Erbrechte werden die habsburgischen Besitzungen in
Reichstadt zum Herzogtum und der inzwischen Neunjährige zu
dessen Regenten erklärt.

Der wird sich allerdings in Reichstadt kein einziges Mal
blicken lassen. Zwar unterzieht er sich mit Eifer und Diszi-
plin einer strengen militärischen Ausbildung, erhält zu seinem
zwölften Geburtstag das Fähnrichspatent, wird mit 17 Haupt-
mann und zwei Jahre darauf Major, doch sein Ehrgeiz, eines
Tages den französischen Thron zu besteigen, scheitert nicht nur
an Kanzler Metternichs erbittertem Widerstand, sondern auch
an der eigenen physischen Unzulänglichkeit: Der »Herzog von
Reichstadt«, schon in frühester Jugend an Blutmangel leidend,
erkrankt an galoppierender Schwindsucht und stirbt als 21-Jäh-
riger in den Armen seiner Mutter in Schloss Schönbrunn.

Schloss Reichstadt, obwohl prachtvoll ausgestattet, versinkt
nach dem Tod Kaiser Ferdinands I., dem der nordböhmische
Besitz den Sommer über als Retiro gedient hat, aufs Neue in
Bedeutungslosigkeit: Nur von Zeit zu Zeit wird das stolze Anwesen von Angehörigen der kaiserlichen Familie bewohnt. Eine
von diesen, Erzherzogin Maria Theresia, zählt zu den wenigen,
die nicht nur in die Heiratspläne des Thronfolgers eingeweiht
sind, sondern Franz Ferdinands umstrittene Brautwahl mit aller
Kraft unterstützen. Sie ist es daher wohl auch, die als Trauungs-
ort das entlegene Reichstadt ins Spiel bringt.

Apropos Braut: Sophie, fünf Jahre jünger als der zum Thronfolger bestimmte Kaiserneffe, ist eine Tochter des Grafen
Bohuslaw Chotek von Chotwoka und Wognin und seiner Gattin Wilhelmine, einer geborenen Gräfin Kinsky. Beide Familien
stammen aus Böhmen, ihre Umgangssprache ist Deutsch. Graf

Chotek ist Mitglied im Herrenhaus des österreichischen Reichsrates; seine Frau, Trägerin des exklusiven Sternkreuzordens, steht im Rang einer Palastdame.

Als wohlbehütetes Kind einer ebenso angesehenen wie gut situierten böhmischen Adelsfamilie aufwachsend, stellen sich Sophie, als sie ins heiratsfähige Alter kommt, plötzlich erhebliche Hindernisse entgegen: Das Elternhaus, inzwischen verarmt, kann für die noch immer ledige Tochter keine nennenswerte Mitgift aufbringen. Eine zwar hübsche und vor allem gemütstiefe Endzwanzigerin, die es nur bis zur Hofdame (und zwar bei der launischen Erzherzogin Isabelle) gebracht hat, kann in ihren Kreisen keinesfalls als glänzende Partie gelten. Da ist Sophie umso seliger, als ihr mit der leidenschaftlichen Zuneigung Franz Ferdinands, dem sie im Herbst 1894 bei einer Soirée dansante in einem Prager Adelspalais vorgestellt worden ist, der Aufstieg in die allerhöchste Wiener Gesellschaft winkt.

Die beiden Liebenden müssen ihre Beziehung allerdings geheim halten – und dies umso mehr, als Franz Ferdinand sich nicht nur weigert, dem Wunsch des Kaisers Folge zu leisten, die seit der Tragödie von Mayerling verwitwete Kronprinzessin Stephanie zu ehelichen, sondern auch alle anderen Heiratsangebote ausschlägt. Die Ende 1899 auftauchenden Gerüchte, der 36-Jährige habe sich heimlich mit der Hofdame Sophie Chotek verlobt, lösen einen beispiellosen Eklat aus: Kaiser Franz Joseph macht seinem widerspenstigen Neffen klar, dass er der Verbindung mit einer Unebenbürtigen unter keinen Umständen zustimmen würde. Umgekehrt gibt Franz Ferdinand, seit Kurzem Kavalleriegeneral und Stellvertreter des Kaisers im Obersten Armeekommando, unzweideutig zu verstehen, dass er eher auf den Thron verzichten würde als auf die Frau, die er liebt: »Von meiner Sopherl laß' ich nicht.«

Der Kampf zwischen Franz Ferdinand und dem Wiener Hof, an vorderster Front von dem ebenso mächtigen wie intriganten Obersthofmeister Graf Montenuovo ausgefochten, wogt hin und her – und endet mit dem Sieg des Erzherzogs: Nachdem dieser sich zur Unterzeichnung einer Renunziationserklärung bereitgefunden hat, die sowohl seine künftige Gemahlin als auch die aus seiner Ehe hervorgehenden Kinder von der Thronfolge ausschließt, gibt der Kaiser grünes Licht, und Franz Ferdinand kann aufatmen. »Ich schwimme in einem Meer von Glück, daß ich nach fünfzehn bangen Monaten endlich in den Hafen der langersehnten Ehe einlaufe!«, schreibt er in einem Brief an einen seiner engsten Vertrauten.

Auch in der Heimat der Braut wird die Nachricht von der bevorstehenden Vermählung mit Genugtuung aufgenommen: Man erhofft sich davon eine Stärkung der tschechischen Position gegenüber dem übermächtigen Wien. Dort allerdings ist mit keinerlei Aufweichung der Vorbehalte gegen die Person der nunmehrigen »Fürstin von Hohenberg« zu rechnen, die sich erdreistet, sich im österreichischen Kaiserhaus breitzumachen.

Entsprechend karg fällt auch die Hochzeit aus: Nicht einmal die eigenen Brüder und seine Lieblingsschwester Margarethe geben dem Bräutigam die Ehre ihrer Anwesenheit, geschweige denn der Kaiser. Das Haus Habsburg ist lediglich durch Erzherzogin Maria Theresia und deren Töchter vertreten. Die Mehrzahl der Gäste kommt aus dem »Lager« der Braut – man reist am Vorabend des 1. Juli mit dem Hofzug an. Obersthofmeister Montenuovo hat es zu nützen gewusst, dass vor wenigen Tagen Fürstin Josephine von Hohenzollern gestorben ist: Es wird allgemeine Hoftrauer angeordnet, und das bedeutet, dass die Teilnahme an jeglichen Festivitäten »freudigen Charakters« in höchstem Grade inopportun ist …

Die Einwohnerschaft von Reichstadt, der mitgeteilt worden ist, dass keinerlei Willkommenszeremonien erwünscht seien, lässt es sich allerdings nicht nehmen, dem hohen Paar ihre Reverenz zu erweisen: Als die Wagenkolonne vom Bahnhof zum Schloss rollt, stehen die Leute am Straßenrand Spalier, etliche Häuser sind mit Fahnen und Girlanden geschmückt, Militärveteranen und Feuerwehr marschieren in Uniform und Ordensschmuck auf, die Schützenkapelle intoniert »Gott erhalte unsern Kaiser«. Der Reporter der *Neuen Freien Presse*, der aus Wien angereist ist, wird in seinem Bericht ausdrücklich den »bürgerlichen Charakter« des Ereignisses hervorheben: »Da war keine Spur von höfischem Zeremoniell, kein Gepränge, keine Entfaltung von Luxus.« Nur bei der Beschreibung des Brautkleides, das Gräfin Sophie Chotek für den am Vormittag des folgenden Tages angesetzten Trauungsakt in der Schlosskapelle angelegt hat, holt er ein wenig weiter aus: »Eine von Wellenlinien sich in den Saum des Kleides und der Schleppe schlängelnde Girlande von Myrthen und Orangenblüten hielt einen Volant von weißem Mousselinchiffon fest. Die Taille zeigt ein Fichu aus echten Applikationsspitzen, das seitwärts in einem Knoten geschlungen und durch ein Myrthenbukett festgehalten wurde. Der weiße Schleier reichte von der Stirn bis zu ihren Füßen. Die Symbole der Jungfräulichkeit, Myrthen und Orangenblüten, waren im Brillantdiadem verwoben und zierten den Brautstrauß, der in Prag gestaltet worden war. Ein zweireihiges Perlencollier und Brillantboutons vervollständigten die Toilette.«

Sophies früherer Vormund, Fürst Löwenstein, macht den Brautführer, Graf Nostitz und der Erbprinz von Löwenstein fungieren als Trauzeugen. Als die Ringe gewechselt sind, wünscht der Dekan von Reichstadt, der die Trauung vorgenommen hat, im Namen »vieler Millionen Herzen« dem Brautpaar »unge-

Schloss Reichstadt: Hochzeit von
Erzherzog Franz Ferdinand und Gräfin Sophie Chotek

trübtes eheliches Glück«, ehe er das Zeichen zum gemeinsamen Schlussgebet gibt.

Das Hochzeitsmahl wird im Speisesaal eingenommen, der mit seinen goldverzierten Tapeten, seinen imposanten Deckenmalereien, seinen prunkvollen Lustern und seinem edlen Mahagonimobiliar das eigentliche Schmuckstück des Schlosses bildet. Als Hauptgang wird – passend zu der allseits bekannten Jagdleidenschaft des Bräutigams – Rehrücken à la macédoine gereicht; vor dem Dessert erhebt sich Erzherzogin Maria Theresia zu einem dreifachen Hoch auf das Brautpaar, die Musikkapelle intoniert die Kaiserhymne, schon gegen 14 Uhr ist die Tafel beendet, und man bricht zur Heimfahrt auf.

Sophie hat inzwischen ihre Toilette gewechselt, besteigt die Kutsche zum Bahnhof in einem – wie das *Illustrierte Wiener Fremdenblatt* anderntags berichten wird –»Reisekostüm mit kurzer Jacke und einem schwarzen Strohhut mit ebensolchen Bändern«. Bevor sich der Hofzug in Bewegung setzt, verabschiedet der Bürgermeister von Reichstadt die Hochzeitsgesellschaft mit einer warmherzigen Ansprache. Der Salonwagen für Franz Ferdinand und Sophie fährt via Prag nach Beneschau – es ist die Bahnstation von Konopischt, wo die Frischvermählten ihre Flitterwochen zu verbringen gedenken.

Das Lieblingsschloss des Thronfolgers, einst im Besitz des legendären Feldherrn Albrecht von Wallenstein und 1887 den Fürsten Lobkowitz abgekauft, ist nach den Wünschen Franz Ferdinands umgestaltet, um üppige Parkanlagen erweitert und auch mit den neuesten technischen Errungenschaften wie Zentralheizung und hydraulischem Aufzug ausgestattet worden; unter den zahlreichen Schätzen des Schlossinneren ragen dessen historisches Mobiliar, eine Kunstgalerie und die Waffensammlung des Hausherrn hervor. Alles ist darauf ausgerichtet, dass Konopischt nach Franz Ferdinands Thronbesteigung zu dessen Stammsitz wird. Dazu wird es freilich nicht kommen: Am 28. Juni 1914, fast auf den Tag genau 14 Jahre nach ihrer Trauung, fallen Franz Ferdinand und Sophie, inzwischen Eltern dreier Kinder von 13, zwölf und zehn Jahren, unter den Schüssen des Attentäters von Sarajewo, und einen Monat später bricht der Erste Weltkrieg aus …

*Das glückliche
Paar*

Zurück nach Reichstadt. Obwohl ich mit dem Auto unterwegs bin, steuere ich als Erstes den Bahnhof an: Ich will versuchen, mir jenen 30. Juni 1900 zu vergegenwärtigen, da hier Österreichs Thronfolgerpaar aus dem Hofzug stieg, um einander tags darauf in der Schlosskapelle das Ja-Wort zu geben. Der Gleiskörper, das Stationsschild mit dem heutigen Ortsnamen Zákupy, rundum devastierte Häuser – es erfordert viel Phantasie, sich in diesem armseligen Ambiente die glanzvolle Kutschenauffahrt einer höfischen Hochzeitsgesellschaft auszumalen. Die Lagertore einer Fliesenfabrik sind weit geöffnet: Fürs Umladen auf den nächsten Güterzug braucht es von hier nur wenige Schritte. Am Straßenrand die von einem grimmigen Schäferhund bewachten Kartoffelsäcke eines fliegenden Händlers, der

63

den Vorüberfahrenden seine frischen *brambory* anbietet (die, wie mir bei dieser Gelegenheit einfällt, ihren Namen von der Region Brandenburg ableiten, aus der vor Zeiten die ersten Kartoffeln nach Böhmen gelangt sind).

Drinnen im Ort der kleine Marktplatz mit der unverhältnismäßig großen Pestsäule, dann der erste Wegweiser zum Schloss. Der riesige Parkplatz lässt darauf schließen, dass der heute unter staatlicher Verwaltung stehende Besitz beträchtliche Besuchermassen anlockt. Die Restaurierung des Inneren ist so gut wie abgeschlossen, nur im Park ist noch einiges zu tun. Im Schlossgraben beim Eingangstor zieht ein alter Braunbär seine Kreise, auf der gegenüberliegenden Seite erblicke ich eine den Winter über verwaiste Freiluftvolière.

Anders als jene Fremdenführer, die den gemütlichen Kollegentratsch der ihnen aufgetragenen Zuwendung an die Besucher vorziehen, legt sich die Angestellte, die mich durch die Räumlichkeiten von Schloss Reichstadt geleitet, mächtig ins Zeug: Ihre engagierten Kommentare deuten darauf hin, dass sie nicht nur stolz ist auf all die hier zur Schau gestellten Herrlichkeiten, sondern sie inzwischen wohl wie ein Stück eigenen Besitzes erlebt. Einen Höhepunkt bildet der Speisesaal mit der akkurat gedeckten Tafel und dem hochherrschaftlichen Personenaufzug. Die mit einer Handkurbel in Gang zu setzende Kabine mit den gepolsterten Sitzen hat Erzherzog Franz Ferdinand einbauen lassen – es ist das erste Exemplar seiner Art in Europa. Im Spielsaal ein Billardtisch, eine Auswahl an Brettspielen, ein Orchestrion; in den Schlafgemächern Betschemel, Leibstuhl und vergoldetes Nachtgeschirr; Absperrseile und Fotografierverbot erschweren den Zugang zu Kostbarkeiten wie den Porzellanvitrinen, dem aus Ledergeflecht angefertigten Kinderwagen, dem Heißwassergerät für die morgendliche Rasur.

An die 40 Räume sind zur Besichtigung freigegeben, ich dränge zur Eile, meine Führerin spürt, dass es mich magisch zur Kapelle zieht. Ich will den Ort kennenlernen, an dem eine der umstrittensten »Alliancen« des Hauses Habsburg besiegelt worden ist: die morganatische Ehe des Thronfolgerpaares Franz Ferdinand und Sophie. Ich frage nach der Orgel, deren Spiel seinerzeit das feierliche »Bis dass der Tod euch scheidet« musikalisch untermalt hat.

Die Führerin deutet auf einen schmalen Spalt hinter dem Altar. Ich kann's kaum glauben: Der Organist muss von überschlanker Statur gewesen sein, um sich in diese Nische hineinzwängen und den Spieltisch bedienen zu können. Nichts von majestätischer Klangfülle, die sich hier hätte entfalten können: Klein und bescheiden ist das Instrument – so wie alles klein und bescheiden ist an diesem 1. Juli 1900. Heimlich und versteckt. Groß war hier nur eines: die Liebe zweier Menschen, die sich gegen starre höfische Konvention hat durchsetzen müssen, gegen Vorurteil, Intrige und Hass.

Wunder einer Ehe
»Rumpfmensch« Nikolai Basilowitsch Kobelkoff

Die Zeiten, da Behinderte ihre Behinderung zum Beruf machen, sie »ausstellen«, ja zur Zirkus-, Varieté- oder Schaubudennummer ummünzen mussten, die sind gottlob vorbei. Die »Missgeburt« braucht sich nicht mehr als solche vor zahlendem Publikum zu produzieren: Ein hoch entwickeltes System aus Rehabilitation und Integration erspart es Zwerg und Riese, ihre physische Besonderheit zu Markte zu tragen. Der Sozialstaat weiß das Sensationsbedürfnis des Menschen mit anderen Attraktionen zu bedienen: solchen technischer Natur.

Im 19. Jahrhundert war das anders. Wer als Liliputaner oder als siamesischer Zwilling auf die Welt kam, hatte, sofern ihm überhaupt ein dauerhaftes Leben beschieden war, nur die Wahl, vor einer grausam-spöttischen Mitwelt versteckt oder aber im Gegenteil für klingende Münze von ihr bestaunt zu werden. In diesem Fall kam es darauf an, was der Betreffende aus seinem Handicap zu »machen« verstand. Dann freilich war das Publikum sogar bereit, von Verachtung oder Mitleid auf Bewunderung umzuschalten, und aus dem »Krüppel« wurde ein für seine Willensstärke und Kunstfertigkeit gefeierter Held.

Einer der Erfolgreichsten und Berühmtesten war der »Rumpfmensch« Nikolai Basilowitsch Kobelkoff. Und Wien war der Ort, an dem er sein Glück fand …

Die Kobelkoffs sind im russischen Gouvernement Cherson daheim. Troizk heißt das Dorf im Kreis Wosnessensk, wo der Vater Kosakenhauptmann und Bürgermeister ist. Das Geld, das er für den Unterhalt seiner vielköpfigen Familie braucht, verdient er in einem nahen Goldbergwerk. Von den 15 Kindern, die seine Frau Natalia zur Welt bringt, sind 14 völlig normal gewachsen – nur Nikolai, geboren am 22. Juli 1851, schlägt aus der Art. Die Hebamme bringt es nicht über sich, der jungen Mutter das Neugeborene zu zeigen: Es hat weder Arme noch Beine. Doch das Kind, sonst von durchaus kräftiger Statur, überlebt. Die Frauen im Dorf, die von der »Missgestalt« wissen, schlagen verängstigt das Kreuz, wenn sie ihrer ansichtig werden: Das kann doch nur eine Ausgeburt der Hölle sein.

Zweierlei hat Nikolai mit auf den Lebensweg bekommen, das es ihm ermöglicht, seine körperliche Unzulänglichkeit zu überwinden: eine enorme Vitalität und einen unbändigen Trotz.

Schon der Zweijährige überrascht seine Eltern mit Versuchen, auf seinen Beinstümpfen laufen zu lernen, und indem er bei Tisch das Besteck geschickt zwischen Wange und Armstumpf klemmt, gelingt es ihm mit der Zeit sogar, das Essen zu zerteilen und zum Mund zu führen. Beim An- und Auskleiden nimmt er die Zähne zu Hilfe.

Als Nikolai zehn ist, kann man den Versuch wagen, ihn zur weiteren Ausbildung dem Popen von Tobotiz anzuvertrauen: Unter dessen geduldiger Anleitung lernt er schreiben, Papier schneiden, nähen. Auch beim Fischen und auf der Jagd wird er später seinen Mann stehen; das Dreigespann lenkt er, indem er die Zügel um den Nacken schlingt; mit dem Halsmuskel und dem aus der rechten Achselhöhe ragenden Armstummel ersetzt er, was ihm die Natur an Greifwerkzeug vorenthalten hat.

Das Wunder wird wahr: Nikolai kann mit 18 ins Berufsleben eintreten, Vater Kobelkoff verschafft ihm eine Stelle als Schreiber im selben Goldbergwerk, in dem auch er beschäftigt ist. Man vertraut Nikolai die Führung der Lohnlisten an, dank seiner gestochen klaren Handschrift wird er auch zur Korrespondenz mit herangezogen.

Die für sein weiteres Fortkommen entscheidende Begegnung hat Nikolai jedoch auf einem der Jahrmärkte der Gegend: Ein Moskauer Menagerieunternehmer namens Berg kann den inzwischen 20-Jährigen dazu überreden, aus der Not eine Tugend zu machen und sein Glück als Schaubudenattraktion zu versuchen. Er verlässt das Elternhaus und zieht fortan als »Rumpfmensch« von Stadt zu Stadt. 80 Zentimeter groß und 60 Kilo schwer, zeigt er vor zahlendem, zwischen Mitleid, Staunen und Bewunderung schwankendem Publikum seine Künste: lässt sich im Kostüm des Uralkosaken auf die Bühne hinaustragen, produziert sich als Schnellzeichner, schneidet Silhouetten, zielt mit der Flinte auf die Schießscheibe, zeigt, wie man ohne Arme Nähnadeln einfädelt, kutschiert einen Ponywagen und lässt sich ein Brett auf die Schultern legen, auf dem er spielend drei ausgewachsene Männer balanciert. Der Höhepunkt der Darbietung ist jedes Mal erreicht, wenn Nikolai Leute aus dem Publikum auf die Bühne bittet und eine Prämie für denjenigen aussetzt, der es schafft, ihn dreimal vom Boden aufzuheben. Zweimal gelingt es allen, beim dritten Mal keinem: So athletisch stemmt sich der kleine Körper gegen den beherzten Zugriff. In späteren Jahren werden auch noch ein Entfesselungsakt und eine Nummer im Löwenkäfig hinzukommen.

Bis zu 50-mal am Tag verwandelt sich Nikolai, dessen Bettstatt die Maße einer Wiege hat und dessen Fahrzeug ein dreirädriger Kinderwagen mit dicht geschlossenem Vorhang ist, in einen Artisten der Sonderklasse. Kasan, Moskau, St. Petersburg, Odessa, Wilna, Warschau und Kiew – überall strömt ihm das Rummelplatzpublikum zu, und bald wird er sogar die Grenzen des Zarenreichs überschreiten und auch in Damaskus und Jerusalem auftreten, in Suez und Konstantinopel. Und als er 1875, nun in Skandinavien und Deutschland unterwegs, die Bekanntschaft des führenden Praterunternehmers August Schaaf macht, holt ihn dieser nach Wien.

Nikolai Basilowitsch Kobelkoff ist nun 24, in einem Alter, in dem andere heiraten. Aber für einen wie ihn kommt so etwas natürlich nicht in Betracht. Wie sollte ein Mann wie er eine Frau glücklich machen? Und gar eine Familie gründen?

Doch das Unglaubliche tritt ein: Anna Wilfert, sechs Jahre jünger als er, Tochter eines aus Deutschland zugewanderten Geometers und Schwägerin des Praterunternehmers August Schaaf, ist nicht nur bereit, sondern gegen alle Widerstände von außen fest entschlossen, dem Werben des »Rumpfmenschen« nachzugeben und mit ihm in den Stand der Ehe zu treten. Ein Missgebildeter, der noch dazu kaum ein Wort Deutsch spricht – die Eltern der Braut können einen solchen Heiratsantrag nur als freche Zumutung zurückweisen. Auch der Pope, der die Trauung vornehmen soll, gibt sich entrüstet: Da aus einer solchen Ehe niemals Kinder hervorgehen können (und dürfen), wäre sie in seinen Augen eine glatte Gotteslästerung. Außerdem ist die Braut nicht willens, zum russisch-orthodoxen Glauben zu konvertieren.

Ein zweiter Versuch – diesmal in Dresden – schlägt gleichfalls fehl. Erst beim dritten hat man Glück: Ein evangelischer Pastor in Budapest erklärt sich bereit, Nikolai und Anna den kirchlichen Segen zu erteilen, und so tritt das ungleiche Paar im Jahr darauf in der Deák-Kirche zu Pest vor den Altar. Es wird ein Trauungsakt, wie ihn die Welt kaum je gesehen hat: Die Braut in Myrtenkranz und Schleier trägt den Bräutigam auf ihren beiden Armen zum Altar, mit den Zähnen steckt er ihr den Ehering an, er selbst wird den seinen zeitlebens in einem ledernen Etui tragen, das an seiner Brust hängt.

Von Wien aus zieht Nikolai Basilowitsch Kobelkoff nun zu seinen weiteren Auftritten von Stadt zu Stadt, von Land zu Land – und seine junge Frau mit ihm: als Gefährtin und Impresario. In nicht weniger als sieben Sprachen kann er sich mittlerweile verständigen. 1882 wird der amerikanische Zirkus Barnum & Bailey auf ihn aufmerksam und nimmt ihn für einige Jahre unter Vertrag. In Wien noch für zehn Kronen auftretend, scheffelt Kobelkoff nun das große Geld und kann somit jenen Grundstock anlegen, den er, wenn er 1901 endgültig nach Österreich zurückkehrt, brauchen wird, um sich mit eigenen Unternehmen im Prater niederzulassen.

*Fürs Familienfoto mit Frau und Kindern liebevoll kaschiert:
Nikolai Kobelkoffs »Geburtsfehler«*

Vorher aber wird ein weiteres und vielleicht das größte aller
Wunder Wirklichkeit: Kobelkoff, der »Rumpfmensch«, wird
Vater! Sechs gesunde Kinder von durchwegs normaler Statur
bringt Anna ihrem Mann zur Welt – und wie es sein Beruf mit
sich bringt: jedes an einem anderen Ort. Wo man gerade im
Engagement ist, im Wohnwagen des fahrenden Volks, auf Jahr-
märkten, hinter Zirkuszelten. Und was den stolzen Vater vollends glücklich macht: Sämtliche sechs Sprösslinge – fünf Söhne
und eine Tochter – steigen ins elterliche Metier ein, werden
Schausteller. Sohn Paul im Pariser Lunapark, alle anderen in
Wien.

Als am 29. Mai 1912 – mehr als 20 Jahre vor ihrem Mann –
Anna Kobelkoff stirbt, ist ein nicht geringer Teil des Wurstel-
praters – Toboggan und Velodrom, Schweinchenkarussell und
Wachauerbahn – in der Hand der Kobelkoff-Dynastie, der
Stammvater kann sich endlich von der Bühne zurückziehen und

zur Ruhe setzen. Und von den Zeitungsleuten, die wieder und wieder bei ihm anklopfen, von seinem schweren, aber durchaus freudenreichen Leben zu erzählen, das ihm, als er zur Welt kam, wohl niemand vorauszusagen gewagt hätte. Wer hat ihm nicht alles im Lauf der Jahre für seine Kunststücke applaudiert: Zar Alexander II., König Albert von Sachsen, Königin Wilhelmina von Oranien, der preußische Thronfolger, Reichskanzler Bismarck, Kronprinz Rudolf in Wien.

1899 druckt das *Illustrierte Wiener Extrablatt* den *Roman des Rumpfmenschen*, in Frankfurt erscheint die Buchausgabe: *Beschreibung und Biographie des wunderbarsten Phänomens der Gegenwart*, in Paris greift Sohn Paul zur Feder und sorgt mit den *Mémoires de l'Homme-Tronc* für Aufsehen. Zitat aus dem Vorwort: »Seine heitere Laune, seine gesellige Manier lassen uns erkennen, daß wir es bei ihm mit keiner ekelerregenden Monstrosität zu tun haben, sondern mit einem Mann, der sich absolut nicht unglücklich fühlt und infolgedessen sogar eine Lebensgefährtin fand, die ihn durch Vaterfreuden ans Dasein fesselt.«

Geschichten über Geschichten: etwa die von der Dogge, die ihm der dänische König zum Geschenk macht und die ihm, als ihn Wegelagerer überfallen und ihm die Handkasse entreißen wollen, das Leben rettet. Oder von dem Zirkusbrand, bei dem ihn, unter Einsatz des eigenen Lebens, der Kollege Riese aus den Flammen holt. Oder von der neapolitanischen Mafia, die ihm aus Rache für das verweigerte Schutzgeld über Nacht das Zelt in Tausend Stücke schneidet.

Schwärzester Humor wechselt ab mit Augenblicken höchsten Entzückens – etwa, wenn Nikolai erfährt, dass er zum ersten Mal Vater geworden ist – und Vater eines gesunden Buben! An diesem Freudentag bleibt die Schaubude, in der er auftritt, geschlossen. Und als ihn der berühmte Wiener Chirurg Theodor Billroth zur Untersuchung in seine Klinik einlädt, ist dies für Kobelkoff nichts Entwürdigendes, sondern im Gegenteil eine Auszeichnung, der er sich zeit seines Lebens ebenso rühmen wird wie etwa jenes Kusses, zu dem sich die in Wien gastierende Bühnendiva Sarah Bernhardt hinreißen lässt – aus Bewunderung für die schier grenzenlose Willenskraft, mit der dieser scheinbar »armselige Krüppel« seinem Schicksal trotzt.

Nikolai Basilowitsch Kobelkoff erreicht das stattliche Alter von 82 Jahren, treu umsorgt von den Familien seiner Kinder. In einer Praterhütte, einem Anbau des von Sohn Alexander betriebenen Ringelspiels, verbringt er seinen Lebensabend. Als er am 19. Jänner 1933 für immer die Augen schließt, geben Hunderte Kollegen und Aberhunderte Wiener Bürger dem Kindersarg, in dem sein Leichnam ruht, auf dem Weg zum Zentralfriedhof das letzte Geleit.

Der Engel von Korea
Franziska Donner, First Lady aus Wien

Von den drei Donner-Töchtern ist sie die energischste: Nach der obligaten Klosterschule studiert Franziska Sprachen und macht den Dr. phil. Nach dem Tod des Vaters lässt sie sich ihr Erbteil auszahlen und schaut sich in der Welt um. Im Gegensatz zur Mutter, die, von Geburt Italienerin, ihre Opernkarriere der Ehe mit dem Wiener Sodawasserfabrikanten Josef Donner geopfert hat, ist sie, die 1900 im Zeichen der Zwillinge Geborene, fest entschlossen, ihren eigenen Weg zu gehen.

Beim Völkerbund in Genf werden junge Frauen wie sie gebraucht: Die *Belles de la Société des Nations* sind ein Mix aus Dolmetscherin, Diplomatin und Hostess. Eine der Delegationen, auf die Franziska Donner angesetzt wird, ist ein Häuflein Koreaner, die festen Willens sind, ihre zur japanischen Kolonie geschrumpfte Heimat eines Tages in die Unabhängigkeit zu führen. Ein aussichtsloser Kampf: Niemand hört ihnen zu, wenn sie ihre patriotischen Parolen vom Stapel lassen.

Ihr Anführer ist ein gewisser Dr. Syngman Rhee; der 57-Jährige firmiert offiziell als Rektor der koreanischen Schule von Honolulu, doch sein eigentliches Interesse gilt der Gründung eines autonomen Staates Korea nach westlich-demokratischem Vorbild.

Dr. Syngman Rhee und die ihm zugeteilte Franziska Donner kommen einander während dieser Genfer Verhandlungsrunde anno 1932 auch menschlich näher: Noch im selben Jahr geht eine Verlobungsanzeige nach Wien, und am 8. Oktober 1934 lässt sich das ungleiche Paar – der Altersunterschied beträgt 25 Jahre – ins New Yorker Trauungsregister eintragen. Von Amerika aus setzt Syngman Rhee seine Agitation für ein souveränes Korea fort, und wer ihn dabei am temperamentvollsten unterstützt, ist seine eigene Frau.

Träumt die ehrgeizige junge Wienerin davon, eines Tages First Lady des ostasiatischen Halbinselreichs zu sein?

Jedenfalls scheint sie unerschütterlich an die eminent schwierige Mission ihres Mannes zu glauben, und die Opfer, die er dafür gebracht hat und bringt, sind für sie nicht etwa Entmutigung, sondern im Gegenteil treibende Kraft. Es imponiert ihr, dass der entfernte Abkömmling der seit dem 14. Jahrhundert in Korea herrschenden Dynastie sich von seiner traditionellen Erziehung gelöst, die methodistische Mittelschule von Seoul absolviert, sich mit 20 dem republikanischen »Unabhängig-keitsclub« angeschlossen, noch als Student eine eigene Zeitung gegründet und für seine Auftritte als Demonstrant und Versammlungsredner mit schwerer Kerkerhaft gebüßt hat.

Das Urteil lautet auf lebenslänglich; die Folterungen, denen er ausgesetzt wird, hinterlassen Narben, die ihm bis ans Ende seiner Tage erhalten bleiben werden. In der Zelle setzt er sein politisches Manifest auf und bereitet sich für den Übertritt zum christlichen Glauben vor; 1904 gelingt ihm, als vermeintlich Toter eingesargt, die Flucht aus dem Gefängnis. Der 29-Jährige geht nach Amerika ins Exil, studiert an den Universitäten von Harvard und Princeton und organisiert gleichzeitig den Widerstand gegen die seine Heimat unterjochenden Japaner. Als die gewaltlose Rebellion seiner Landsleute im März 1919 in einem Blutbad endet, rufen seine Mitstreiter und er eine Exilregierung aus – mit Syngman Rhee an der Spitze. Aber weder bei der Pariser Friedenskonferenz noch beim Völkerbund noch in Washington dringt die Korea-Lobby mit ihren Intentionen durch. Erst nach 1945 – mit der Niederlage Japans im Zweiten Weltkrieg – schlägt dem mittlerweile 70-Jährigen die Stunde: Die südkoreanische Nationalversammlung wählt am 19. Juli 1948 Syngman Rhee zum ersten Präsidenten der frisch gegründeten Republik.

Franziska Rhee-Donner betritt zum ersten Mal koreanischen Boden. Und wird fortan, bei offiziellen Auftritten stets die obligaten zwei Schritte hinter ihm schreitend, zur engsten Beraterin ihres Mannes. Dass man ihr mangelhafte Beherrschung der Landessprache vorhält, versucht sie ebenso wegzustecken wie die Gewohnheit der Koreaner, Franziskas Herkunftsland mit Australien zu verwechseln. Worauf es ihr ankommt, ist, die Aufbauarbeit ihres Mannes zu unterstützen,

in dem die konservativen Kräfte eine Art »fernöstlichen Adenauer« sehen und die erstarkende Linke einen notorischen
Kommunistenfresser.

Vorsichtig leitet sie auch die eine oder andere eigene Reform
ein, will die Frauen ihres Gastlandes von ihrem noch immer
sklavenähnlichen Dasein befreien. Um den Hunger einzudäm-
men, stampft sie eine weltweit operierende Hilfsaktion aus dem
Boden. Auch auf Propaganda versteht sie sich vorzüglich: Über
die Zeitungen des Landes lässt sie eine angeblich uralte Weis-
sagung verbreiten, eine weiße Frau werde ins Land kommen
und ihnen ewiges Glück und Frieden bescheren. Aber nicht
alle wissen ihr für ihre Aktivitäten Dank: Von den einen als der
»Engel von Korea« gepriesen, sehen die anderen in der seltsamen Fremden einen bösen Dämon, und vor allem als Syngman
Rhee, für weitere drei Regierungsperioden wiedergewählt, mit
den Jahren zu immer fragwürdigeren Mitteln greift, um seine
Macht abzusichern – man spricht von Wahlschwindel, willkür-
licher Verfassungsänderung und Unterschlagung öffentlicher
Gelder –, gerät auch sie ins Schussfeld der Opposition.

Am 27. April 1960 wird Syngman Rhee zum Rücktritt gezwun-
gen; wie schon in früheren Jahren ist es Hawaii, das dem ent-
machteten Paar Asyl anbietet. Seinen 90. Geburtstag verbringt
der Ex-Präsident, nun schon teilweise gelähmt, in einem Sanatorium in Honolulu; am 19. Juli 1965 erliegt er einem Schlaganfall.
Seinen Letzten Willen, in heimatlicher Erde bestattet zu werden,
kann ihm die Witwe erfüllen, nur an der Zeremonie in Seoul
teilzunehmen, scheitert am Einspruch der Ärzte: Schon bei der
Totenmesse auf Hawaii ist sie ohnmächtig zusammengebrochen.

Franziska Rhee-Donner erholt sich jedoch wieder, kann ein
letztes Mal ihre Verwandten und Freunde in Wien besuchen,
und auch ihr größter Wunsch wird wahr: ihren Lebensabend

Engel oder Dämon? Franziska Rhee geb. Donner, hier als
hochbetagte Witwe vor dem Bild ihres Mannes

in Korea zu verbringen. 1970 kehrt sie nach Seoul zurück und bezieht wieder die alte Villa auf dem »Hügel der Pflaumen-blüte«, in deren Garten jener Pavillon steht, in dem die ersten Besprechungen der 1947 heimgekehrten Exilpolitiker stattge-funden haben und der seither nicht nur in ihren Augen als die Geburtsstätte des neuen Korea gilt.

Mit ihrem bescheidenen Lebensstil gelingt es der Koreanerin aus Wien, aufs Neue die Herzen ihrer ehemaligen Untertanen zu erobern: Sie kommt ohne Personal aus, kocht selbst, wäscht selbst, hält sich von allem gesellschaftlichen Gepränge fern, ver-lässt kaum noch das Haus. Nur jeden Freitag tritt sie den Weg zum Friedhof an und verrichtet vor dem Grabmal ihres Man-nes ein stilles Gebet. 27 Jahre überlebt sie ihn, knapp 92-jährig stirbt Franziska Rhee-Donner 1992 in Seoul.

Kinderliebe

»Du bist und bleibst mein Licht.«
Ludwig Fels und seine Liebe zum Asylantenkind Udoka

»Immer wenn ich Udoka sehe, und ich sehe sie fast jeden Tag, stehe ich wie vor einem Wunder, einer Offenbarung, die mich weiterträgt und die hinausreicht über die mir auf Erden beschiedene Zeit.«

»Ich frage mich nicht, warum ich Udoka liebe. Ich liebe sie einfach.«

»Du bist und bleibst mein Licht, mein lebendiges Licht. Die Prinzessin der Gegenwart. Die Königin der Zukunft.«

Der Mann, der mit solchen Worten über eine Zeitspanne von anderthalb Jahren seine Liebe zu einem Neugeborenen bekundet, darüber sein eigenes Leben umkrempelt, sogar den Weg zu Gott wiederfindet, heißt Ludwig Fels, ist zwischen Herbst 2007 und Frühjahr 2009, da er Tagebuch führt, um die 60 Jahre alt und von Beruf Schriftsteller. Was ihn von »normalen« Vätern unterscheidet, ist, dass Udoka – so der Name des am 22. September 2007 in Wien geborenen Mädchens – nicht sein eigen Fleisch und Blut ist: Beide Elternteile sind Asylanten aus Afrika, die es nach Österreich verschlagen hat. »Ersatzgroßvater« nennt Fels seinen Part im frühen Leben dieses Kindes, und aus seinen Aufzeichnungen aus jener Zeit macht er ein Buch. Es erhält den (wohl vom Namen eines Belgrader Stadtviertels abgeleiteten) Titel *Die Parks von Palilula* und zählt zum Fesselndsten, das ich seit Langem gelesen habe. Der Rezensent der *Süddeutschen*

Zeitung hat es »ein demütiges Buch« genannt, *Die Zeit* eine »bezaubernde Geschichte«, die *Frankfurter Allgemeine* gar ein »Instrument der Selbsterforschung«.

Ich kenne Ludwig Fels seit vielen Jahren – bis vor Kurzem allerdings nur aus Zeitungsberichten und Radiosendungen. Und ich kenne sein Bild. Es ist das Bild eines ernsten, nachdenklichen Mannes, das den Betrachter eher an einen harten Arbeiter denken lässt als an einen feinsinnigen Intellektuellen.

An dieses Foto erinnere ich mich, als ich ihm an einem Hochsommertag des Jahres 2017 gegenüberstehe. Es ist vor der Aufbahrungshalle des Ottakringer Friedhofs. Ludwigs Freund Georg Madeja, Regisseur zahlreicher Fernsehdokumentationen (der auch etliche meiner Bücher verfilmt hat), wird zu Grabe getragen, langjährige Wegbegleiter des auch als Lyriker, Satiriker und Vinologe renommierten Künstlers sprechen Abschiedsworte, zitieren aus dem einen oder anderen seiner Verse. Ich spreche Ludwig Fels, der offensichtlich, mit Ehefrau Rosi etwas abseits stehend, nicht die Nähe der Trauergesellschaft sucht, vorsichtig an. Beide scheinen sich darüber zu freuen, beim nachfolgenden Umtrunk kommen wir miteinander ins Gespräch, das länger dauern wird als gedacht. Im Scherz halte ich dem zwölf Jahre Jüngeren vor, dass er sich gar so rar mache: Obwohl der gebürtige Deutsche seit 1983 in Wien lebt und seine jüngsten Werke in einem österreichischen Verlag publiziert hat, habe ich kaum je von einer Buchpräsentation gehört, der ich hätte beiwohnen können: Ludwig Fels, der – wie er mir später verraten wird – den Lärm des Literaturbetriebs scheut, Lob und Kompliment abwehrt, zählt zu den Stillen im Lande. Ich muss an seinen fast gleichaltrigen österreichischen Kollegen Gernot Wolfgruber denken, der gleich ihm Zurückhaltung übt und seine Leserschaft nun schon seit Jahrzehnten auf ein neues Werk warten lässt. So weit geht Ludwig Fels nicht: Seine Titelliste verzeichnet zwischen 1974 und heute 15 Romane, dazu Hörspiele, Theaterstücke, Lyrik. Der von der Kritik als überragend gepriesene Afrika-Roman *Die Hottentottenwerft* ist sein bis dato jüngster großer Wurf. Auch sein früher Roman *Ein Unding der Liebe* und seine Verssammlung *Egal, wo das Ende der Welt liegt* haben mich tief beeindruckt.

Wieso ist dieser Autor dennoch ein Geheimtipp geblieben, nur einem viel zu kleinen Leserkreis bekannt? Daran, dass er Deutscher ist und in Wien nur sein Wohnsitz, kann es nicht liegen. Mir fallen die Namen Wolf Wondratschek, Dirk Stermann, Joachim Meyerhoff und Tex Rubinowitz ein – so wie er deutsche Kollegen mit Wiener Adresse, doch im Gegensatz zu Fels andauernd im Gespräch. Wieso kommt er – um nur ein Beispiel zu nennen – in der Wahlwiener-Anthologie *Sie kamen, um zu bleiben* nicht vor? Er scheint es selbst so zu wollen. Spätestens seit dem vierten Buch, das ich inzwischen von ihm gelesen habe, steht mein Entschluss fest: Ich setze mich über seine Scheu hinweg und schreibe über ihn.

Aus der Internet-Enzyklopädie Wikipedia erfahre ich, dass Ludwig Fels 1946 im fränkischen Treuchtlingen als lediges Kind geboren und in kleinen Verhältnissen aufgewachsen ist, nach der Volksschule die Malerlehre vorzeitig abbricht, sich zunächst mit Gelegenheitsjobs durchbringt und eine Zeit lang als Maschinist arbeitet, bis er mit 27 endlich das tut, wozu er berufen ist: Er wird Schriftsteller. »Ich hatte einen Job als Packer in einer Fabrik und ein paar Gedichte im Kopf, um es auszuhalten«, wird er später in der ihm eigenen Lakonik über diese Zeit sagen. Es wird jung geheiratet, sehr jung. »Wir hatten es eilig, von daheim zu entkommen, wollten nicht warten, bis R. volljährig gewesen wäre, weil wir nicht vorhatten, alt zu werden, wir wollten frei sein, frei für den andern.« Und weiter: »Wir heirateten mit langen Haaren und in Hippieklamotten. Rockmusik und Alkohol, ab und zu schlechte Drogen und, um das Maß der Dinge vollzumachen, Undergroundliteratur, die den proletarischen Alltag um die eine oder andere hermeneutische Floskel erweiterte.«

Die ersten Gedichtbände erscheinen, es folgen Erzählungen, Romane, Arbeiten für den Funk. Fels wird Mitglied im »Werkkreis Literatur der Arbeitswelt«, später im PEN-Club. 1983 folgt die Übersiedlung nach Wien. »Den Bürgerschreck« legt er ab, doch das Leitthema bleibt: der Kampf gegen jede Art von Unterdrückung. Mit dem Theaterstück *Sturmwarnung* kommt auch endlich Geld ins Haus: Hans-Joachim Kulenkampff geht damit auf Tournee, das ZDF verfilmt die ersten Romane.

Es ist also nicht aus Existenzangst, dass Ludwig und R. das gemeinsame Kind, für das sie schon einen Namen hätten, nicht auf die Welt kommen lassen. »Ich dachte«, so wird der Autor Jahrzehnte später bekennen, »Simonetta könnte mich beim Schreiben von Gedichten stören, statt zu bedenken, dass eher Gedichte störend wirken könnten, ihre Gesänge aufzuschreiben, ihre Atemzüge zu zählen bis in die fernste Nacht.« Und hier, bei dieser Ehrfurcht vor jedem neuen Leben liegt denn auch der Hauptgrund dafür, dass Fels sich einerseits für die Kinderlosigkeit entscheidet, andererseits jedoch – an der Schwelle zum Alter und durch ein Zufallserlebnis ausgelöst – dem Drang folgt, sich eines Neugeborenen anzunehmen, das nicht das seine ist, und Udoka – so der Name des Kindes – mit einer Liebe überschüttet, die kein Maß zu kennen scheint.

Was ist passiert?

Ludwig Fels, nach wie vor und mit Sicherheit auch in Hinkunft mit seiner Frau in glücklicher Ehe lebend (»Ohne ihre

Liebe wäre ich nichts!«), kommt an einem kalten, nassen Jännertag beim Warten vor einem Zebrastreifen am Wiener Gürtel mit einer jungen afrikanischen Asylantin ins Gespräch, deren ärmliche Kleidung, deren regennasses Haar und deren Frösteln ihn rühren. Er möchte von ihr wissen, wie sie nach Wien gelangt ist, wie sie ihr sichtlich kümmerliches Leben in dieser fremden Welt meistert, bittet sie, auf der Rückseite eines Fahrscheins ihre Telefonnummer aufzuschreiben. Drei Tage darauf trifft man sich im nächstbesten Café. B., so erfährt der Dichter, stammt aus Nigeria, ist vor einigen Wochen am Ende ihres Fluchtweges am Stadtrand von Wien von einem Lastzug gesprungen, hat sich zunächst im Gebüsch versteckt und sodann in einem Asylantenheim der Caritas einen Schlafplatz gefunden: vier Stockbetten, acht Frauen.

Bei einem der nächsten Treffen ist auch Ludwigs Frau dabei, die zu dieser Zeit als Inspizientin am Burgtheater arbeitet. Die beiden begleiten B. auf deren Weg zur Kirche, es ist eine Baptistengemeinde am Rand von Meidling. Man lädt sie zu sich nach Hause ein, spielt ihr Musik vor, geht mit ihr ins Wirtshaus, begleitet sie zum Arzt – und auf diverse Ämter. Denn schon bald hat sich herausgestellt: B. ist hochschwanger, erwartet in Kürze ihr erstes Kind. Der Ersatz-Großvater, wie Ludwig Fels sich selbst nennt, kümmert sich um alles, hilft auch mit Geld aus: Geld für Kautionen und Provisionen, für die erste eigene Wohnung, für den winzigen Shop in Ottakring, wo B. nigerianische Waren an ihre Landsleute verkaufen will. Sogar Heiratsanzeigen gibt ihr Beschützer für sie auf: Der Vater des Kindes, gleichfalls aus Nigeria, hat sich – der »Papiere« wegen – einer anderen zugewandt, hat eine Österreicherin geheiratet.

Wieso bürdet sich Ludwig Fels dies alles auf? »Ich liebe es, unter Menschen zu sein, die mich menschlich machen«, sagt er.

81

Aber da ist noch etwas. Lebt in ihm womöglich die alte Afrika-Schwärmerei wieder auf, die ihn schon seit Kindheit und Jugend begleitet?

Stellt sich nur die Frage: Kommt unser Dichter bei all der Plackerei, die er mit der Obsorge für das Baby auf sich nimmt, überhaupt noch zum Schreiben? Doch – er schreibt. Schreibt Tagebuch. Und zwar von jenem 22. September 2007 an, da in der Geburtsstation der Wiener Semmelweis-Klinik die kleine Udoka auf die Welt kommt. Erst nach 18 Monaten legt Fels das Tagebuch zur Seite und wendet sich wieder seiner »eigentlichen« Arbeit zu. »Keine Angst, es geht ihr gut«, lautet sein letzter Eintrag. »Im Moment hat sie alles, was sie braucht ... Sie macht ihr Ding, und sie macht es gut. Sie wird auch nicht mehr mit Cremes traktiert, die ihre Haut bleichen sollen. Sie ist eine leidenschaftliche Esserin. Wenn sie einen Hund sieht, muß sie lachen. Was gibt es noch? Sie wird jeden Tag älter. Inzwischen spricht sie dreizehn Worte am Tag, wenn sie nicht gerade im Traum singt. Sie ist ganz einfach ein großartiges Mädchen.«

Noch am Tag der Geburt hat Fels seinen ersten Eindruck von Udoka festgehalten: »Ihr Gesicht war zart und wunderschön, so schön, daß ich nach keinem weiteren Wort mehr suchen mußte. Handflächen und Fußsohlen waren von einem rosigen Weiß, während das Braun ihrer Haut im feinen Geflecht ihrer Fältchen zwischen den Fingern schwärzlich schien. Udoka hatte bereits ein Gesicht, ein vollkommen entwickeltes Gesicht, ebenmäßig und klar ... Ich küßte sie auf den Kopf und roch ihr Haar, streichelte vorsichtig ihre Finger und sagte etwas wie Willkommen.«

Baby Udoka hat, wie er augenblicks erkennt, Einzug in sein Herz gehalten. Und ihre wunderschönen Augen, schreibt er, machen ihn zu einem »Gefangenen ihres Blicks«. Wenn sie schläft, hält er vor Entzücken den Atem an.

»Ersatzgroßvater« Ludwig Fels

Jetzt kommt eins zum anderen. Zuerst die Frage nach dem Namen, den sie erhalten soll. Loveth oder Prudence, die Ludwig Fels vorschlägt, werden verworfen: B. besteht auf Udoka, was in ihrer Sprache so viel wie »die Starke«, »die Gesunde« bedeutet. Dann das erste Geburtstagsgeschenk: Ludwig und Rosi kaufen für Udoka einen Strampelanzug mit afrikanischen Tiermotiven im Comicstil. Ludwig sieht Mutter und Kind fast jeden Tag: in deren armseliger Wohnung, im angeschlossenen Shop, auf dem Weg zur Kinderklinik, bei den Einkäufen, beim Papierkrieg mit Arbeitsamt und Fremdenpolizei. Er schiebt den Kinderwagen, lernt sogar Windeln wechseln. Und wenn er seinen Schützling einmal, des Schreibens wegen, doch vernachlässigt, hat er sogleich ein schlechtes Gewissen. Sein Lohn: »Ich habe nie gedacht, daß ich ein Kind zum Leben erwecken kann … Ein Kind ist wie ein in die Seele gepflanztes Saatkorn. Gott schickt Sonne und Regen, Milch und Honig.«

Apropos Gott: Ludwig Fels lernt angesichts seines Lieblings beten, er wünscht Udoka ein gutes Leben an guten Orten, gute Schulen, gute Jobs, einen guten Mann. Und dann – besonders poetisch: »Ich glaube an Gott – schon deswegen, weil wir uns sonst totträumen müßten. Vielleicht glaube ich auch nur an ihn, weil er Gartenbesitzer ist und ich ihn um ein Fleckchen Erde für Udoka bitten kann.«

Als B. mit der zehn Monate alten Udoka für ein paar Wochen nach Nigeria reist, um der Familie und den alten Freunden ihr Kind zu zeigen, bangt Ludwig Fels um ihre Rückkehr, fürchtet, sie könnte bei den afrikanischen Großeltern bleiben, würde für ihn verloren sein. Er nutzt die Zeit ihrer Abwesenheit, sich im Waldviertel nach einem Häuschen auf dem Land umzusehen, damit Udoka nicht durchgehend in der Großstadt aufwächst. Wieder in Wien, stellt sich heraus, Udoka hat Malaria-Erreger im Blut, Ludwig hält im Spitalzimmer Wache am Krankenbett. Wäre sie in Nigeria geblieben, wäre sie jetzt wohl tot. Dann die Feier des ersten Geburtstags: das neue Kleid mit der rosa Schleife, die Torte mit dem »einsam blinkenden Kerzchen«, afrikanischer Hip-Hop, gemeinsamer Tanz. Und für den Ersatz-großvater der Anlass, Zwischenbilanz zu ziehen: »Ich habe mein ganzes Leben ohne Liebe zu einem Kind gelebt. Jetzt ist das Wunder da …« Bevor er das Tagebuch zuklappt, beschwört er ein letztes Mal das Bild, das er von Udoka im Herzen trägt: »Ihr perfekt proportionierter Kopf mit dem gekringelten Haaransatz an den Schläfen ist von einer Ästhetik, die mich glauben läßt, daß ein paar Menschen tatsächlich von Gott erschaffen sind. Der Rest sind Auftragsarbeiten, die an irgendwelche müden Engel oder gelangweilte Teufel vergeben wurden. Jetzt, wo sie allein läuft, kann ich sagen: ich war dabei, ich habe durchgehalten, ich habe gelernt und ich habe gelitten. Ich habe gelernt, daß es Berauschenderes gibt, als einen halbwegs guten Satz zu schreiben.«

Und auch an die Zeit, da aus dem Tagebuch ein Buch geworden sein wird, ein »richtiges«, ein gedrucktes Buch, das Buch *Die Parks von Palilula*, denkt Ludwig Fels in dieser Stunde des Abschiednehmens: Bis dahin, schreibt er, »sind noch ein paar Jahre Zeit. Falls du eines Tages an dieses Buch geraten solltest, lies es auf einer Bank in einem der Parks von Palilula. Und wenn es dir nicht gefällt, krieg keine Panik, laß es auf der Bank liegen, wenn du weggehst. Tu einfach so, als ob du es vergessen hättest.«

Ich rechne nach: Udoka ist jetzt, da ich dieses Kapitel über sie schreibe, zehn Jahre alt. Könnte ich ihren einstigen Beschützer, mit dem ich mich inzwischen angefreundet habe, nicht fragen, was aus ihr geworden ist, ob sie weiterhin in Österreich lebt, ob sie Geschwister bekommen und ihre Mutter einen Mann gefunden hat? Welche Kinderkrankheiten sie gehabt hat, in welche Schule sie geht, wer ihre Freundinnen sind? Ob sie noch immer so gern Schwäne füttert und zur Malakoff-Torte Fruchtjoghurt trinkt?

Nein, ich frage nicht. Mir genügt, was Ludwig Fels in seinem Buch über sie gesagt hat: »Du bist und bleibst mein Licht, mein lebendiges Licht.«

Erste Liebe

Erinnerung an den Eugen B.

Die Muse von Augsburg

Eugen Berthold Friedrich Brecht, Schüler des königlich bayerischen Realgymnasiums zu Augsburg, ist 18 Jahre alt – im nächsten Frühjahr, kurz vor den Osterferien 1917, wird er, kriegs-
bedingt, das Notabitur ablegen. Ein unbequemer Zögling – er
soll Bibel und Katechismus verbrannt haben, heißt es, Schillers
Argumentation im *Wallenstein* kanzelt er in einem Schulauf-
satz als »oberlehrerhaft« ab, sein anfänglicher Patriotismus ist
längst in zorniges Mitleid für die Frontopfer umgeschlagen. Es
ist die Zeit der nächtlichen Kneipenstreifzüge mit den Kumpa-
nen, aber auch die Zeit der ersten erotischen Kontakte mit dem
anderen Geschlecht. Bei einer Prostituierten in der Hasengasse
hat er sich »die nötigen Kenntnisse« verschafft, nun ist die erste
Liebschaft fällig.

Sie heißt Marie Rose, geht zu den Englischen Fräulein in die
Höhere-Töchterschule, ihr Vater ist der Damenfriseur Amann
vom Kesselmarkt. Mit ihrem Prachtexemplar von Zopf kann
es keine ihres Jahrgangs aufnehmen – ihm gilt, als Eugen der
15-Jährigen im Eissalon ein erstes Brieflein zusteckt, seine
ganze Bewunderung. Ihrem wunderschönen, langen schwarzen
Haar – in Versform natürlich.

Der gewünschte Kontakt kommt zustande: Eugen »geht« mit
Marie Rose, bald holt er sie Tag für Tag von der Schule ab. Doch
die Sache fällt auf, es folgen Zurechtweisungen, Ermahnungen.

*Bertolt Brechts
Jugendliebe Marie
Rose Amann*

Brecht stellt sich dem Präses und erwirkt Gnade, indem er ernste Absichten äußert. Ist es ihm mit seinen »ernsten Absichten« wirklich ernst? »Ihre Augen sind schrecklich leer, kleine, böse, saugende Strudel«, wird er später über sie sagen. »Ihre Nase ist aufgestülpt und zu breit, ihr Mund zu groß, rot, dick. Ihr Hälschen ist nicht reinlinig, ihre Haltung kretinhaft, ihr Gang schusselig und ihr Bauch vorstehend. Aber ich habe sie gern.«

Gern hat er so manche. Etwa auch Maries Freundin Paula. Und zu ihr wechselt er denn auch eines Tages über: Paula Banholzer. Paul Bittersüß nennt sie der angehende Dichter. Abgekürzt Bi. Die berühmte Bi. Mit ihr geht er sogar zur Maiandacht in den Dom. Und natürlich ins Theater. Etwas über ein Jahr später erwartet Paula von Brecht ein Kind. Marie Rose, die Vorgängerin, ist aus seinem Leben gestrichen. Man sieht einander nie wieder, kein Blick, kein Brief, kein Wort.

87

Oder doch?
Ein Gedicht. Drei Strophen in der *Hauspostille*. Dritte Lektion: Chroniken. Erinnerung an die Marie A.

An jenem Tag im blauen Mond September
Still unter einem jungen Pflaumenbaum
Da hielt ich sie, die stille bleiche Liebe. (…)

Seit jenem Tag sind viele, viele Monde
Geschwommen still hinunter und vorbei. (…)
Und fragst du mich, was mit der Liebe sei?
So sag ich dir: Ich kann mich nicht erinnern …

Also gut, der Dichter kann sich nicht erinnern. Aber wie ist das mit dem *Modell* – vielleicht *sie*? Und wie ist das überhaupt, wenn man in ein Stück Literatur eingeht, selbst zu Literatur wird – sogar namentlich: Schmeichelt es einem, schafft es Verdruss? Geht es an einem vorüber, oder wird man ein anderer dadurch? Ich meine es ganz ernst: Hängt man sich dann einen Brecht übers Bett, speist man fortan nur noch mit Gelehrten aus Princeton, Uppsala, Berlin? Schickt das Stadttheater zu jeder Brecht-Premiere eine Freikarte – dürften wir uns erlauben, es wäre uns eine Ehre?

In den späten 70er-Jahren wollte ich Antworten auf diese Fragen finden. Marie Amann lebte damals noch immer in Augsburg, und ich beschloss, sie zu besuchen:

Ich frage mich zur Argonstraße durch, in der Jakobervorstadt. Stadtwall, Jakobertor, gleich hinter der ehemaligen Stadtbefestigung. Eine Industriesiedlung – ein paar Schritte noch, und ich wäre am Ufer des Lechs. Ein unansehnliches Zweifamilienhaus, verlottert, Zugang vom Hof. Am Türschild beide Namen: der

des Mannes, den sie später geheiratet hat, und der Mädchen-
name. Eigen und Amann. Der Mann macht mir auf, bedeutet
mir hereinzukommen, mit Sprechen tut er sich schwer, seitdem
das Asthma und die Sklerose den Werkmeister i. R. Theodor
Eigen fest im Griff haben. In der Fensterecke des Wohnzim-
mers ein Fauteuil: Marie A. in Kissen gebettet, in Plaids einge-
wickelt, es ist etwas mit dem Fuß, der Arzt habe ihr strengste
Ruhe verordnet. Aber sprechen werde sie gern – was für eine
willkommene Abwechslung. Fragen erübrigten sich, sie könne
sich denken, um was es sich handle. Marie A. setzt sich in Positur
und zieht ihre Nummer ab. Ihre Wie-das-war-als-Brecht-mit-
mir-ging-Nummer. Mit verteilten Rollen: Der Mann als stille
Wache im Hintergrund, Emma Maria, die ältere Schwester (die
sich unterdessen hinzugesellt hat) für den literarischen Aspekt
der Angelegenheit (sie ist von beiden die intellektuellere), sie
selbst für den biografisch-vegetativen Unterbau sorgend. Eine
verheiratete Frau von 76, die ihre erste Liebe rekapituliert und
dabei mancherlei Einschränkungen unterworfen ist: Kleinbür-
gerliche Moral und ehelicher Takt halten den Stolz darüber im
Zaum, einem Künstler von Weltruf Muse gewesen zu sein.

Aber es ist halt eine zu schöne Geschichte, als dass es nicht
immer wieder ein Erlebnis für sie wäre, sie abzuspulen. Und
was das Wunderbare daran ist: Die Geschichte wird immer noch
schöner, von Mal zu Mal um eine Kleinigkeit reicher, ein bisschen Aufputz hier, ein bisschen Beschönigung dort – Marie A.
hat längst die Kontrolle über ihre eigene Erinnerung verloren.
Auf dem Tischchen neben ihrem Krankensessel liegen *Bild* und
Goldenes Blatt, auch Heftchenromane, sagt sie, lese sie gern –
wie könnte das ohne Folgen bleiben für ihre eigene Geschichte?
Für Brecht-Zeloten ein schwerer Schlag: ihr Idol – in was für
einer dubiosen Gesellschaft! Oder irren sie da? Würde nicht

gerade der Dichter der *Hauspostille* mit Leserinnen von Lore-Romanen ein Einsehen haben? »Und fragst du mich, was mit der Liebe sei? So sag ich dir: Ich kann mich nicht erinnern.« Marie A. kann es dafür umso besser. Da ist alles da, wie wenn es gestern gewesen wäre. Da ist nicht die kleinste Lücke. Erinnerung im Überfluss, gestreckt und ausgebaut, darf's ein bisschen mehr sein? Realitätsfundus, romantisierende Ausschmückung und angelesene Fremdklischees sind miteinander eine unentwirrbare Verbindung eingegangen. Eine Sache von einigen wenigen Monaten Dauer, die sukzessive prolongiert wird. Derzeit hält Marie A. bereits bei zweieinhalb Jahren.

Mache ich mich lustig darüber? Ich will es nicht. Greife ich korrigierend ein? Ich denke nicht daran. Finde ich es unstatthaft? Keine Spur. Es ist ganz natürlich, überdies rührend. Und es ist vor allen Dingen das, was ich suche: die Antwort auf die Frage nach dem Modell. Auf die Frage nach den geheimen Mechanismen, nach denen so etwas funktioniert: Rückwirkung der Literatur auf die Realität. Mein Gott, wie gleichgültig das auf einmal alles ist: ob die erste Begegnung in der Eisdiele stattgefunden hat, auf der Stehgalerie des Theaters oder auf dem Heimweg von der Klavierstunde. Marie A., der Metastasen ihrer Phantasie schon seit Langem nicht mehr Herr werdend, bietet im Verlauf unserer Sitzung sämtliche drei Varianten an – einmal die, dann wieder die. Welch abscheuliches Geschäft für den Biografen: Von ihm würde verlangt, Klarheit in die Angelegenheit zu bringen, er muss auf Eindeutigkeit dringen, muss bohren und überprüfen, muss Zeugen zur Ordnung rufen – ich muss dies alles nicht. Protokoll und Zettelkasten sind meine Sache nicht, mir kann es gleich sein, ob die Marie beim ersten Kuss ihren Eugen nur verstört von sich stieß oder aber wahrhaftig zu Boden ging, ob eine Ohnmacht daran schuld war oder die dumpfe Angst, ein Kind zu kriegen; was spielt es für eine Rolle, ob er ihr vorm Elternhaus im Tälche seine Ständchen dargebracht hat oder vorm Institut der Englischen Fräulein, ob die Brecht-Verse in ihrem Poesiealbum der Zensur der Schulschwestern zum Opfer gefallen sind oder den Bombenangriffen des Zweiten Weltkrieges?

Die Heimlichtuerei im strengen Elternhaus, die Taschengeldbettelei beim Dienstmädchen, die Vorleserei bei der kranken Brecht-Mutter, die Kahnpartien und die Schiffschaukelnachmittage und schließlich das abrupte Ende: weil er ihr auf einmal so »unheimlich wurde«, weil er auf einmal »etwas wollte, was ich ihm nicht geben konnte« – ist es wirklich so wichtig, zu wissen, wo die »nackten Fakten« aufhören und wo die Legende beginnt? Dass es sie gibt, die Legende, befruchtet von der plötzlichen Erfahrung, nicht irgendeines, sondern eines sehr berühmten Mannes Jugendliebe gewesen zu sein, ja mehr noch, diesen berühmten Mann sogar zu einem Kunstwerk inspiriert zu haben, und dass diese Legende unausgesetzt fortwuchert, hat das nicht weit mehr Faszination? Es ist nicht damit getan, zu sagen, wäre es nicht diese Marie A., so wäre es eben eine andere gewesen, statt des schwarzen Zopfes ein blonder. Denn das ist es ja gerade: Bei dieser anderen wäre alles wohl ganz anders verlaufen.

Schon Paula Banholzer – auch sie lebte in Augsburg. Doch wie anders ist da alles! Marie A. hatte sie einst zur Freundin – dann, als Brecht von dieser zu jener wechselte, war es damit vorbei. Sie redet nicht gern von der Rivalin – und wenn, dann nicht ohne Strenge. Der Eugen hätte ewig schmutzige Fingernägel gehabt – was für eine gemeine Nachrede! Und die Haare hätte er sich abrasiert, damit seine Stirn schön groß herauskam? So ein Unsinn. Und überhaupt: Trägt man derlei in die Öffentlich-

91

keit? Zur Legende der Marie A. gehört auch die entschlossene Abwehr jeglicher Brecht-Kritik. Mag darüber auch noch so viel Gegenteiliges geäußert werden: Brecht und die Frauen – *sie* duldet da keinen dunklen Punkt. Was das Übrige betreffe, das Politische, da könne sie sich nicht äußern, dafür habe sie sich nie interessiert. Auch seine Bücher und seine Theaterstücke – da wisse sie nicht Bescheid, die habe sie nie gelesen, und ins Theater habe sie immer nur ihre Schwester geschickt, ihr selbst liege halt mehr das Lustige. Nur das Gedicht – ja, das besitze sie natürlich, in der *Augsburger Allgemeinen* sei es einmal abgedruckt gewesen, und da habe sie es ausgeschnitten, zweifach, ich könne gerne eins davon haben, drüben in der Kredenz, die Schwester werde es holen, und vielleicht ein Glas Bier dazu, sei so gut, Emma, und warte dem Herrn bitte auf.

Ich sehe mich unterdessen in der Stube um, Marie A. erläutert von ihrem Krankensessel aus die Fotos an der Wand. Ein junger Soldat der Deutschen Wehrmacht: ihr Sohn. Von der Ingenieurschule weg an die Front beordert, vom Rückzug aus Russland nicht mehr heimgekehrt. Ein Familienbild: die Tochter. In Texas verheiratet. »Die Pflaumenbäume blühn vielleicht noch immer/Und jene Frau hat jetzt vielleicht das siebte Kind.« Nein, keine sieben. Zwei. Das mit den sieben habe übrigens tatsächlich der Eugen einmal erwähnt – damals, als er fest entschlossen gewesen sei, die Marie zu heiraten: »Eines sag ich dir gleich – von mir kriegst du nur einen Hut, doch dafür sieben Kinder!« Die magische Zahl sieben – sind wir wieder mittendrin in der Legende? Denn zu Legende wird hier alles, und vielleicht wird die Legende sogar eines Tages einmal niedergeschrieben: Erinnerungen an den Eugen B. Die erste Fingerübung ist schon absolviert – nicht ohne Erfolg: Als Marie A. vor einigen Sommern mit ihrem Mann per Frachter nach Amerika fuhr, vertrieb sie sich die langen Stunden an Bord mit Schreiben. »Tagebuch einer Schiffsreise« steht auf dem dicken Schulheft, das sie vor mir ausbreitet. »Ich mache unsere Betten selbst, aber vielleicht nicht schön genug, unser schwarzer Boy macht sie nochmal.« Ich weiß, ich weiß, es ist nicht der Rede wert – und doch: Mir gefällt der Ton. Ob ich noch ein wenig weiter darin blättere? Bis ich zu den Wolken komme? Zwölf Tage Ozean – da kann an Wolken doch kein Mangel sein. Wie die wohl bei der Marie A. wegkommen mögen? Nüchtern, sachlich, streng im Wetterberichtsstil? Oder aber stimmungsgeladen, gar mit poetischen Anwandlungen? Lasst sehn, lasst sehn – vielleicht mach ich einen Fund. Eine besonders dramatische Formation. Eine Böenwalze. Oder im Gegenteil etwas Liebliches: Schäfchen, Schleier, Feder. Oder gar eine romantisierende Anspielung auf jenes flüchtige Exemplar vom »blauen Mond September«, das einen Dichter, »ihren« Dichter, zu einem seiner elegischsten Verse angeregt hat.

Im Jahr 1988 ist Marie Rose Amann verstorben.

Letzte Liebe

»Ein wunderbares Wesen …«

Franz Kafka und seine letzte Gefährtin Dora Diamant

Es ist nicht nur wegen der ständigen Suche nach neuen Hoffnungsorten der Erholung und Genesung, dass Kafkas Leben schon seit Jahren dem eines Nomaden gleicht: Auch die Flucht vor dem Elternhaus, insbesondere vor dem gehassten Vater (und vor Prag insgesamt), treibt ihn umher. Jetzt, im Sommer 1923, zieht es ihn an die Ostsee.

Das Kurbad Müritz, 25 Kilometer nordöstlich von Rostock, hat ihm seinerzeit schon Felice Bauer, seine zweimalige Verlobte, empfohlen, als sie vorübergehend für das dortige Sommercamp des Berliner Jüdischen Volksheims tätig gewesen ist. Sowohl Martin Buber als auch Max Brod zählen zu den Förderern der viel frequentierten Ferieneinrichtung, auch Kafka selbst hat sich vor einigen Jahren mit Buchspenden erkenntlich gezeigt. Es sind vor allem Kinder aus der Berliner Jüdischen Gemeinde, die hier Erholung suchen.

Die benachbarte Pension *Glückauf*, wo der Dichter, soeben 40 geworden, Zimmer an Zimmer mit seiner Schwester Elli und deren Kindern Felix und Gerti logiert, ist keine 50 Schritte von dem Ferienheim *Kinderglück* entfernt: Von seinem Balkon aus kann er die Kleinen beim Spielen beobachten, hört ihre fröhlichen Gesänge, sieht sie zum Strand ziehen.

Normalerweise jeglichen Außenlärm verabscheuend, fühlt er sich diesmal in keiner Weise gestört, spricht sogar von glücksähnlichen Empfindungen. Auch die Nähe des Meeres tut dem Tbc-Patienten gut: In den zehn Jahren, seitdem er es nicht mehr gesehen habe, sei es »schöner, mannigfaltiger, lebendiger und jünger geworden«, schreibt er gleich nach seiner Ankunft an eine Vertraute. Schon die Anreise von Prag via Berlin, die der Schwerkranke unter anderem dazu benützt hat, seine »Transportabilität« zu testen, lässt ihn hoffen, in Müritz sowohl die quälenden Kopfschmerzen wie die anhaltende Bettlägerigkeit loszuwerden.

Statt sich von dem bunten Treiben im nahen Kinderheim abzukapseln, lässt er es sich gern gefallen, in dessen Alltag einbezogen zu werden: Kafka nimmt an einer der Theateraufführungen teil, und wohl zum ersten Mal in seinem Leben feiert er, der allen Ritualen der jüdischen Glaubensgemeinschaft Fernstehende, zusammen mit anderen den Vorabend des Sabbat. Ob es wohl jene gut aussehende, dunkelhaarige Mittzwanzigerin ist, die sein besonderes Interesse auf sich zieht? Sie heißt Dora Diamant, zählt zu den freiwilligen Helferinnen in der Kinderkolonie, ist für die Verpflegung der Gäste verantwortlich. Als Kafka eines Abends, zum Essen ins Haus *Kinderglück* eingeladen, einen Blick in die Küche wirft und die junge Frau beim Abschuppen der Fische beobachtet, richtet er das erste Mal das Wort an sie: »So zarte Hände!«, ruft er aus, »und solch eine blutige Arbeit!« Da spricht der überzeugte Vegetarier, der seinen Ekel vor jeglichem brutalen Umgang mit der Kreatur mit einem persönlichen Kompliment für die »Missetäterin« zu kompensieren versucht.

Auch Dora ist längst auf den ungewöhnlichen Fremden aufmerksam geworden, ist ihm sogar, als sie ihn mit den Kindern seiner Schwester am Strand spielen sieht (und prompt für deren Vater hält), auf dem Weg in den Ort gefolgt, hat ihn aus angemessener Entfernung still beobachtet.

Auch bei besagtem Nachtmahl im Kinderheim lässt sie ihn
nicht aus den Augen. Da erhebt sich plötzlich einer der Buben,
die mit dem Dichter die Tischbank teilen, von seinem Sitz und
fällt beim Hinausgehen der Länge nach hin. Zärtlich richtet
Kafka das Wort an ihn, lobt den Kleinen: »Wie geschickt du dich
wieder hochgerappelt hast!« Dora, die den Vorfall beobachtet
hat, kann ihr Staunen nur schwer verbergen: Welch ein rück-
sichtsvoller, feinfühliger Mann!

Kafka bleibt etwa einen Monat in Müritz, und er lässt in dieser Zeit fast keinen Abend verstreichen, da er nicht im Kinderheim vorbeischauen und mit Dora zusammentreffen würde.
Endlich erfährt er nun auch, wer die rassige Unbekannte ist,
wo sie herkommt, wie sie, die 15 Jahre Jüngere, über die Dinge
des Lebens, über die Menschen in ihrer Umgebung und auch
über ihre künftige Existenz denkt. »Ein wunderbares Wesen«
nennt er sie gleich in einem der ersten Freundesbriefe, die er in
Müritz zur Post bringt.

Dora Diamant stammt aus dem polnischen Brzezin, ihr Vater
ist Rabbiner. Die strenge Erziehung im orthodox-chassidischen
Elternhaus droht das aufgeweckte junge Geschöpf zu erdrücken:
Von den kursierenden Berichten über das freiere Leben im
hochgelobten Westen magisch angezogen, verlässt sie ihre Heimat, schlägt sich zunächst als Küchenhilfe in Breslau, schließlich
als Näherin in einem jüdischen Waisenhaus in Berlin durch. Sie
spricht fließend Jiddisch und Hebräisch, mit Kafka unterhält sie
sich auf Deutsch. Wenn sie ihm aus dem Alten Testament vor-
liest, gelingt es ihr sogar, so etwas wie religiöse Gefühle in dem
erklärten Freigeist zu wecken. Vor allem aber: Noch während
der wenigen gemeinsamen Tage an der Ostsee reift in den beiden so ungleichen Menschen, was Kafkas Vertrauter Max Brod
später eine »unvorhergesehene, glückliche und positive Wen-

dung« nennen wird: Franz Kafka und Dora Diamant schmieden Pläne für ein künftiges Zusammenleben – und zwar weder in Prag (mit dem der Dichter längst innerlich gebrochen hat) noch in Wien (das in seinen Augen ein »absterbendes Riesendorf« ist), sondern in Berlin.

Zunächst allerdings schiebt er – nach einem Zwischenstopp in Prag – noch ein paar Besuchstage im böhmischen Schelesen ein, wo sich Schwester Ottla mit ihren Kindern aufhält. 35 Briefe schreibt er in diesen sieben Wochen des Getrenntseins an Dora. Erst am 24. September sind die beiden Liebenden endlich vereint. Sie treffen, wie vorgesehen, in Berlin zusammen, gehen miteinander auf Wohnungssuche, wollen einen gemeinsamen Hausstand gründen.

Die 28 Kronen Monatsmiete können sie, die von der Hand in den Mund zu leben gewohnt und nach wie vor auf finanzielle Unterstützung aus Kafkas Elternhaus angewiesen sind, gerade noch aufbringen: Es ist ein einfaches Zimmer im Berliner Stadtbezirk Steglitz, Miquelstraße 8. Die Lage ihres Domizils gefällt ihnen; Kafka berichtet einem seiner Freunde: »Meine Straße ist die letzte annähernd städtische, hinter ihr löst sich alles in den Frieden von Gärten und Villen auf. An lauen Abenden ist ein so starker Duft, wie ich ihn von anderswoher kaum kenne.«

Auch die Einrichtung kommt den Bedürfnissen des ständig Frierenden, unter Schlaflosigkeit Leidenden und auf 54 Kilo Körpergewicht Abgemagerten entgegen: »Der Tisch steht beim Ofen, die Petroleumlampe brennt wunderbar.«

Petroleumlampe? Ja, gibt's denn in Berlin von 1923 keinen elektrischen Strom? Doch, natürlich. Aber Kafka sitzt meist des Nachts am Schreibtisch, die Zimmerwirtin hält ihm die hohe Stromrechnung vor. Dora besorgt daraufhin eine Petroleumlampe. Dennoch erfolgt nach nur sechs Wochen die Kündigung;

in seiner Erzählung *Eine kleine Frau* wird Kafka mit der feind-
selig-bösartigen Vermieterin abrechnen.

Auch das nächste Quartier, nur zwei Blocks weiter, ist nicht
von Dauer. Zwar verträgt man sich mit der Besitzerin der Villa
Grunewaldstraße 13 um vieles besser, aber die zwei Zimmer
mit Zentralheizung erweisen sich à la longue als zu kostspielig, und so wird im Jänner 1924 neuerlich umgezogen. Hier, in
der Jugendstilvilla der Witwe des vor fünf Jahren verstorbenen
Lyrikers Carl Busse, fühlen sich Franz und Dora endlich gut
aufgehoben: Das Hauptzimmer im ersten Stock des Hauses
Heidestraße 25 im Bezirk Zehlendorf mündet in eine Veranda,
in der sich der Tuberkulosepatient bei Schönwetter sonnen
kann, und auch der gepflegte Garten, der das Haus umschließt,
steht den Mietern zur Verfügung. Nur vom Telefon im Parterre
macht Kafka keinen Gebrauch, schon das bloße Klingeln stört
ihn: Dora ist es, die die Gespräche entgegennimmt.

Die Mahlzeiten werden auf einem einfachen Spirituskocher
zubereitet, Restaurantbesuche sind angesichts der grassieren-
den Geldentwertung so gut wie ausgeschlossen. Den Arzt, der
Kafka nach einem neuerlichen Schwächeanfall das Fieber messen kommt und dem Patienten Bettruhe verordnet, muss Dora
dazu überreden, sich mit der Hälfte des verlangten Honorars zu
begnügen. Auch die Wäschereirechnungen sind kaum noch zu
bezahlen, und als das Briefporto erhöht wird, beschränkt Kafka
seine Korrespondenz auf Postkarten, die er bis zum äußersten
Rand vollschreibt. An Theaterbesuche ist schon lange nicht
mehr zu denken: Man verfolgt in den Annoncen der Berliner
Zeitungen lediglich die Spielpläne.

Was die täglichen Lebensmittel anlangt, kauft man nur das
Allernotwendigste ein; die mittlerweile unerschwinglich gewor-
dene Butter kommt in Esspaketen aus Prag. Mit Korb und

Milchkanne auf den Markt zu gehen, kostet den Dichter übrigens keinerlei Überwindung: Er liebt es, mit einfachen Leuten zusammenzutreffen, lässt sich gern auf Gespräche mit ihnen ein. Da er großen Wert darauf legt, auch bei noch so kargen Verhältnissen stets tadellos gekleidet zu sein, ist es ein Glück, dass er ausschließlich von erstklassigen Schneidern angefertigte Maßanzüge trägt: Sie behalten auch über die Jahre hin ihre Fasson.

Vormittags geht Kafka spazieren, stets allein und nur mit einem Notizbuch ausgerüstet, in dem er die Einfälle festhält, die er unterwegs hat. Zum Schreiben verwendet er die Abende und Nächte; er spricht dann fast kein Wort, ist wie abwesend, nimmt bei Tisch kaum einen Bissen zu sich. Nur Dora ist bezüglich der entstehenden Texte eingeweiht: Kafka liest ihr vor, was er zu Papier gebracht hat – ohne jede tiefgründige Analyse, ohne jede weitere Erklärung. Dass sie manches davon verbrennt, wird man ihr später zum Vorwurf machen. Dora Diamant redet sich darauf aus, das Schreiben sei für Kafka im Grunde nur »ein Mittel der Selbstbefreiung« gewesen: »Ich war damals so jung, und junge Menschen leben in der Gegenwart, allenfalls noch in der Zukunft.«

Ja, die Zukunft. Sie ist das beherrschende Thema in den Gesprächen, die Franz und Dora miteinander führen. Ob sie vielleicht, um ihr Leben auf eine solidere Basis zu stellen, ein kleines Lokal aufmachen sollten – mit ihr als Köchin und ihm als Kellner? Allerdings nicht im inflationsgebeutelten Berlin, sondern in Tel Aviv. Doch ihre Pläne, miteinander nach Palästina auszuwandern, kommen über bloße Gedankenspiele nicht hinaus.

Jetzt geht es erst einmal darum, aus der momentanen Situation das Beste zu machen. Mit der Frau, die er liebt, auf engstem Raum zusammenzuleben, bedeutet für Kafka auf alle Fälle ein kostbares, ein kaum je erfahrenes Glück. Er bringt der 15 Jahre

Jüngeren, die einem ganz anderen Kulturkreis entstammt, die mit Autoren wie Dostojewskii und Tolstoi aufgewachsen ist, die deutsche Literatur nahe, liest ihr Hebels *Schatzkästlein* und E. T. A. Hoffmanns *Kater Murr* vor, Goethes *Hermann und Dorothea* und Kleists *Marquise von O.*, die Märchen von Andersen und Grimm. Freund Max Brod und Kollege Franz Werfel kommen zu Besuch, auch Willy Haas, der die *Literarische Welt* und Rudolf Kayser, der die *Neue Rundschau* herausgibt. An der Lehranstalt für die Wissenschaft des Judentums hört Kafka zweimal die Woche Vorlesungen über den Talmud; der Rezitation seines eigenen Werkes *Bericht für eine Akademie* kann er, da er wieder hohes Fieber hat, nicht beiwohnen: Er schickt an seiner Stelle Dora zu dem von dem Schauspieler Ludwig Hardt gestalteten Abend im Berliner Meistersaal.

Wieder ein wenig mehr bei Kräften, trifft Kafka eines Tages bei einem Spaziergang in einem Berliner Park, diesmal von Dora begleitet, auf ein kleines Mädchen, dessen verzweifeltes Schluchzen ihn rührt. Er fragt sie nach dem Grund ihres Kummers: Sie hat ihre Puppe verloren. Kafka will der Kleinen helfen, lässt sich dazu eine Geschichte einfallen: »Kränk dich nicht, deine Puppe macht nur gerade eine Reise, ich weiß es, sie hat mir einen Brief geschrieben.«

Das Kind ist misstrauisch, fragt ängstlich zurück: »Hast du ihn denn bei dir?«

»Nein, ich hab ihn daheim liegen lassen, morgen werde ich ihn dir mitbringen.«

Man geht auseinander, doch kaum sind Kafka und Dora in ihrer Wohnung, macht sich der Dichter ohne Verzug an die Arbeit und setzt den bewussten Brief auf.

Am folgenden Tag trifft er wieder mit der Kleinen zusammen, sie wartet schon auf ihn im Park. Da sie noch nicht lesen kann,

liest er ihr den Brief laut vor: Die Puppe habe sich davongestoh-
len, weil sie eine Luftveränderung brauche und für eine Weile
anderswo leben wolle, doch habe sie das kleine Mädchen nach
wie vor lieb und werde auch ganz bestimmt zu ihr zurückkehren.
Bis es so weit sei, werde sie ihr jeden Tag einen Brief schreiben.

Tatsächlich zieht Kafka – angesichts der Wirkung seiner
Worte – die Sache mit aller Konsequenz durch, trifft drei
Wochen hindurch Tag für Tag seine kleine Freundin und erstat-
tet ihr getreulich Bericht von all den Abenteuern, die ihm die
Puppe brieflich mitgeteilt habe. Und als das Mädchen schließlich fast so weit ist, ihren Verlust zu verschmerzen, glaubt er es
riskieren zu können, ihr die endgültige Trennung zuzumuten:
Die Puppe habe sich in einen jungen Mann verliebt, sie werde
heiraten. Man möge ihr verzeihen, aber ihr Platz sei fortan an
der Seite ihres Angetrauten ...

21. Februar 1924. Der Gesundheitszustand des Dichters hat
sich dramatisch verschlechtert; von Max Brod alarmiert, trifft
Kafkas Onkel Dr. Siegfried Löwy in Berlin ein. Er ist praktischer
Arzt in der Gegend um Iglau, Kafka hat ihm zu wiederholten
Malen Ferienbesuche abgestattet (und in seiner 1917 erschie-
nenen Erzählung *Ein Landarzt* ein literarisches Denkmal
gesetzt). Dr. Löwy rät dem unter hohem Fieber und schwerem
Husten leidenden Neffen dringend zu einem Sanatoriumsauf-
enthalt, doch der sträubt sich gegen jede neuerliche stationäre
Behandlung, erklärt sich erst zwei Wochen darauf bereit, sein
Beisammensein mit der Geliebten aufzugeben, und tritt am
17. März, von ihr und Max Brod begleitet, die Heimreise nach
Prag an. Hier wird das weitere Vorgehen festgelegt: Statt auf
den Schweizer Kurort Davos, der kurzzeitig im Gespräch ist,
fällt die Wahl auf das Sanatorium *Wienerwald* im niederösterreichischen Ortmann, 45 Kilometer südwestlich von Wien.

Selbst in Winterkleidung wiegt Kafka bloß noch 49 Kilo; sein Kehlkopf ist so stark angeschwollen, dass er kaum noch essen und nur mehr im Flüsterton sprechen kann. Am 8. April trifft Dora in Ortmann ein, sucht eine Unterkunft in unmittelbarer Nähe des Sanatoriums. Zur entscheidenden fachärztlichen Untersuchung wird der Patient in die Laryngologische Klinik in der Wiener Lazarettgasse verlegt. Da für den Transport nach Wien nur ein offener Wagen aufzutreiben ist, legt Dora die gesamte Strecke aufrecht stehend zurück: Sie will mit ihrem Körper den Schwerkranken vor dem kalten Fahrtwind schützen.

Prof. Markus Hajek, Chef der Wiener Laryngologie, diagnostiziert, was Kafka schon die längste Zeit vermutet hat: Kehlkopftuberkulose. Doch auch gegen Hajeks ausdrücklichen Willen besteht der Patient darauf, in häusliche Pflege entlassen zu werden. Nur – wo sollte das sein? In Prag? Überall, nur nicht dort! Kafka entscheidet sich für ein preiswertes, jedoch erbärmlich ausgestattetes Privatsanatorium jenseits der Wiener Stadtgrenze, wo ihm immerhin ein sonniges Balkonzimmer am Waldrand zur Verfügung steht und wo vor allem Dora rund um die Uhr in seiner Nähe sein kann: Es ist das Kurhaus Dr. Hoffmann in Klosterneuburg-Kierling.

Von den Mahlzeiten, die die Geliebte ihm zubereitet und aufs Zimmer bringt, kann Kafka fast nichts mehr zu sich nehmen; in ihrer Panik unterrichtet sie den mit dem Dichter eng befreundeten Berliner Medizinstudenten Robert Klopstock vom Ernst der Lage und bittet ihn, ihr zu Hilfe zu eilen. Der unterbricht daraufhin sein Studium, trifft am 6. Mai in Kierling ein. Die Geliebte und der Freund teilen sich die Betreuung des Todeskandidaten, der sich mit den beiden schon bald nur noch über Notizzettel verständigen kann.

Sie wollten heiraten:
Franz Kafka und Dora Diamant

Als kurzzeitig eine Besserung seines Gesundheitszustandes eintritt, fällt Kafka, vor Glück weinend, der Geliebten um den Hals und gibt ihr zu verstehen, dass er sie heiraten wolle. Tatsächlich schreibt er an ihren Vater einen Brief, in dem er zwar zugibt, kein gläubiger Jude in dessen strengem Sinne, wohl aber ein »bereuender«, ein »umkehrender« zu sein. Die Antwort aus Polen fällt niederschmetternd aus: Der Vater hat den Rat seines Oberrabbiners eingeholt, und dessen Rat sei ein dezidiertes Nein. Am 13. Mai, zwei Tage nach Eintreffen des verhängnisvollen Schreibens, stattet Max Brod dem Freund einen letzten Besuch ab; Dora nimmt ihn zur Seite und flüstert ihm zu, bei der Nachtwache an Kafkas Bett habe sie wiederholt eine Eule durchs Fenster äugen sehen. Den Totenvogel ...

103

Dora Diamant und Robert Klopstock sind an seiner Seite, als Franz Kafka gegen Mittag des 3. Juni 1924, einen Monat vor seinem 41. Geburtstag, stirbt.

An die hundert Menschen folgen dem Sarg, als der Dichter am 11. Juni 1924 auf dem jüdischen Friedhof in Prag-Straschnitz beigesetzt wird. Laut schluchzend wirft sich Dora über den frischen Grabhügel. Hans Demetz, einer der Trauergäste, wird sich später an die bedrückenden Details des Vorfalls erinnern: »Sie wurde ohnmächtig, doch niemand rührte sich, im Gegenteil: Kafkas Vater wandte sich ab, wodurch er die Begräbnisteilnehmer zum Abmarsch veranlaßte. Ich weiß heute nicht mehr, wer sich des zusammengebrochenen Fräuleins annahm. Ich wenigstens schäme mich noch heute, daß ich dem armen Mädchen damals keinen Beistand geleistet habe.«

Nur wer Dora Diamant gekannt habe, wisse, was Liebe sei, schreibt Kafkas jugendlicher Freund Robert Klopstock an den Vater des Dichters. Ob seine Worte ausreichen, Hermann Kafkas Bild von der 25-Jährigen zurechtzurücken – wir wissen es nicht. Eines jedenfalls kann der starrsinnige Mann nicht verhindern: dass sich Dora Diamant ungeachtet der nicht zustande gekommenen Vermählung als Franz Kafkas legitime Ehefrau ansieht. Als zwei Jahre nach dem Tod des Autors der Roman *Das Schloss* erscheint, signiert sie eine Reihe von Freundesexemplaren mit dem Namenszug »Dora Diamant-Kafka«, und ein Brief an den Verleger des Buches trägt sogar den Namen »Dora Kafka« als Unterschrift. Auch als sie in späteren Jahren (mit dem Redakteur Lutz Lask) in den Stand der Ehe tritt, wird sie nicht aufhören, stets ein Erinnerungsfoto des Dichters bei sich zu tragen, und als sie 1934 Mutter wird, gibt sie dem Neugeborenen den Namen Franziska.

1949 trägt sich die inzwischen 50-Jährige mit dem Gedanken, nach Israel auszuwandern; in einem Brief an Max Brod, auf
dessen Wiedersehen sie sich unbändig freut, schreibt sie:»Ich
sehne mich so unsagbar nach Franz. Die Sehnsucht all dieser
Jahre drängt sich so zusammen, daß ich ganz hilflos werde, wenn
ich bei ihr verweile. Franz' Traum war es, ein Kind zu haben und
nach Palästina zu gehen. Nun habe ich ein Kind – ohne Franz –
und gehe nach Palästina – ohne Franz. Aber mit seinem Geld
kaufe ich die Fahrkarte dorthin. Wenigstens so viel.«

Zur Ausführung dieses Planes kommt es allerdings nicht. Dora
Diamant, die nach ihrer Eheschließung mit Lutz Lask, einem
Redakteur der kommunistischen Zeitung *Die Rote Fahne*, nicht
nur als Jüdin, sondern auch aus politischen Gründen ins Visier
der Gestapo geraten und in die Sowjetunion geflüchtet war,
ihren Mann in einem der dortigen Arbeitslager zurückgelassen
hat und mit Tochter Franziska nach England emigriert war, sich
dort zunächst als Näherin durchgeschlagen, eine Zeit lang auch
fürs jiddische Theater gearbeitet sowie Zeitungsartikel in ihrer
Muttersprache verfasst und schließlich im Londoner East End
ein kleines Restaurant eröffnet hat, wird nur zwölf Jahre älter
als ihr »Lebensmensch« Franz Kafka: Sie stirbt 1952 und wird
auf dem jüdischen Friedhof im Londoner Stadtteil East Ham
bestattet. Tochter Franziska, die den frühen Abgang der Mutter
nicht verwindet und sich aus Schmerz über den Verlust buch-
stäblich zu Tode hungert, kann nicht einmal das Geld für die
Errichtung eines Grabsteins aufbringen: Erst 1999, von über
das Internet zusammengetrommelten Verwandten organisiert,
wird die Ruhestätte von Kafkas letzter Liebe mit deren Namen
versehen werden: Dora Diamant.

Liebe auf den ersten Blick

Wüstentraum

Wie Agatha Christie und Max Mallowan zueinander fanden

Die Geschichte ist oft erzählt, drei Jahre nach Agatha Christies Tod sogar verfilmt worden – mit Vanessa Redgrave in der Titelrolle. Doch im Gegensatz zu den 22 Kino- und 76 TV-Adaptionen ihrer Werke ist es diesmal die Autorin selbst, die im Mittelpunkt des Geschehens steht.

Dezember 1926. Es ist kein gutes Jahr für die 36-jährige Britin. Im Sommer ist ihre über alles geliebte Mutter gestorben, der Familienbesitz in der Grafschaft Devon muss geräumt, das Vermögen geordnet werden. Der Mann, mit dem sie seit zwölf Jahren verheiratet ist und die Welt bereist hat, bekleidet, seitdem er seine Offizierslaufbahn beendet hat, einen lukrativen Posten in der britischen Finanzszene: Archibald Christie. Einen Großteil seiner Freizeit verbringt der 37-Jährige außer Haus: Er ist ein leidenschaftlicher Golfspieler. Und ebendort, auf einem seiner Lieblingsgolfplätze, kommt es zum Eklat: »Archie« hat sich in seine Sportpartnerin verliebt, will mit ihr in Hinkunft sein Leben teilen. Zwar kommt es zu einer Reihe von Versöhnungsversuchen zwischen den Eheleuten, doch die Streitigkeiten nehmen zu: Agatha muss sich wohl auf einen endgültigen Bruch einstellen (auch wenn es noch zwei Jahre dauern wird, bis die Scheidung ausgesprochen ist).

Am 3. Dezember, einen Tag nach einer besonders heftigen Auseinandersetzung, verschwindet Agatha Christie plötzlich von der Bildfläche. Heimlich und von allen unbemerkt, muss sie sich aus der gemeinsamen Wohnung in Sunningdale geschlichen haben, hat alles – insbesondere ihre kleine Tochter, die siebenjährige Rosalind – zurückgelassen. Nur das Auto ist weg. Die Polizei, die nach drei Tagen Zuwartens eine Suchmeldung in Umlauf setzt, wird den Morris Cowley einige Tage später am Ufer eines nahe gelegenen Sees auffinden: leer. Von Agatha keine Spur – außer einem Notizzettel, sie befinde sich auf einem Ausflug. Familie wie Behörde befürchten das Schlimmste: Selbstmord? Oder gar – wie es Thema in allen ihren bislang erschienenen Büchern ist – Mord? Hat ihr untreuer Archie etwas mit dem mysteriösen Fall zu tun? Oder könnte die aufstrebende Autorin ihr Untertauchen auch nur inszeniert haben, um in die (verkaufsfördernden) Schlagzeilen zu kommen?

Das zumindest wäre ihr gelungen: Alle Zeitungen des Vereinigten Königreichs, ja sogar die *New York Times* berichten auf Seite eins von der Fahndung nach Mrs. Agatha Mary Clarissa Christie geborene Miller, geben deren Körpermaße bekannt, Alter, Haut-, Haar- und Augenfarbe, ihre Kleidung. Man wird der Vermissten später gnadenlos vorrechnen, welche Unsummen an Steuergeld die Suchaktion verschlungen hat. Alle sind hinter der Ausreißerin her: Heerscharen von Polizisten samt Bluthunden, Hobbykriminologen, Zeitungsleute. Sogar Kollege Arthur Conan Doyle, Erfinder der Krimi-Figur Sherlock Holmes, schaltet sich ein.

Es braucht volle zehn Tage, bis man die fieberhaft Gesuchte schließlich entdeckt: Agatha hat sich in einem Hotel in dem Badeort Harrogate (North Yorkshire) versteckt. Ihre Befragung bringt nur spärliche Details zutage: Die sichtlich Verwirrte kann sich an nichts erinnern. Schlussfolgerung der zu Rate gezogenen Ärzte und Neurologen: Nervenzusammenbruch samt temporärem Gedächtnisverlust. Und auch jetzt, wo sie endlich ihre Identität wiedergewonnen hat, wird sie die Episode samt all ihren Folgen verdrängen, wird sie auch, als sie 1964/65 ihre Autobiografie schreibt, mit keinem einzigen Wort erwähnen, sondern auf ihr Recht pochen, »Erinnerungen, die einem zuwider sind, zu ignorieren«.

Was den Grund ihres zehntägigen Untertauchens betrifft, wird sie sich allerdings zweifach verraten: In dem Hotel, in dem man sie auffindet, hat sie sich als Mrs. Neele eingetragen, und eine Mrs. Neele wird auch eine der (klarerweise unsympathischen) Figuren in einem ihrer nächsten Romane sein. Nancy Neele ist niemand anderer als ihre Nebenbuhlerin: die Geliebte ihres Archie, die dieser nach erfolgter Scheidung von Agatha heiraten will und wird.

Ist mit diesem Bruch, dieser wohl schwersten Enttäuschung ihres bisherigen Lebens, Agatha Christies Interesse an Männern, gar der Wunsch nach einer neuen, diesmal aber dauerhaften ehelichen Bindung erloschen? Keineswegs. In der Gestalt des 14 Jahre jüngeren Archäologen Max Mallowan wartet in naher Zukunft jenes Wunder auf sie, für das die englische Sprache den Begriff *love at first sight* bereithält. Liebe auf den ersten Blick ...

Doch zunächst einmal nutzt die 36-Jährige ihr nunmehriges Alleinsein zu einer Lebensform, die ihr schon immer sehr viel bedeutet hat: Sie geht auf Reisen. Mit dem berühmten Orient Express bricht sie in Richtung Nahost auf – schon als junges Mädchen, damals noch an der Seite ihrer Mutter, hat sie Ägypten besucht und genossen. Jetzt ist die mesopotamische Ruinenstadt Ur (im heutigen Irak) ihr Ziel; die mit ihr befreundete Katharine Woolley, Gattin des berühmten britischen Altertumsforschers Sir Leonard Woolley, hat sie eingeladen, an einer der

Grabungen in Abrahams Urheimat teilzunehmen. Katharine hat Agathas Roman *Alibi* gelesen und ist von dem Buch so begeistert, dass sie sämtliche Mitglieder der Expedition, die es noch nicht kennen, zu dessen Lektüre zwingt.

Entsprechend emphatisch ist Agathas Empfang durch die über hundertköpfige »Mannschaft« aus Profi-Archäologen, Assistenten und Hilfskräften: Die erfolgreiche Autorin gilt als VIP, der mit äußerster Zuvorkommenheit zu begegnen sei. Sir Woolleys rechte Hand ist der 23-jährige Max Mallowan, ein Engländer mit altösterreichischem Vater und französischer Mutter. Der mit Agathas Worten »dunkelhaarige, magere und sehr stille junge Mann« wird dem hohen Gast als Begleiter auf einer mehrtägigen Fahrt nach Nejef und Kerbala, den heiligen Totenstädten der Muslime, zugeteilt.

Schon bei einer der ersten Besichtigungen der durchwegs spektakulären Ausgrabungen – es handelt sich um die beängstigend hoch aufragenden Brüstungen des Uchaidir-Palastes – kommen die beiden einander näher: Max reicht der ihm Anvertrauten die Hand und lässt sie, auch als sie das unwegsame Stück Strecke hinter sich haben, nicht so schnell wieder los. Sowohl von den anstrengenden Fußmärschen wie von der herrschenden Gluthitze ermattet, sehnen sich Agatha und Max nach Erfrischung. Da taucht vor ihren Augen ein kleiner Wüstensee auf, und spontan schlägt Max ein gemeinsames Bad in dem klaren, perlend blauen Wasser vor. Agatha zögert: »Meinen Sie wirklich?« Und was nun folgt, wird die Autorin viele Jahre später in ihren Memoiren genüsslich schildern:

»Nachdenklich betrachtete ich meinen Schlafsack und den kleinen Koffer. ›Aber ich habe keinen Badeanzug‹ …«

›Haben Sie denn nichts, was Sie … na ja … anstelle von … anziehen könnten?‹ erkundigte sich Max taktvoll.

Ich überlegte, fand ein rosa Leibchen und eine doppelte Schlupfhose und war bereit. (…)

Es war himmlisch, und die Welt schien vollkommen zu sein.«

Nein, so vollkommen ist die Welt dann doch nicht. Als Agatha und Max zu ihrem Auto zurückkehren und die Fahrt fortsetzen wollen, streikt der Motor. Das Vehikel ist während der Wartezeit in den Wüstensand eingesunken und rührt sich nicht von der Stelle. Der Fahrer schafft Spaten, Stahlmatte und weiteres Werkzeug herbei, um den Wagen freizubekommen. Vergebens. Die Stunden verrinnen, todmüde legt sich Agatha im Schatten des Automobils nieder und fällt augenblicks in tiefen Schlaf. Nicht so ihr Begleiter: Max Mallowan, der nüchterne Wissenschaftler, eigentlich alles andere als ein romantischer Schwärmer, gibt sich in diesen Stunden einem Wachtraum hin: dem Traum, mit dieser liebenswerten, verständnisvollen und klugen Frau zusammenzubleiben – und zwar fürs Leben.

Noch am selben Tag wagt er es, sich ihr zu erklären. Und wie reagiert Agatha? Wir wissen es nicht. Sie, die bei der späteren Schilderung des Reiseverlaufs nicht das kleinste Detail auslassen, jede der notdürftig improvisierten Mahlzeiten, jeden Tonscherben, den man am Wegesrand aufliest, beschreiben wird, ist – Spätfolge ihrer viktorianischen Erziehung! – außerstande, ihre Gefühle oder gar ihre eventuellen erotischen Neigungen offenzulegen. Nicht ein einziges Mal wird in dem betreffenden Abschnitt ihrer Autobiografie das Wort »Kuss« vorkommen, ganz zu schweigen von jeder weitergehenden Annäherung.

Stattdessen treten Agatha und Max in eine lebhafte Diskussion ein, in der – seitens Agathas – vor allem die Gegenargumente im Vordergrund stehen. Könnte der Katholik denn eine Anglikanerin heiraten – noch dazu eine geschiedene? Außerdem fühlt sie sich nach dem Scheitern ihrer ersten Ehe zu äußerster

Liebe auf den ersten Blick:
Agatha Christie und Max Mallowan

Vorsicht angehalten, ist frustriert, verunsichert. Und dann auch noch der riesige Altersunterschied: Max ist 14 Jahre jünger als seine Angebetete! Nur in einem Punkt sind sich die beiden auf Anhieb einig: Auf Max Mallowans Frage, ob es Agatha denn nicht störe, von einem Mann umworben zu werden, dessen Beruf darin bestehe, Gräber freizulegen und Leichen auszugraben, erwidert sie – in sarkastischer Anspielung auf die Sujets ihrer Romane – mit dem ihr eigenen trockenen Humor:»Da seh ich kein Problem; ich liebe Leichen und Tote!«

Nach einem Monat Bedenkzeit ist Agathas Widerstand gebrochen: Sie willigt in die Zukunftspläne ihres Adoranten ein, erteilt ihm das ersehnte Ja-Wort. Sobald sie wieder daheim sind, soll das Aufgebot bestellt werden – allerdings weder in

Wallingford (Oxfordshire), wo sie, noch in London, wo er ansässig ist, sondern im schottischen Edinburgh. Und auf dem Standesamt, so nehmen sie sich vor, werden sie, um den allzu großen Altersunterschied zu verschleiern, falsche Geburtsdaten zu Protokoll geben. Daran, dass alle Freunde und Verwandten (und zwar auf beiden Seiten) gegen eine solche Verbindung sind, haben sie sich längst gewöhnt, und sollten auch Agatha dann und wann noch Zweifel kommen an der Richtigkeit ihrer Entscheidung, beruhigt sie sich und ihre Mitwelt mit einem ganzen Katalog von Gegenargumenten: Ja, wir sind ein extrem ungleiches Paar, fast könnte ich seine Mutter sein. Aber wir haben auch so vieles gemeinsam: Ich liebe seinen Beruf, freue mich darauf, ihn bei seinen künftigen Expeditionen im Orient zu begleiten. Er wiederum schätzt meine Bücher, wartet schon ungeduldig aufs nächste. Außerdem hat er – ebenso wie ich – nichts für Partys übrig, ist nicht vergnügungssüchtig. Und und und …

Jetzt geht es nur noch darum, auch Töchterchen Rosalinds Einverständnis zu gewinnen: Die Elfjährige gibt »Mom« in ihrer kindlichen Naivität zu bedenken: »Wenn du mit Max verheiratet bist, wirst du mit ihm in einem Bett schlafen müssen – weißt du das?«

»Ich weiß es«, antwortet Agatha und lächelt still in sich hinein.

Es kommt der Tag der Eheschließung. Auch die Hochzeit findet in Edinburgh statt, in der kleinen Kapelle von St. Columba wird das Paar getraut. »Unser beider Triumph«, wird Agatha das Ereignis später in ihren Memoiren nennen.

Nur ein paar Wochen sind den beiden zusammen vergönnt, dann besteigt Max wieder Bahn, Schiff und Landrover, um seine Grabungsprojekte im Irak fortzuführen. Jedes Jahr ist ab nun auch Agatha für ein paar Monate mit von der Partie. Was ihren

Schreibplatz während dieser Auslandsaufenthalte betrifft, stellt sie sich problemlos auf die neuen, die exotischen Bedingungen ein: Aus alten Orangenkisten wird ein Schreibtisch gezimmert, fürs Sitzen genügt ihr ein einfacher harter Stuhl. Beginnt sie einen neuen Roman, muss sie sich nur, um in Fahrt zu kommen, in Stimmung bringen:

»Es ist eine Marter wie keine andere. Man knabbert an Bleistiften, betrachtet die Schreibmaschine, wandert auf und ab und möchte am liebsten heulen.« Der gutmütige Max muss ihr ausreden, dass sie in der Zwischenzeit das Schreiben verlernt hat. »Und dann höre ich plötzlich und ohne bestimmten Anlaß eine imaginäre Startpistole knallen. Ich beginne zu funktionieren, weiß, daß es losgeht, daß der Nebel zerreißt. Ich weiß auf einmal ganz genau, was A zu B sagen wird. Ich platze fast vor Freude. Ich habe dann zwar noch keine einzige Zeile zu Papier gebracht, aber ich bin siegessicher, und ich bin voll da.«

Wer heute, mit über acht Jahrzehnten Abstand, die Namen jener Orte liest, an denen Max und Agatha ihrer Arbeit nachgehen, der eine das Erdreich durchwühlend, Antikenreste freilegend und seine Funde einsammelnd, die andere Romanszenen ersinnend und in die Schreibmaschine hämmernd, könnte in tiefe Depression verfallen: All diese Mossul, Raqqa und Kerbala sind seit dem Wüten der IS-Terroristen blutdurchtränkte Trümmerfelder, auf denen kein Archäologe der Welt etwas zu suchen hätte.

Doch damals, in den Jahren zwischen 1927 und 1964, ist es für einen Mann wie Max Mallowan das Paradies. Sein Grabungsteam stößt auf Elfenbeinfragmente und Tontafeln, auf Figuren und Reliefs, und auch Agatha macht sich, so oft sie eine Schreibpause einlegt, auf ihre Weise nützlich, hilft beim Reinigen und Restaurieren der Funde (Ersteres mithilfe ihres

Manikürstäbchens und ihrer Gesichtslotion), übernimmt das Beschriften der Objekte, hält sie mittels ihrer mit Blitz ausgestatteten Kamera im Bild fest, dreht sogar 16-Millimeter-Filme von 45 Minuten Länge, die sie selbst entwickelt. Auch um die Beschaffung von Lebensmitteln für die »Mannschaft« kümmert sie sich, organisiert Einkäufe bei den einheimischen Händlern, erfindet neue »wüstengerechte« Kochrezepte und bringt dem Koch beispielsweise bei, wie man in einer Blechdose Brandteig anrührt und aus Wasserbüffelmilch die Füllung ihrer Lieblingsspeise zubereitet.

Auch in der Wüste hält Agatha an ihrer gewohnten Kleidung fest, trägt Seide, Kaschmir und Tweed. Für die kalten Nächte liegt ihr Pelzmantel bereit; der Hut ist, um den Stürmen zu widerstehen, mit einem Schal befestigt, die Handtasche stets griffbereit. Ihr Spazierstock lässt sich mit einem Handgriff in einen Klappsessel verwandeln. Fehlendes Fachwissen erwirbt sie, indem sie Max und seinen Helfern bei der Arbeit über die Schulter schaut. Um die Funde maßstabgerecht dokumentieren zu können, hat sie noch in England einen Zeichenkurs absolviert. Auch Arabisch-Unterricht hat sie genommen. Wird ärztlicher Rat gebraucht, greift sie auf die Erfahrungen zurück, die sie während ihrer Zeit als Apothekergehilfin gesammelt hat, sowie auf die Medikamente, die sie in großen Mengen mit sich führt: Aspirin, Chinin und Rizinus sind stets zur Hand. Über eventuelle Versorgungsengpässe hilft sich Agatha mit ihrem angeborenen Humor hinweg: »Harrod's« nennt sie scherzweise den Basar, wo sie Konservendosen, Nudeln und Wein einkauft; als Frischfleisch dienen Schafe, die man zunächst rund ums Grabungshaus weiden und dann in angemessener Entfernung schlachten lässt. Geht Max, der für seine Expeditionen aus einem Sonderfonds des British Museum unterstützt wird, am

Zahltag das Geld für seine einheimischen Helfer aus, taucht plötzlich ein geheimnisvoller Sponsor auf – hinter dem sich niemand anderer als Agatha selbst verbirgt, deren Bankguthaben dank der reichlich fließenden Buchtantiemen erfreulich angeschwollen ist.

Hat sie nicht auch schon das Copyright eines ihrer Krimis an das Expeditionskonto abgetreten? Damit ist es – zumindest vorübergehend – vorbei, als 1939 der Krieg ausbricht und zum ersten Mal nach zehn Jahren auch unser glückliches Paar voneinander getrennt wird: Max schließt sich der Luftwaffe an, Agatha macht sich wie schon in früheren Jahren als Apothekerin nützlich. Die zwei Kriminalromane, die sie in dieser schweren Zeit schreibt, hält sie zunächst zurück, gibt sie erst nach Kriegsende zur Veröffentlichung frei. Max erhält einen Lehrstuhl für nahöstliche Archäologie an der Universität von London, seine Ausgrabungstätigkeit verlegt er vom Irak nach Syrien. Zu ihrem 80. Geburtstag erscheint Agatha Christies letztes Buch; sechs Jahre darauf erleidet sie einen Schlaganfall, von dem sie sich nicht mehr erholt. »Nach 45 Jahren liebevollen und fröhlichen Zusammenseins«, wird ihr Max Mallowan nachrufen, »läßt sie mich mit einem Gefühl großer Leere zurück.« Er selber hat gerade die letzten Sätze seiner Autobiografie *Mallowan's Memoirs* in die Schreibmaschine getippt. Grenzte es nicht ans Kitschige, ließe sich sagen, der Gleichklang im Leben, Denken und Fühlen dieser beiden Menschen hielt bis zu deren Tod an: Wie seine geliebte Frau stirbt auch Max Mallowan an einem Herzanfall. Zweieinhalb Jahre nach ihr.

Die kleine Prinzessin

Antoine de Saint-Exupéry und Consuelo Suncin Sandoval

Gerade, als ich die Arbeit an meinem Buch *Musen leben länger* aufgenommen hatte, ging ihre Todesnachricht um die Welt: Consuelo de Saint-Exupéry, vor wenigen Tagen 78 geworden, hatte ihren jüngsten Asthmaanfall nicht überlebt. 28. Mai 1979. Grasse, die berühmte Parfumstadt im französischen Département Alpes-Maritimes, war der Alterssitz der gebürtigen Salvadorianerin gewesen. In ihrem Landhaus hoch über den Lavendelfeldern waren nur noch ihre Haushälterin und ihr Hund Hannibal um sie; seit der Diagnose eines chronischen Lungenemphysems, das sie in ständige Angst versetzte, empfing Madame außer ihrem Privatsekretär und Universalerben José Martinez Fructuoso und den behandelnden Ärzten keine Besucher mehr. Die Zeiten, da die so gesellige, ja exzentrische alte Dame Couturiers und Kürschner zum Anmessen neuer Gewänder ins Haus bestellte, waren lange vorbei, erst recht ihre eigenen künstlerischen Aktivitäten. Das Modellieren neuer Skulpturen hatte sie der krankheitsbedingt verformten Finger wegen schon früh einstellen müssen; die Zeichnungen, Aquarelle und Ölbilder, die sie hinterließ, stammen alle aus jüngeren Jahren.

Ich verfolgte die Zeitungsberichte über den Tod der Saint-Exupéry-Witwe, über die Überführung des Leichnams nach Paris und dessen Beisetzung auf dem Friedhof Père Lachaise, später auch die ernüchternden Nachrichten von Nachlass- und Erbschaftsstreit. Mein Wunschtraum, dieser außergewöhnlichen Frau zu begegnen, sie nach ihrem Leben mit und ohne »Tonio«, aber auch nach ihrer eigenen Karriere als Bildhauerin, Malerin und Autorin zu befragen, war nicht in Erfüllung gegangen. Mein Buch *Musen leben länger* musste ohne Consuelo de

Saint-Exupéry auskommen. Übrigens auch ohne Sonia Orwell (von der ich schon eine halbe Zusage gehabt hatte). Ja: Musen leben länger. Aber eben auch nicht ewig. Francine Camus, Gertrude Urzidil und Lili Darvas (die Witwe von Ferenc Molnár) waren unter jenen, die ich neben Sonia Orwell auf meinem Wunschzettel stehen hatte. Doch der Tod war schneller...

Consuelo de Saint-Exupéry geborene Suncin Sandoval – spanische Familiennamen sind traditionell lang, weil sie auf beide Elternteile verweisen, auch auf die Mutter. Eigentümlich auch der Vorname: Sprachlich leitet sich Consuelo von der spanischen Vokabel für Trost ab, kulturgeschichtlich wohl von der Muttergottesverehrung einer *Nuestra Señora del Consuelo.*

Im gegenständlichen Fall – eine »schwierige« Frau an der Seite eines noch um vieles schwierigeren Mannes – liegt die Frage nahe: Wie war das mit Consuelo – war sie mehr Trösterin oder mehr Getröstete? Wir werden sehen.

Am Anfang steht eine schöne, unbeschwerte Kindheit in einer der reichsten Familien Zentralamerikas: Der Vater ist Kaffeeplantagenbesitzer in El Salvador. Die 1901 geborene Consuelo besucht eine der besten katholischen Schulen des Landes; das Kunststudium, für das sie sich entscheidet, führt sie nach San Francisco und Mexiko-Stadt. Es entstehen erste Bilder und Plastiken – kein Zweifel, das Mädchen hat Talent. Attraktiv ist sie außerdem: schlank, fast zierlich, temperamentvoll, kapriziös. Es gibt Fotos, die sie eher kindlich-anlehnungsbedürftig, andere, die sie herausfordernd-selbstbestimmt zeigen.

Noch als Studentin geht sie ihre erste Ehe ein: Der Erwählte ist ein mexikanischer Offizier, über dessen frühen Tod unterschiedliche Darstellungen vorliegen. Die einen sprechen von einem Eisenbahnunglück, andere von einem Kampfeinsatz der Regierungstruppen gegen Aufständische. Consuelo ist jedenfalls

117

mit 22 erstmals Witwe. Und Jahre später wird sie es ein zweites Mal sein: Der 30 Jahre ältere guatemaltekisch-argentinische Diplomat und Schriftsteller Enrique Gómez Carrillo (der unter anderem mit einem Buch über die Spionin Mata Hari Aufsehen erregt hat) stirbt in ihren Armen. Carrillo war es, der Consuelo in die internationale Gesellschaft eingeführt, ihr das Luxusleben der Happy Few schmackhaft gemacht und ihre enorme erotische Ausstrahlung (in Anspielung auf den Vulkanreichtum ihrer Heimat El Salvador) mit dem Kosenamen »Vulcano« gewürdigt hat.

Die Erbschaft nach Ehe Nummer zwei erlaubt Consuelo ein Leben in Saus und Braus, in der Pariser Kunst- und Literaturszene fühlt sie sich ganz in ihrem Element. Obwohl sie erst 29 ist, macht sie sich gern noch ein paar Jahre jünger. Sie lernt Maurice Maeterlinck und Paul Verlaine kennen, Gabriele d'Annunzio lädt sie auf seinen Besitz ein, später werden auch Picasso, Miró und Max Ernst zu ihren Bekannten zählen.

Jetzt, im Sommer 1930, steht eine Reise nach Argentinien an: Consuelo will in Buenos Aires ihre Erbschaft regeln. An Bord des Transatlantikdampfers *Massilia* ist es neben vielen anderen Bekanntschaften insbesondere der renommierte französische Übersetzer und Verlagslektor Benjamin Crémieux, der sich der Alleinreisenden annimmt. Er wird in Buenos Aires Vorträge halten, lädt Consuelo dazu ein. Eines seiner Gesprächsthemen während der langen Überfahrt ist ein etwa 30 Jahre alter französischer Schriftsteller, mit dem er, Crémieux, gut bekannt ist und der sich auch schon, zumindest in der Branche, einen Namen gemacht hat: Antoine de Saint-Exupéry. Consuelo hört gespannt zu, möchte dessen Debütwerk *Courrier Sud* lesen, den Autor, der vor allem ein leidenschaftlicher Flugpilot sei, kennenlernen. Nichts leichter als das: Crémieux habe auch ihn zu seinem

Vortrag sowie zu dem nachfolgenden Empfang eingeladen, und Saint-Exupéry, der vor Kurzem seinen attraktiven Posten als Chef der argentinischen Luftpost angetreten hat, habe sein Kommen zugesagt.

An einem der nächsten Tage, nun schon an Land, ruft Benjamin Crémieux seine Reisebekanntschaft in deren Hotel an und erinnert sie an den Termin. Obwohl ihr Kalender übervoll und sogar eine Privataudienz beim Staatspräsidenten für sie vorgesehen ist, erneuert Consuelo ihr Versprechen und findet sich zur genannten Stunde im Gebäude der *Alliance Française* ein. Über das, was sich nun abspielt, gibt es unterschiedliche Darstellungen: eine *sehr* romantische und eine *äußerst* romantische.

Zunächst die *sehr* romantische: Consuelo ist enttäuscht von der Einladung. Der Vortrag hat sie gelangweilt, und der angekündigte Gast ist ausgeblieben. Als sie schon aufbrechen will und an der Garderobe ihren Mantel verlangt, versperrt ihr ein Hüne von Mann den Weg. Mit dem Kompliment, wer hätte gedacht, dass es bei einer Vortragsveranstaltung wie dieser auch so schöne Frauen gäbe, fordert er die Fremde auf, zu der Gesellschaft zurückzukehren, und drückt sie mit sanfter Gewalt in einen der bereitstehenden Fauteuils. Consuelo protestiert: »Wer sind Sie überhaupt, mein Herr?« Einer aus der Runde nimmt dem späten Gast die Antwort ab: »Monsieur Exupéry. Er ist Flieger. Wenn Sie wollen, kann er Ihnen gleich Buenos Aires von oben zeigen.« »Buenos Aires und die Sterne«, fährt der so Angesprochene fort. Und eine Stunde später sitzen die zwei im Auto, flitzen zum Flugplatz und starten zum Rundflug über die spätabendliche Stadt.

Der Pilot fragt seine Passagierin, ob sie Flugangst habe.

»Nur ein bißchen.«

»Dann strecken Sie die Zunge heraus und schlucken Sie diese

Pille!« Saint-Exupéry greift nach ihren Händen, streichelt sie behutsam und ruft entzückt aus: »Was für süße kleine Hände. Kinderhändchen! Schenken Sie sie mir!«

»Monsieur, ich habe nicht die Absicht, mir für Sie meine Hände amputieren zu lassen.«

Der Flirt ist in vollem Gange. Und wird an einem der nächsten Tage in Saint-Exupérys Junggesellenwohnung in der Galeria Guemes seine Fortsetzung finden ...

Die zweite, die ungestümere Version vom Erstkontakt der beiden geht wie folgt: Zum Dank für den spontan improvisierten Rundflug erbittet sich der Pilot von seiner Passagierin einen Kuss. Sollte sie sich wider Erwarten weigern, werde er die Maschine abstürzen lassen.

Consuelo: »Nach den Sitten meines Landes sind Zärtlichkeiten nur unter Verlobten erlaubt.«

Saint-Exupéry, als Flieger daran gewöhnt, nicht lange zu fackeln, sondern stets aufs Ganze zu gehen, raubt seiner Begleiterin den ihm verweigerten Kuss und erklärt feierlich: »Bitte betrachten Sie dies als Heiratsantrag.«

Am 23. April des folgenden Jahres erfolgt im südfranzösischen Agay, dem Stammsitz der Familie des Bräutigams, die kirchliche, am Tag davor im Rathaus von Nizza die weltliche Trauung.

Es wird eine leidenschaftliche, mit den Jahren jedoch auch immer kompliziertere und dennoch bis zu Saint-Exupérys Kriegstod im Sommer 1944 aufrechtbleibende Ehe. Consuelo ermutigt ihren zu Selbstzweifeln und Melancholie neigenden Mann, der bis zur Zeit ihres Kennenlernens nur zwei Bücher veröffentlicht hat und seinen eigentlichen Beruf im Fliegen sieht, zu vermehrtem und intensiverem Schreiben und widmet sich ansonsten ihrer eigenen Künstlerkarriere. An kürzere und längere Trennungen sind beide gewöhnt; vor allem zur Zeit der

Amour fou: Antoine und Consuelo de Saint-Exupéry

Besetzung Frankreichs durch deutsche Truppen verstreicht ein volles Jahr, bis die »Goldfeder, die Pimpernelle, die Fee« (dies nur einige der vielen Kosenamen, die »Tonio« ihr gibt) ihrem »Prinzen« in die USA nachfolgen kann. Es ist jene Zeit, da in dem inzwischen 41-Jährigen die Idee zu seinem nachmals erfolgreichsten Werk heranreift: dem Weltraummärchen *Der kleine Prinz*.

Die erste Zeit in New York wohnt Saint-Exupéry im Hotel, dann, wiedervereinigt mit seiner Frau, zieht man in ein Apartment am Südende des Central Parks um. 21. Stock – das wäre an und für sich ganz nach dem Geschmack des »Himmelsstürmers«, doch Consuelo, die die Hochsommerhitze in der Millionenstadt nicht erträgt, hält nach einem Landsitz Ausschau. Das Haus in Westport, Connecticut, erweist sich als wenig glückliche Wahl: Man zieht wieder um. Diesmal ist es das Richtige: Bevin House, Eaton's Neck, Long Island. »Ich hatte mit einer Hütte gerechnet, und dann war's der Palast von Versailles«, stellt Antoine fest.

Auch Consuelo fühlt sich an der neuen Adresse wohl. Allerdings lebt man auf Distanz: nicht nur getrennte Schlafzimmer, sondern getrennte Etagen. Und jeder empfängt auch seine eigenen Gäste. Bei Consuelo herrscht ein buntes Durcheinander – sie spricht außer ihrer Muttersprache Spanisch auch fließend Französisch und Englisch, während ihr »Tonio« eine Aversion gegen die Landessprache hat. Den Englischunterricht, zu dem eine Lehrerin ins Haus kommt, bricht er nach kurzer Zeit ab. Für den Fall, dass er unbedingt den Telefonhörer abheben muss, hat er den Satz »Not at home« einstudiert.

Nur etwas über eine Stunde ist es mit dem Nahverkehrszug von Eaton's Neck nach Manhattan, doch Saint-Exupéry verlässt nur selten das im Wald versteckte dreistöckige Haus am Meer im Kolonialstil – überhaupt, seitdem ihm dieses neue Buchprojekt durch den Kopf geht: *Der kleine Prinz.* Noch sind keine einzige Zeile Text, sondern ausschließlich Zeichenskizzen die ersten Früchte dieses Nachdenkprozesses. Hat er nicht hin und wieder schon vorher, noch in den Frankreich- und Nordafrika-Jahren, erste flüchtige Umrisse des kleinen Gesellen aufs Papier hingekritzelt – auf Notizzettel, auf Zeitungsränder, auf Speisekarten? Es ist immer der gleiche Junge im overallartigen Dress, mit blonder Mähne und mit vor Staunen weit aufgerissenen Augen – einmal auf einer Bergspitze sitzend, einmal von einer Wolke aus ins Weltall blickend, oft auch einfach nur einem Schmetterling nachjagend. Seine Kriegskameraden, mit denen er sich zum Schachspiel trifft, zu Domino und Poker, erkundigen sich bei ihm, was es denn mit dieser immer wiederkehrenden Figur für eine Bewandtnis habe, die er mitunter auch in Buchwidmungen einfügt und in Freundesbriefe. Saint-Ex gibt nur sehr verschwommen Auskunft: Der kleine Kerl gehe ihm eben im Kopf herum, er symbolisiere die Träume, denen der Mensch nachlaufe, *c'est tout.*

Als Antoine de Saint-Exupéry im Sommer 1942 in nächster Nähe seiner New Yorker Wohnung, im Café Arnold am Columbus Circle, mit seinem amerikanischen Verleger, Curtis Hitchcock, zu einer Unterredung zusammentrifft, kommt er wieder einmal ins Kritzeln – beiläufig und selbstvergessen, auf der Papierserviette, die neben seinem Gedeck liegt. Und wieder ist es dieser sonderbare kleine Junge, den er mit ein paar Bleistiftstrichen zu flüchtigem Leben erweckt. Das Motiv hat etwas eindringlich Melancholisches, deutet auf Einsamkeit hin und auf Traurigkeit – Hitchcock greift das Thema auf und lässt nicht eher locker, als bis ihm sein Autor Rede und Antwort steht. Wäre das denn nicht etwas für ein Kinderbuch? Für ein modernes Märchen – vom Autor selbst illustriert?

Saint-Exupéry erschrickt: An so etwas hat er nie gedacht. Aber er lässt sich überreden. Und macht sich, als er einige Wochen später in Bevin House auf Long Island seine ideale Traumwerkstatt gefunden hat, an die Arbeit. Nacht für Nacht – wie ein Besessener schreibt er die Geschichte vom kleinen Prinzen nieder, der von Planet zu Planet eilt, von Enttäuschung zu Enttäuschung, und schließlich in der Einsamkeit der Wüste mit einem notgelandeten Piloten Freundschaft schließt.

Das »Material« für sein Märchen hat er im Überfluss zur Hand: Da sind die eigenen Wunschträume des passionierten Fliegers, der, seitdem er diesen Beruf ausübt, in Kontinenten und Kosmen zu denken gewohnt ist; da ist die Erinnerung an seine Notlandung in der Sahara, die ihn, zusammen mit einem Techniker, fünf Tage lang ohne Nahrung durch die Wüste irren ließ, bis die beiden von einer Karawane entdeckt und gerettet wurden; da tauchen die Bilder der Kindheit wieder auf – »Mondgucker« nannten sie ihn schon, als er noch zur Schule ging. Und das lautlose Verschwinden des kleinen Erdengastes am Schluss der Geschichte – ist es nicht wie eine makabre Vorwegnahme von Saint-Exupérys eigenem Exodus, der ein Jahr nach Erscheinen des *Kleinen Prinzen*, nun wieder bei seiner alten Fliegereinheit in Nordafrika, zu einem letzten Beobachtungsflug aufsteigt, von dem er nicht mehr zurückkehren wird?

Die Amerikaner, die den *Kleinen Prinzen* noch vor den Franzosen kennenlernen (1943 erscheint er in New York auf englisch, erst 1945 folgt in Paris das französische Original, ganz zu schweigen von Deutschland, wo noch weitere fünf Jahre verstreichen), fördern noch manches andere Realitätspartikel zutage: Wer den Autor auch im strengsten New Yorker Winter, bei 15 Grad unter Null, niemals einen Mantel tragen sah, immer nur jenen gewissen langen Schal überm Jackett, der auch dem kleinen Prinzen bei fast allen seinen Abenteuern um den Hals flattert, wird auf Schritt und Tritt auf autobiografische Anspielungen stoßen, und wer gar in die mehr als schwierige Ehe der Saint-Exupérys Einblick gehabt hat, wird in der Parabel von der stolzen und eitlen Rose, deretwegen der kleine Prinz von seinem Planeten Reißaus nimmt, unweigerlich an Consuelo erinnert werden und an die Probleme, die die beiden gerade auch in ihren New Yorker Exiljahren miteinander gehabt haben.

Der Streit der Gelehrten über die Frage, wie viel von dieser außergewöhnlichen Frau in Saint-Exupérys Meisterwerk »steckt«, wird seit Erscheinen des Buches geführt, und er wird wohl kaum je enden. Nur eines ist gewiss – und sei es auch nur ein geringes, ein nur äußerliches Detail: Für einige der Porträtskizzen, die der Dichter von seinem Geschöpf angefertigt hat, ist Gattin Consuelo Modell gestanden – und zwar immer dann, wenn Saint-Exupéry keinen männlichen Besuch im Haus hatte, den er hätte bitten können, für ein paar Augenblicke diese oder jene Körperhaltung einzunehmen. Wie oft hat er seine Angetraute mitten in der Nacht aufgeweckt, in sein Studio zitiert und die Schlaftrunkene posieren lassen. Dies könnte die Erklärung dafür sein, wieso die Gestalt des Kleinen Prinzen auf manchen seiner Zeichenblätter einen leicht mädchenhaften Einschlag hat. Consuelo, die kleine Prinzessin.

Hassliebe

In der Schlangengrube
August Strindberg am Mondsee

»Komm und bleib, so lange wie Du willst und solange es Dir gefällt. Es ist wunderschön hier, und Dein Natur- und Kunstsinn werden Befriedigung finden. Du brauchst kein weiteres Gepäck, nur einige Werke Strindberg nimm mit – und komm sofort!«

So herzhaft-zupackend lädt Marie Uhl, die Frau des Chefredakteurs der amtlichen *Wiener Zeitung*, Regierungsrat Friedrich Uhl, im Juli 1893 ihren momentan in Berlin weilenden Schwiegersohn August Strindberg zu sich ein.

»Liebes, aus dem Herzen meines Kindes entsprossenes Sohnerl … Komm in unser wie auch Dein Heim, erweise uns die hohe Freude und Ehre. Dein neuer Papa hat Sehnsucht nach Deinem Genie, ich nach Deinem so blutig zerschlagenen Herzen.«

»Unser wie auch Dein Heim« – das ist die Uhl-Villa in Mondsee. Der imposante Besitz ist auf einer sanft abfallenden Wiese errichtet; Karl Stattler, ein Schüler der Wiener Hofopernarchitekten van der Nüll und Siccardsburg, hat die Pläne gezeichnet. Kunstreiche Variante des herkömmlichen Schweizerhaus-Typus, ist die in Veranda und Balkon ganz aufs Panorama des Sees orientierte zweigeschossige Sommervilla auch in ihrem Inneren ein Schatzkästchen: Die »Sammlung Uhl«, über fast alle Räume verteilte Antiquitäten, Statuen und Porzellane, Standuhren und Nippes, findet sogar im Baedeker Erwähnung. Prunkstück des Privatmuseums ist die über mannshohe Kreuzblume des alten Turmhelms von St. Stephan. Eigentlich, so beliebt man zu scherzen, habe der Herr Regierungsrat seine Villa nur gebaut, um einen überdimensionalen Renaissanceschrank aus ehemaligem Stiftsbesitz, den er über drei Ecken erworben hat, unterbringen zu können.

Eine bessere Wohnlage gibt es in Mondsee nicht: Einige wenige Schritte über die Wiese vorm Haus, und man ist – zum Umkleiden fürs Bad oder zum Besteigen des Kahns – in der eigenen Badehütte, die prachtvolle Lindenallee führt in wenigen Minuten zur Bahnstation, und geht man in umgekehrter Richtung, so ist man im Handumdrehen im Ort.

In diesem Paradies ist Frida Uhl, die jüngere der beiden Töchter des Hauses, aufgewachsen. Da die Eltern seit Jahren einander entfremdet sind und getrennt leben (Friedrich Uhl in einer kleinen Wohnung im Wiener Regierungsviertel in der Herrengasse, Marie Uhl bei ihren Eltern im Mühlviertel), steht der Kleinen und ihrer Betreuerin, der braven Amme Resi, die ganze Pracht allein zur Verfügung. Als sie zur Ausbildung in die Klosterschule gesteckt wird, bedingt sich die resolute Person aus, dass es wenigstens wechselnde Internate im Ausland sein dürfen: So lernt schon die Halbwüchsige nicht nur ihre österreichische Heimat, sondern auch Italien, Frankreich, Deutschland und England kennen.

Mit 18 holt ihr Vater sie nach Wien: Sie soll wie er Journalist werden. Und da das zu dieser Zeit für ein Mädchen ihres Standes im konservativen Wien ein Ding der Unmöglichkeit ist, schickt Friedrich Uhl seine Jüngste ins liberale Berlin: als Kulturkorrespondentin der von ihm geleiteten *Wiener Zeitung*. Ihre Theaterberichte werden nicht nur laufend gedruckt, sondern erregen auch Aufsehen: Frida Uhl entpuppt sich, was

127

Informiertheit, Stil und Sicherheit des Urteils anbelangt, als beachtliches Talent.

Bei einer Abendgesellschaft, die der Literat Julius Elias am 7. Jänner 1893 gibt, wird die nunmehr 20-Jährige dem zu dieser Zeit in Berlin lebenden 44-jährigen August Strindberg vorgestellt. In ihren Feuilletonbeiträgen für das kreuzbrave österreichische Hofblatt linientreu konservativ, gebärdet sich die von Natur exzentrische Frida in ihrem privaten Auftreten umso progressiver: An dem vor einigen Monaten von seiner ersten Frau, der Schauspielerin Siri von Essen, geschiedenen Dichter aus Schweden zieht sie nicht zuletzt dessen anarchistisches Temperament an.

Vor 14 Jahren hat er mit dem Roman *Das rote Zimmer* den Durchbruch geschafft, seit dem großen Erfolg seines Einakters *Fräulein Julie* vor fünf Jahren werden seine Stücke an vielen Bühnen gespielt. Jetzt will er seine Karriere von Deutschland aus weiter vorantreiben. Doch der Intendant des Berliner Residenztheaters, wo *Der Gläubige* auf dem Spielplan steht, prellt Strindberg um seine Tantiemen, als es wegen deren Höhe zum Streit kommt, und streicht die geplante *Kameraden*-Premiere. Der Dichter, wieder einmal in Geldnot, versucht sich mit dem Verkauf seiner Ölbilder – Meeresmotive in expressionistischer Manier sind seine Spezialität – über Wasser zu halten. Sogar der Plan, ein Fotoatelier zu eröffnen, geht ihm durch den Kopf. Da kommt die Bekanntschaft mit der begeisterungsfähigen und unternehmungslustigen Frida Uhl gerade im richtigen Moment: Sie will die Verbindungen aus ihrer englischen Internatszeit mobilisieren und für Strindbergs Stücke in London werben, vielleicht sogar ein eigenes Theater gründen.

Auch privat kommen der Dichter und sein weiblicher Möchtegern-Impresario einander näher: Man beschließt zu heiraten.

Ganz so einfach ist das allerdings nicht: Strindbergs erste Frau lebt noch, und Frida ist katholisch. Man weicht also auf Helgoland aus, wo zu dieser Zeit noch altes englisches Recht gilt. Schon am 2. Mai 1893 sind August Strindberg und Frida Uhl Mann und Frau. Fridas ältere Schwester Marie reist als Trauzeugin nach Helgoland.

Die Ehe verläuft vom ersten Tag an chaotisch, und das ist bei zwei so exzentrischen Naturen auch nicht anders zu erwarten: Strindbergs Verfolgungswahn und Frida Uhls launisch-aufsässiges Wesen ergeben ein explosives Gemisch, das sich in einem dramatischen Auf und Ab von leidenschaftlicher Zuneigung und abgrundtiefem Hass entlädt.

Noch auf der Hochzeitsreise, die das Paar nach London führt, bricht die erste Krise aus: Auf eine Ein-Zimmer-Unterkunft angewiesen, fühlt sich Strindberg – wie er es in seinem fünf Jahre später entstehenden autobiografischen Roman *Kloster*, mit Rücksicht auf die Familie Uhl, sowohl örtlich wie personell verfremdet, formulieren wird – »mit seinem Plagegeist im selben Käfig eingesperrt«, und als sie auf einem Spaziergang nach Chelsea »zum Fluß kamen, dachte er einen Augenblick daran, sie ins Wasser zu stoßen. Aber er tat es nicht. Er ging ans Ufer hinunter, wo Kalkschuten gelöscht wurden, Dampfwinden Kohlenrauch ausstießen und Schiffstaue den Weg versperrten. Er hoffte, sie würde fallen und sich stoßen, von Hafenarbeitern geknufft werden; er wünschte, daß ein Schauermann sie umarmte und küßte, ja er meinte, er könnte in Ruhe mitansehen, wie einer dieser Hafenstrolche sie vergewaltigte, so sehr haßte er sie, und so sehr haßte sie ihn.«

Wieder in ihrem Zimmer angelangt, zerfleischen sich die Frischvermählten vollends in gegenseitiger Schmähung: »Sie hatte nicht geschlafen, und im Dunkel hörte er ihre Stimme: ›Schläfst du?‹

Er spürte den Vampir, der sich festgesetzt hatte auf seiner Seele und seine Gedanken bewachte. Sie verzichtete sogar auf den Schlaf, um ihn zu peinigen.«

Am darauffolgenden Tag entzündet sich neuer Streit – diesmal an der Frage gemeinsamen Arbeitens. Es ist ausgemacht, dass sie Schwedisch lernen soll, um seine Stücke ins Deutsche übersetzen zu können. Jetzt hat er Zweifel, ob die Vereinbarung noch gilt.

»Ich dich übersetzen?‹ sagte sie verächtlich. ›Ich habe wirklich Besseres zu tun!‹

›Warum willst du nicht lieber mich übersetzen statt deine Schundschriftsteller?‹

›Nimm dich in acht‹, zischte sie. ›Du wirst überschätzt. Und du wirst ein schreckliches Erwachen erleben aus deinem Traum von eingebildeter Größe.‹

Zwei Monate nur waren seit der Hochzeit vergangen, und schon war das Lächeln verloschen, und jedes Gespräch und selbst die Liebe waren verwandelt in einen sinnlosen Haß.«

Dem lässt nun auch er freien Lauf: »Du warst schön, solange ich dich liebte. Vielleicht war es meine Liebe, die dich schön machte. Nun aber bist du das häßlichste und niederträchtigste Menschenkind, dem ich je in meinem Leben begegnet bin.«

Strindberg packt seine Koffer, will abreisen, will der ehelichen Hölle ein Ende machen. »Doch je näher die Zeit des Abschieds kam, um so mehr schmolz der Haß, und siehe da, die Liebe brach wieder hervor.«

Ja, so chaotisch geht's bei diesen beiden zu. Und als er tatsächlich – aber nur, um nach wenigen Tagen zu ihr zurückzukehren – nach Deutschland abreist, tauschen sie im offenen Wagen so leidenschaftliche Küsse, dass die Londoner Polizisten auf sie aufmerksam werden: »»Sei vorsichtig, in diesem Land kann man uns ins Gefängnis stecken, wenn wir unsere Liebe öffentlich bezeugen.‹

›Das ist mir ganz gleich‹, antwortete sie, ›ich liebe dich so unsäglich.‹«

Frida bleibt in London, um sich weiter nach Theatern umzusehen, an denen Strindbergs Stücke gespielt werden könnten, er selber schwankt zwischen Sommeraufenthalten in Hamburg, auf der Ostseeinsel Rügen oder in Berlin – da erreicht ihn der Brief der Schwiegermutter mit der überschwänglich herzlichen Einladung nach Mondsee. Die gleiche Einladung ergeht an Frida nach London: Strindberg freut sich also nicht nur darauf, Familie und Geburtsheimat seiner jungen Frau kennenzulernen, sondern auch solcherart mit ihr selbst wiedervereint zu sein. Doch zu Letzterem kommt es nicht: Frida bleibt in London, scheut vor allem die Nähe des ihr verhassten Vaters, sucht lieber im Kloster der Englischen Fräulein in Maiden Lane Zuflucht, wo sie vor Jahren Internatszögling gewesen ist. Vor den Augen ihres Mannes sich vor der elterlichen Autorität ducken – das kommt nicht infrage. Auch nimmt sie Strindberg übel, dass er mit den Schwiegereltern gemeinsame Sache macht, argwöhnt, dass er sich mit ihnen gegen sie verschwören könnte – immer wieder schiebt sie ihre Abreise nach Österreich hinaus. Hinzu tritt der Verdacht, ihre Eltern, seit 20 Jahren getrennt lebend, könnten das Familientreffen dazu benützen, sich selbst wieder zu versöhnen – auch für dieses Manöver will sie sich nicht hergeben.

Aber auch ohne ihre Anwesenheit wird Strindbergs Aufenthalt in der Villa Uhl in Mondsee zu einem Spektakel sondergleichen …

Am 31. Juli 1893 trifft August Strindberg in Mondsee ein. Kein Wunder, dass er nervös ist: Wie soll er seinen Schwiegereltern begreiflich machen, dass er nach erst zwölf Wochen

Ehe allein anreist? Und wird man ihn nicht, wenn man seiner erbärmlichen finanziellen Situation gewahr wird, für einen Erbspekulanten ansehen?

Was ihn fast überwältigt, ist die Art des Empfanges, die die Schwiegermutter dem Ankömmling bereitet. Doch nicht einmal das religiöse Eiferertum, mit dem ihm Marie Uhl gegenübertritt, kann ihn, den erklärten Agnostiker, unbehaglich stimmen.

Auf seine Frage, wo denn der Schwiegervater sei, erhält er zur Auskunft, dessen Eintreffen werde erst für den Abend des folgenden Tages erwartet.

»Es war ein prächtiges steinernes Haus mit zwei Stockwerken und unendlich vielen Zimmern, die angefüllt waren mit antiken Möbeln, Fayencen und kostbaren Nippsachen. Und dieses Haus, das leicht zwei große Familien aufnehmen konnte, wurde vom Hausherrn nur sechs Wochen im ganzen Jahr, während der Ferien, bewohnt, sonst stand es leer.«

Den ersten Tag in Mondsee verbringt Strindberg fast ausschließlich in Gesellschaft der Schwiegermutter. Sie weiß jedes Gespräch auf die letzten Dinge zu lenken, und sie tut es mit solcher Unbefangenheit, dass der Gast den Eindruck gewinnt, es seien nicht ihre Worte, sondern die der göttlichen Vorsehung, die durch sie spreche.

»Schließlich wurde es Abend, und er ging in sein Gastzimmer. Es hatte Fenster nach drei Seiten. Rollgardinen fehlten, und die anderen Gardinen konnte man nicht zuziehen. Er kam sich vor, als würde er überwacht oder befinde sich zur Beobachtung in Quarantäne.«

Verstärkt setzt Strindbergs Verfolgungswahn am nächsten Morgen ein: »Er erwachte mit dem bestimmten Gefühl, daß er sich in einer Schlangengrube befinde, in die der Satan ihn gelockt hatte. Es gab keine Möglichkeit, zu fliehen, und so blieb

er und machte einen Spaziergang, um zu botanisieren und die
Landschaft zu betrachten.«

Beim Mittagessen ist es der »drohend leere Stuhl des Schwiegervaters«, der ihn einschüchtert. »Um seine Nerven zu beruhigen«, zieht er sich nach dem Mahl in sein Zimmer zurück. Als
ihm wenig später die Ankunft des Hausherrn gemeldet wird,
findet er sich angenehm enttäuscht: Statt des erwarteten grimmigen Greises steht ihm ein jovialer Mittsechziger gegenüber:
»jugendlich gekleidet, mit lebhaften jungen Augen«. Regierungsrat Friedrich Uhl entschuldigt sich für sein verspätetes
Eintreffen: Er kommt von Ischl, wo er, dem Kreis der kaiserlichen Berater zugehörig, vor einer Stunde noch an Franz Josephs
Tafel gesessen ist.

Strindberg, dem mit Majestäten wenig zu imponieren ist,
weiß es gleichwohl zu schätzen, dass ihm eine der Zigarren
angeboten wird, die der Hausherr vom Kaiser geschenkt bekommen hat. Noch am selben Tag wird man per Du, und nach der
Kaffeejause brechen Schwiegervater und Schwiegersohn zu
gemeinsamem Angeln auf: In der Zeller Ache, die unweit der
Villa Uhl in den Mondsee fließt, wimmelt es von Forellen. Der
weißen Kaschmirhose, die Friedrich Uhl zum Fischen anlegt,
sieht man – an den verblassten Goldstreifen – noch die einstige
Hofuniform an; Strindberg, des Angelns unkundig, darf Utensi-
lien und Beute nach Hause tragen.

Wie schon zuvor von Fridas Mutter, vernimmt er nun auch
aus dem Mund des Vaters kritische Worte über die Tochter: »Du
hast sie gewollt, also komm nicht zu mir, um dich zu beklagen.
Wenn du sie nicht bändigen kannst, mußt du sie ertragen. Du
hast bekommen, was du gewollt hast.«

Und vor allem verlangt er von seinem Schwiegersohn, dass er
endlich hart durchgreift und seine Frau, die noch immer in Lon-

don sitzt und schmollt, ultimativ herzitiert. Ein reger Postverkehr kommt in Gang, und wie bei diesem seltsamen Paar nicht
weiter verwunderlich, folgt der sehnsüchtigsten Zärtlichkeit die
heftigste Anklage und umgekehrt: »So sitze ich hier in Deinem
Zimmer und schaue den Schafberg an, aber mein Schaf ist nicht
da.«

Solange es noch Hoffnung gibt, sie werde ihm nach Mondsee
folgen, unternimmt Strindberg mehrere Anläufe, ihr ihre Bedenken auszureden: »Du fürchtest Dich, weil Du hier Tochter bist
und Angst hast, als Kind behandelt zu werden. Aber glaubst Du
nicht, daß meine Anwesenheit und Deine neue Eigenschaft als
junge Frau Deine Stellung ändern? Deine Mutter ist mit mir so
lieb, und ich glaube, daß sie meinetwegen Dich nicht mehr als
Fratz behandeln wird.«

Vielleicht hilft es auch, dass er Frida nach London berichtet,
wie er im Streit mit dem Schwiegervater ihre Partei ergreift?
»Der Vater sagt: ›Befiehl Deiner Frau, herzukommen.‹ – Ich
habe ihm geantwortet: ›Ich gebe meiner Frau keine Befehle‹ –
Darauf er: ›Dann befehle ich es ihr!‹«

Auch an Komplimenten für ihre Arbeit lässt es Strindberg
nicht fehlen: »Der Vater sagte auch, daß Du Dir einen Namen in
Wien erworben hast als Schriftstellerin, daß Deine Artikel sehr
gut sind und daß Du schon persönlichen Stil besitzest.« Er selbst
macht sich Vorwürfe, »daß ich Deine Karriere zu wenig ernst
genommen, Dich unterdrückt habe. Jetzt bin ich mir bewußt,
daß Du jemand bist und daß es unrecht von mir war, Dich zu
necken.«

Und was antwortet Frida? Nichts Gutes, wie man aus Strindbergs Reaktion auf einen Brief schließen muss, den sie an ihre
Mutter schreibt und der nun auch ihn zu einer härteren Gangart
veranlasst.

Chaotische Beziehung:
August Strindberg und Frida Uhl

»So etwas Infames schreibt nur eine boshafte Person. Du sendest mich nach Rügen, nach Mondsee, und dann sagst Du, daß ich Dich verlassen habe. Daß Du mich Deinen Eltern als Bettler überläßt, hat mir den Entschluß gegeben wie folgt: Wenn Du in acht Tagen nicht hier bist, gehe ich nach Berlin, um in der Humboldt-Akademie Vorlesungen zu halten und daselbst eine Stellung zu suchen. Kommst Du nicht in vierzehn Tagen dorthin, suche ich um Ehescheidung an.«

Dann wieder tiefstes Selbstmitleid – bis hin zum theatralischen Spiel mit Selbstmordgedanken: »Zu Ende – ist das möglich? Ich bedaure nur, daß ich mir nicht in Deinen Armen, das Haupt auf Deinem Busen, den Tod gegeben, unlängst in London. Der Gedanke war mir gekommen, aber die schmutzige Umgebung hielt mich ab. Hier träume ich von Tod mitten im Mondsee. Im Wasser, das ist so rein – oder auf dem Bett im

Badehause – Du kennst es. Aber im letzten Augenblick steht Dein Bild vor mir, und die Hoffnung lächelt mir zu.«

Den Grund für ihre Widerspenstigkeit glaubt er zu kennen: »Du liebst mich, solange ich der Kleine, Unglückliche bin, und Du haßt und verabscheust mich, wenn Du den Herrn und Mann in mir witterst. Du hassest die Männer, und verachtest die Männer. Dein Fleisch begehrt den Mann, und Deine Seele stößt ihn zurück, Du Amazone!«

Mittlerweile spitzt sich auch die Situation im Hause Uhl zu: Vater Uhl, des hämischen Geflüsters im Dorf müde, dem jungen Ehemann sei seine Braut abhanden gekommen, verstrickt diesen in eine Grundsatzdebatte zum Thema Lebensunterhalt: »›Hast du ein gesichertes Einkommen?‹ fragte er. ›Ein so ungesichertes, wie es ein Schriftsteller nur haben kann.‹

›Gut, aber dann mußt du es machen wie andere und für die Zeitungen schreiben.‹

›Keine Zeitung will meine Artikel drucken.‹

›Dann schreib so, daß sie gedruckt werden.‹

Der Alte hatte in seiner Jugend selbst Romane und Gedichte geschrieben, hatte es aber aufgegeben im Kampf um den Lebensunterhalt für seine Familie; er fühlte sich also berechtigt, zu sagen: ›Tu, was ich tun mußte.‹

Und da er sah, wie der Schwiegersohn schwieg und alles hinnahm, sagte ihm wohl sein böser Geist, daß ein Mann, der dies erduldete, dazu nur imstande war, weil er hoffte, einmal als Erbe in diesem Haus zu wohnen. Da sprach er von König Lear und dessen undankbaren Töchtern, die den Siebzigjährigen allein sitzen ließen und auf das Ende seines Lebens warteten, während sie ihm die Ehre raubten.«

Strindberg ist außerstande, sich zu verteidigen, erwidert kein Wort. Mutter Uhl, die sich darüber klar wird, dass ihr Mann einen solchen Schwiegersohn nicht länger in seinem Haus duldet, kann diesem vorm Schlafengehen nur noch den Rat geben: »Du mußt morgen in aller Frühe abreisen, er kann dich nicht mehr sehen.«

»Allein in seinem Zimmer, empfand er eine gewisse Heiterkeit im Gemüt bei dem Gedanken, daß es morgen zu Ende sein würde mit diesem Elend, das zum Schlimmsten gehörte, was er je erlebt hatte.

Um an etwas anderes zu denken, nahm er eine Zeitung zur Hand. Es war die offizielle Hofzeitung des Schwiegervaters. Er überflog die erste Seite bis hinunter zum Feuilleton, wo ein Literaturartikel seine Aufmerksamkeit anzog. Er las ihn in der Meinung, der Alte habe ihn geschrieben. Er bemerkte sofort eine große Belesenheit, selbstsichere Urteile und einen raffinierten Stil. Aber er staunte über die Feindseligkeit gegen alles Moderne, die skandinavische Literatur inbegriffen, während die deutsche Literatur (die es damals kaum gab) mit besonderem Nachdruck als tonangebend hervorgehoben wurde, als stünde sie an der Spitze in der zivilisierten Welt.

Als er zu Ende gelesen hatte, erblickte er die Signatur seiner Frau unter dem Artikel!

Tatsächlich hatte er ihr versprochen, nie ihre Artikel zu lesen, und dieses Versprechen hatte er gehalten, um in seiner Ehe von literarischen Diskussionen verschont zu bleiben. Nun aber zeigte sich, daß sie als Journalistin andere Ansichten vertrat, als sie im Gespräch vortrug. Das konnte wohl keinen anderen Grund haben als den: Sie mußte ›so schreiben, damit sie gedruckt wurde‹.

Was für ein Doppelleben mußte diese Frau führen, die in Berlins radikalen Kreisen als Anarchistin auftrat und sich in der Wiener Hofzeitung wie eine alte Konservative gebärdete!«

Das also auch noch!

Am nächsten Morgen lässt sich der Dichter um sieben wecken, der Hausknecht soll ihn mit dem Gepäck zum Bahnhof begleiten. Da der Zug, wie man ihm gesagt hat, erst gegen acht abfährt, dreht er noch ein paar Runden im Garten hinterm Haus. Da dröhnt aus einem Fenster im ersten Stock die wütende Stimme des Schwiegervaters: »Bist du noch nicht abgereist?«

Kurzer Wortwechsel, dann ein schroffes »Los!«. Strindberg sucht Hals über Kopf das Weite, lässt Überrock, Hut und Gepäck zurück. Nur den Wanderstock in der Rechten, legt er das kurze Wegstück zum Bahnhof zurück.

Der Zug bringt Strindberg nach Salzburg, dort steigt er nach München um, schließlich erreicht er Berlin. Trotz allem, was in den letzten Tagen vorgefallen ist, freut er sich auf das Wiedersehen mit seiner Frau. Doch die bleibt unauffindbar: Frida ist in der Gegenrichtung abgereist, ist auf dem Weg nach Mondsee …

Um ihr das zu befürchtende Donnerwetter des ergrimmten Vaters zu ersparen, schickt er seiner Schwiegermutter ein Telegramm, teilt ihr Fridas Kommen mit und bittet um Schonung.

In der Villa Uhl ist inzwischen wegen seines abrupten Aufbruchs Panik ausgebrochen. Der Hausherr, sein schroffes Einschreiten bereuend, fürchtet, Strindberg könnte sich umgebracht haben, lässt Seeufer und Wald nach Spuren von ihm absuchen. Erst als sein in Salzburg aufgegebener Brief eintrifft, tritt wieder Beruhigung ein.

Fridas Ankunft im Elternhaus wird für alle Beteiligten, wie nicht anders zu erwarten, zum Horrorspektakel: »Vater steht vor dem Haus hinter seinen Rosen. Sein Pincenez hängt ganz tief auf seiner breiten Nase, beinahe über seinen Mund. Er blickt mich über den Brillenrand weg böse an. Keine Begrüßung, nur die Frage: ›Wo ist dein Mann?‹

Kain kann nicht erschrockener gewesen sein, als die Stimme des Herrn nach seinem ermordeten Bruder frug.

›Bei euch …‹, stammle ich verwirrt.

›Wenn er bei uns wäre, würde ich nicht fragen.‹

Nein, August Strindberg ist schon seit gestern nicht mehr bei den Eltern. Er und Vater haben meine Telegramme missverstanden und sind über deren Deutung in Streit geraten. Vater wurde heftig, beleidigend – und Strindberg war fort, ohne Abschied, ohne Hut, ohne Gepäck, ist wortlos auf und davon gegangen – ziellos landein. Fußgänger erzählten, sie hätten einen Fremden mit fliegendem Blondhaar die Felder durchqueren sehen, und andere erzählten, sie hätten denselben Menschen gesehen, wie er unterwegs einen Zug bestieg.

›Sein Koffer steht oben!‹ bedeutet mir Vater nach einer Weile, als wir bereits wieder auf der Veranda sitzen und Mutter mir Tee einschenkt. ›Resi soll ihn rasch herunterholen. Du kannst ihn gleich mitnehmen. Reise mit dem nächsten Zug ab, hier hast du keine Heimat mehr.‹

›Hier also nicht, wo dann?‹ hätte ich bald hervorgestoßen. Aber ich nicke nur stumm, Vater hat recht. Ich gehöre nicht mehr hierher.«

Immerhin kommt es noch zu einer Aussprache zwischen Vater und Tochter, und auch wenn es keine Versöhnung gibt – zumindest in diesem einen sind sich die beiden einig: Strindberg ist nicht mit normalem Maß zu messen.

»»Du verstehst wahrscheinlich gar nicht, was für ein Genie du geheiratet hast, du Idiotin!‹ besänftigt sich Vater nach einer Weile. ›Ich habe schon viele Menschen gesehen, die Männer waren – von Hebbel bis zu Makart und Brahms … Aber einen Menschen wie August Strindberg habe ich noch nie gesehen. Ich wollte ihm klarmachen, daß meine Tochter als Dame in

London allein nichts zu suchen habe. Doch er hörte gar nicht zu. Sein Blick folgte den Kringeln, die die Sonne auf die Fliesen der Veranda malte. Und als ich ausgeredet hatte, da hatte er ein neues physikalisches Gesetz entdeckt. So ein Mann gehört auf ein Piedestal. Den heiratet man nicht!‹«

Am Abend fährt kein Zug mehr, Frida muss über Nacht in Mondsee bleiben, sie soll das Zimmer beziehen, in dem Strindberg geschlafen hat.

»Da kannst du sehen, in welchen Zustand er mein Haus versetzt hat! Deinen alten geblümten rosa Spitzenunterrock, den er in einer Schublade entdeckte, hat er pietätvoll unter sein Kissen gelegt. Dafür riß er, ohne zu fragen, einfach die Vorhänge von den Fenstern. ›Weil sie das Licht aussperren!‹ sagte er. Seit das Haus steht, haben sie keinem noch das Licht versperrt! Er aber nahm alle drei Paar höchstselbst von der Wand. Allerdings hat er sie säuberlich gefaltet – das muß man ihm lassen. Kein Stubenmädchen kommt daneben auf. Komischer Mensch!«

Anderntags, in aller Frühe, tritt Frida die Reise nach Berlin an, um im dortigen neuen Quartier mit Blick auf Schiffbauerdamm und Spree das Glück der Wiedervereinigung mit ihrem Mann zu genießen. Es werden die harmonischsten Monate ihrer Ehe, am 26. Mai des folgenden Jahres bringt Frida eine Tochter zur Welt. Kerstin. Doch das Idyll ist nicht von Dauer, noch im selben Jahr 1894 trennen sich die Wege von August und Frida Strindberg – diesmal endgültig.

Nach Aufenthalten in Brünn und am Wohnsitz von Fridas Großeltern, Schloss Dornach bei Grein, verlässt Strindberg am 27. November 1896 endgültig Österreich, mit dem ihn in Hinkunft nur noch ein reger Briefwechsel mit Tochter Kerstin und Schwiegermutter Marie Uhl verbinden wird.

Und Exgattin Frida? Ruhelos zieht sie von einer Stadt zur anderen, aus der ersehnten Schriftstellerkarriere wird nichts. Einer kurzen Liaison mit Frank Wedekind entsprießt ein zweites Kind – es ist ein Sohn.

Am 14. Mai 1912 stirbt August Strindberg, Frida überlebt ihn um 30 Jahre. Ihr letztes Dezennium verbringt sie dort, wo sie ihr erstes verbracht hat: vertauscht den Trubel des vormals so sehr goutierten Gesellschaftslebens mit der Stille der Mondseelandschaft, zieht sich in die Villa Uhl zurück, umgeben nur von ihren Hunden. Ein Nachsommer der Verwilderung: Das Haus lässt sie ebenso verkommen wie sich selbst, in den Augen der Einheimischen eine von Geiz und Misstrauen bewusstseinsgestörte Eigenbrötlerin. *Lieb, Leid und Zeit* nennt sie die Geschichte ihrer »unvergeßlichen Ehe«; die bis dahin unveröffentlichten Briefe ihres Mannes sind das Herzstück des 1936 erscheinenden Buches.

Selbst mit ihrem Tod (im Vorfrühling des Kriegsjahres 1942) reißt das Fatal-Chaotische, das Frida Strindbergs gesamtes Leben geprägt hat, nicht ab: Über den unschönen Streitereien, wer von den Hinterbliebenen für die Bestattungskosten aufzukommen habe, bleibt ihr Grab auf dem Friedhof von Mondsee ohne Stein. Erst die nächste Generation bringt Ordnung in den Wirrwarr: An dem nunmehr in der Obhut der Gemeinde stehenden Ehrenmal blühen Vergissmeinnicht, Stiefmütterchen und Gänseblümchen; an der mustergültig wiederhergestellten Uhl-Villa gibt eine Gedenktafel Auskunft über die Ereignisse des Sommers 1893; und jene schwedischen Touristen, die nach Spuren ihres berühmten Landsmannes Ausschau halten, können sich an einem Straßenschild orientieren, das dessen Namen trägt.

Männerliebe

My Beloved Man
Benjamin Britten und Peter Pears

»Bis dass der Tod Euch scheidet« – auch bei Benjamin Britten und Peter Pears hat die alte Gelöbnisformel ihre Gültigkeit: Als der Komponist am 4. Dezember 1976 in seinem Haus in der englischen Grafschaft Suffolk stirbt, tut er dies in den Armen seines Lebensgefährten. Pears ist rechtzeitig von seiner Konzertreise in die USA und Kanada an den gemeinsamen Wohnsitz zurückgekehrt und verbringt die Nachtstunden bis 4.15 Uhr am Sterbebett seines »beloved man«. Heutzutage würde es von einem solchen Ereignis Fotos geben – vielleicht gar Fotos, die anderntags in allen Zeitungen und auf allen Fernsehschirmen zu sehen sind. Undenkbar bei einem Paar wie Britten und Pears, von dem zwar alle Welt wusste, dass sie beinahe 40 Jahre lang wie Mann und Frau zusammenlebten, die sich jedoch nur ein einziges Mal Arm in Arm abbilden ließen: als sie in Los Angeles zusammen aus dem Flugzeug stiegen.

Als Britten im November 1948 einen Luftpostbrief von Pears erhält, der sich gerade in Amerika aufhält, folgt der Schlussformel »much much love to you« ein PS, mit dem der Absender den Empfänger ermahnt, beim nächsten Mal das Kuvert zuzukleben – aus Versehen hat er es weit offen den Atlantik überqueren lassen.

Wieso diese Pedanterie, diese Geheimnistuerei? Weil bis zum Jahr 1967 in Großbritannien Homosexualität unter Strafe steht –

Bis dass der Tod euch scheidet: Benjamin Britten (links) und Peter Pears

erinnern wir uns nur an das Schicksal Oscar Wildes. Oder an den berühmten Schauspieler Sir John Gielgud, den noch 1954 der berüchtigte Paragraf ins Gefängnis bringt. Zwar hat sich eine vom britischen Innenminister 1954 eingesetzte 14-köpfige Kommission aus Juristen, Politikern, Psychiatern und Religionsvertretern darauf geeinigt, dass es nicht die Aufgabe von Recht und Gesetz sei, in das Privatleben der Staatsbürger einzugreifen und deren sexuelles Verhalten zu normieren, doch dauert es weitere 13 Jahre, bis der nach dem Vorsitzenden Lord John Wolfenden benannte Report tatsächlich Gesetzeskraft erlangt und die einvernehmliche Liebe zwischen erwachsenen Personen des gleichen Geschlechts entkriminalisiert. Es ist übrigens dasselbe Jahr 1967, in dem Queen Elizabeth und Prince Philip

143

dem weltberühmten Männerpaar Britten/Pears in ihrem Haus in Aldeburgh einen offiziellen Besuch abstatten. Wer von der heutigen jungen Generation kann sich vorstellen, dass Britten und Pears aus Vorsicht jahrzehntelang an getrennten Adressen festhalten? Das gemeinsame Heim in Suffolk läuft unter dem Namen Britten, der Londoner Zweitwohnsitz unter dem Namen Pears.

Wie finden Benjamin Britten, den die gesamte Musikwelt spätestens seit der Uraufführung seiner Oper *Peter Grimes* als Genie preist und Kollege Schostakowitsch auf eine Stufe mit Gustav Mahler stellt, und der Sänger Peter Pears zueinander? Der drei Jahre jüngere Britten, als viertes Kind eines Zahnarztes und einer hochmusikalischen Mutter in Lowestoft, der am Meer gelegenen östlichsten Stadt Englands, geboren und aufgewachsen, durchlebt mit 24 eine seiner schwersten Krisen: Der »fertige« Komponist, der bereits mit kammermusikalischen Werken, Liederzyklen und Filmsounds erste Erfolge vorzuweisen hat, muss den plötzlichen Tod seiner über alles geliebten Mutter verkraften. Sie ist es, die ihm das Klavierspielen beigebracht hat: Damit der Knirps an die Tasten heranreicht, wurden ihm zwei Pölster auf den Sessel gelegt. Als er mit fünf Jahren auch zu komponieren begann, erwachte in Edith Britten der feste Wille, aus ihrem Jüngsten ein Genie zu machen. Den drei B – Bach, Beethoven und Brahms – fügte sie beherzt ein viertes hinzu. Britten.

Auch Peter Pears, der als Tenor dem BBC-Chor angehört und den Britten im Künstlerkreis um den Dichter W. H. Auden kennenlernt (jenen Auden, der in späteren Jahren seine Zelte in der niederösterreichischen Weinheber-Gemeinde Kirchstetten aufschlagen und in Wien sterben wird), hat einen schweren Verlust zu beklagen: Sein Freund Peter Burra ist beim Absturz eines

Privatflugzeugs ums Leben gekommen. Pears bittet Britten, ihm beim Ordnen des Nachlasses zu helfen. Was Letzteren an seinem neuen Bekannten besonders anzieht, ist der merkwürdige Umstand, dass ihn Pears' weiche Stimme an die seiner Mutter erinnert. Außerdem verbindet sie der gemeinsame Beruf: Wird Pears vielleicht schon bald die von Britten komponierten Lieder in seine Programme aufnehmen? Und last but not least: Beide Männer sind homosexuell.

Noch im selben Jahr beziehen sie eine gemeinsame Wohnung am Nevern Square in London und bald darauf eine weitere in Brittens Heimat Suffolk: Die ehemalige Malzmühle in Aldeburgh bietet dem Paar ausreichend Raum, um sowohl miteinander zu leben wie auch getrennt voneinander zu arbeiten. Beides funktioniert hervorragend – es wird eine künstlerische Symbiose werden, wie sie in der Musikwelt einzigartig ist. Verreist einer von ihnen (Pears seiner Konzerte wegen häufiger als Britten), gehen Briefe hin und her. 365 davon haben sich erhalten, füllen einen (erst 2016 veröffentlichten) Wälzer von 452 Seiten und geben Einblick in das Denken und Fühlen zweier Männer, die ganz offensichtlich füreinander bestimmt sind. Ist es schon allgemein unter Künstlern Usus, sich emphatischer und freizügiger zu äußern als »Normalmenschen«, so kann sich dies im Miteinander jener Spezies, die sich nicht ohne Grund »gay« oder gar »queer« nennt, noch steigern. Auch gibt die Sprache der angeblich so kühlen Engländer in puncto Sympathie- und Liebesbezeugungen mehr her als die deutsche, beziehungsweise kommt sie lockerer und unbefangener zum Einsatz. Da wird die Kellnerin, bei der man sein Steak ordert, schon mal »honey« gerufen, wildfremde Menschen nennen einander »dear«, und wo unsereins seinen Brief mit »lieben Grüßen« beschließt, verabschiedet sich der Engländer mit »heaps of love«. Die Korrespondenz zwischen Benjamin Britten und Peter Pears bietet dafür Beispiele, die mitunter sogar die Grenzen des guten Geschmacks überschreiten, ja peinlich, lächerlich oder kindisch anmuten, im besten Fall rührend. Aus dem »darling« des ersten Briefes wird schon im zweiten ein »honey darling« und im nächsten ein »honey bunch« oder eine »honey bee«. Gemessener wird es erst in Brittens Todesstunde: Der Brief, den Pears am 17. November 1976 von seinen Konzertproben in Los Angeles an den sterbenden Freund in der Heimat schreibt, endet mit einem schlichten »I love you«, dies allerdings drei Mal hintereinander.

Ja, es ist eine in jeder Hinsicht ungewöhnliche und ungewöhnlich erfüllte Beziehung, die diese beiden Männer verbindet. Nicht nur, dass sie »menschlich« wie in eroticis wunderbar harmonieren, in der Haushaltsführung ebenso wie auf Reisen einander perfekt ergänzen und jede Unstimmigkeit im Zusammenleben augenblicklich aus der Welt räumen, haben sie auch das Glück, ihrer beider Berufsleben aufeinander abzustimmen. Wo Künstlerehen, insbesondere solche aus der gleichen Sparte, häufig der Gefahr ausgesetzt sind, an Konkurrenzkonflikten zu scheitern, ist es im Fall Britten/Pears gerade ihr Betätigungsfeld, das sie eint: die Musik. Allerdings die Musik in unterschiedlicher Gestalt: Der eine ist Komponist, der andere Sänger. Wären sie beide Komponist oder beide Sänger und stünden somit untereinander in Wettstreit – wer weiß, wie sich eine ansonsten noch so glückliche Beziehung entwickeln würde. So aber konkurrieren sie nicht miteinander, sondern ergänzen sich im gemeinsamen Werk. Von den Michelangelo-Sonetten des Jahres 1941 bis zum Alterswerk *Death in Venice* schreibt Benjamin Britten einen Großteil seiner Partituren für die Tenorstimme des Partners, und wenn der eine auf der Bühne steht, hört ihm der andere vom Parkett aus zu. Gemeinsam reisen sie an die Orte ihrer Veranstaltungen, gemeinsam nehmen sie an Proben teil, gemeinsam nehmen sie den Applaus des Publikums entgegen. Pears ist 1945 der erste Peter Grimes, 1973 der erste Gustav Aschenbach, und bei der Oper *A Midsummer Night's Dream* arbeitet Pears sogar als Co-Autor mit.

Dass die Hauptfiguren in Brittens Opern fast durchwegs männlichen Geschlechts sind, hat unter den Musikologen wieder und wieder die Frage aufgeworfen, ob dies mit der sexuellen Orientierung des Komponisten zusammenhängen könnte, ja ob es vielleicht gar so etwas wie einen spezifisch homosexuellen musikalischen Ausdruck gibt. Sein Biograf Norbert Abels beschreibt Brittens Werk als »affektgeladen bis zum Äußersten«, es »durchmesse die ganze Skala menschlicher Passionen«. Im Übrigen verweist er auf ein Statement von Peter Pears: »Ich glaube nicht, daß Bens Privatleben eine Rolle in der Veranlagung seiner künstlerischen Persönlichkeit gespielt hat. Er war einfach ein musikalisches Genie.« Ob es sich Pears mit dieser Deutung nicht doch etwas zu leicht macht? Da ist zum Beispiel die Figur des Fischers Peter Grimes, dem die Leute im Dorf den Mord an seinem Lehrbuben unterstellen, ihn aus der Gemeinschaft ausstoßen und in den Tod treiben. Da ist ferner der Seemann Billy Budd, den seine körperliche Behinderung zum Mörder werden lässt (übrigens ein Bühnenwerk, in dem es keine einzige Frauenrolle und auch keine einzige Liebesszene gibt). Und da ist schließlich der Knabe Tadzio, dessen Schönheit der dem Sterben nahe Schriftsteller Gustav Aschenbach verfällt.

Diese Häufung männlicher Sujets in Brittens Werk ist ohne Frage eine direkte Folge seiner lebensbestimmenden Hinneigung zum eigenen Geschlecht. Wenn Pears, der seine Homosexualität viel offensiver und offener auslebt als der von Natur aus zurückhaltende Britten, diesen Zusammenhang leugnet und ausschließlich künstlerische Gründe gelten lässt, will er nichts anderes als den Freund schützen, dem sein anerzogener Puritanismus niemals ein Coming-out erlauben würde. Selbst in den Briefen, die sie einander schreiben, bleibt bei aller Zärtlichkeit der Formulierungen Amouröses sorgsam ausgespart.

Mit den Jahren – der Briefband *My Beloved Man* zeigt es klar – geht die Häufigkeit des Schriftverkehrs zwischen Britten und Pears zurück, aber nicht, weil die Intensität ihrer Beziehung nachließe, sondern weil man nun in den Phasen des Getrenntseins zum Telefonieren übergeht. Beide sind viel auf Reisen, der Sänger mehr als der Komponist: Aus dem Choristen des BBC ist inzwischen ein weltweit gefragter und erfolgreicher Solist geworden. Nicht nur Britten wird von der Queen in den Adelsstand erhoben, zwei Jahre nach ihm auch Pears.

Was unter vielem anderen Britten von Pears unterscheidet, ist die starke Kinderliebe des Ersteren. Kaum ein zweiter Komponist des 20. Jahrhunderts räumt dem Thema Adoleszenz in seinem Œuvre so viel Platz ein wie er. »Ich liebe es«, erklärt er in einem seiner seltenen Interviews, »für Kinder zu komponieren, und ich liebe die Klänge, die sie beim Singen erzeugen.« *Friday Afternoons*, *A Ceremony of Carols* und *The Golden Vanity* (Letzteres den Wiener Sängerknaben gewidmet) sind nur drei der Werke, die er für Kinderchöre schreibt. Mit *The Little Sweep* und *Noye's Fludde* entstehen sogar zwei Kinderopern, und bei dem Orchesterwerk *Children's Crusade*, einer seinem deutschen Kollegen Hans Werner Henze gewidmeten Brecht-Vertonung, finden sich die Protagonisten sogar im Werktitel wieder.

Zur Erklärung dieses Phänomens wird gern auf Brittens Persönlichkeitsentwicklung verwiesen: Zeit seines Lebens habe er niemals die Sphäre der eigenen Reifung verlassen, sei in vieler Hinsicht Kind geblieben. Der gleichaltrige englische Schriftsteller Ronald Duncan, der für ihn das Libretto der Kammeroper *The Rape of Lucretia* geschrieben hat, berichtet von einem Erlebnis, das sich Ende der 1940er-Jahre zugetragen hat: Humpelnd begegnet ihm in einem Hotelflur der 35-jährige Britten, und auf die Frage, was ihm denn zugestoßen sei, gibt dieser zur Antwort, nein, nein, er sei völlig okay, versuche nur, den Flur auf und ab zu gehen, ohne die roten Linien des Teppichs zu überschreiten. Wenn ihm dies gelinge, so seine Erklärung, bedeute dies, dass er ein wirklicher Komponist sei.

Mit demselben Ronald Duncan und dessen Frau kommt es in späteren Jahren zu einem Ereignis, das Brittens Hingezogensein zu Kindern in ein geradezu grelles Licht rückt. Das Ehepaar Duncan hat einen zwölf Jahre alten Sohn, der nach Brittens Ansicht von seinen Eltern vernachlässigt wird. Sei es, dass der Komponist selbst gern Vater wäre und über die Möglichkeit einer Adoption nachdenkt, oder sei es gar, dass in ihm pädophile Neigungen schlummern – Britten bietet jedenfalls Freund Duncan seine Dienste als Ersatzvater für dessen Sohn Roger an. »Was hieltet ihr davon«, fragt er die beiden Eheleute, »wenn ich Roger in seiner Schule besuche, ihn während der Ferien ein paar Tage zu mir hole und ihm ab und zu mit kleinen Geschenken Freude bereite?« Die Eltern, dankbar für die zeitweilige Entlastung, stimmen gerne zu. Und auch Roger selbst weiß die Zuwendung des Älteren zu schätzen, freut sich über dessen Mithilfe bei den Hausaufgaben, über die gemeinsamen Besuche im Eissalon oder über das funkelnagelneue Fahrrad, das ihm sein Mentor kauft. Je älter er wird, desto klarer wird dem Buben, dass die Gefühle, die Britten für ihn empfindet, nicht gänzlich frei sind von verstecktem erotischen Begehren. Umso dankba-

149

rer ist er ihm, dass er sich streng zurückhält und jede körperliche Annäherung unterlässt.

Auch sonst hält der Privatmensch Benjamin Britten seine Mitwelt auf Abstand, dafür sorgen schon seine angeborene Schüchternheit und seine puritanische Erziehung. Dazu kommt seine mit fortschreitendem Alter nachlassende Gesundheit, die ihn leutscheu macht. Bei seiner Amerika-Tour im Jahr 1949 schließt sich Britten während einer Konzertpause ins Badezimmer ein und lässt dem prominentesten Besucher des Abends, dem zur Gratulation bereitstehenden Kollegen Arnold Schönberg, ausrichten, dass er ihn wegen Unpässlichkeit nicht begrüßen könne.

Peter Pears, selbstverständlich auch in allen gesundheitlichen Krisen des »beloved man« treu und hilfsbereit an dessen Seite, erhält dennoch in Brittens letzten zwei Lebensjahren »Konkurrenz« – und erstaunlicherweise in Gestalt einer Frau. Kurz nach Fertigstellung von *Death in Venice* wird Britten im National Heart Hospital am Herzen operiert. Krankenschwester Rita Thomson, die sich mit besonderer Hingabe des Patienten annimmt, soll auf Empfehlung von Hausarzt Jan Tait ihren Job kündigen, sich gänzlich der Pflege Brittens widmen und in dessen Haus in Aldeburgh einziehen. Auch auf seiner letzten Venedig-Reise ist die junge Schottin mit von der Partie. Pears, der seinen Lebensgefährten im Rollstuhl ans Hotelfenster schiebt, um ihm noch einmal den Blick auf die geliebte Stadt zu ermöglichen, erkennt, dass die ebenso sympathische wie resolute Frau sich in den 62-Jährigen verliebt hat.

Auch als man wieder in England ist, geht Mrs. Thomsons Obsorge um ihren Patienten weit über das Übliche hinaus, und dieser dankt es ihr auf seine Weise: mit dem liebevollsten

Lächeln, das man seit Jahren auf seinem Antlitz gesehen hat. Was jedoch – über alle Eifersucht hinaus – zu einer tatsächlichen Entfremdung zwischen Britten und Pears führt, ist, dass der »Engel«, wie ihr Patient sie fortan nennt, auch in die Geschicke des Aldeburgh-Festivals eingreift, das Britten und Pears 1948 ins Leben gerufen und zu einer internationalen Marke gemacht haben, die Sommer für Sommer die Elite der Musikwelt in das Städtchen in der Grafschaft Suffolk lockt. Rita ist nun auf einmal die Herrin im »Red House«, drängt Pears in den Hintergrund, ja bezichtigt ihn gar, als er sich anschickt, neue Freundschaften einzugehen, des Treuebruchs und sexueller Ausschweifung.

Ein Ende der großen Liebe zwischen Britten und Pears bedeutet dies allerdings nicht, kann es nicht bedeuten. Die Freunde finden wieder zueinander, teilen weiterhin Tisch und Bett (wiewohl aus Letzterem längst ein Krankenbett geworden ist), und Peter Pears ist es auch, der dem Geliebten in der Nacht vom 3. auf den 4. Dezember 1976 die Augen schließt. Während Rita Thomson den Todkranken auf sein Sterben vorbereitet, weilt Pears außer Landes: Er ist vertraglich verpflichtet, seine Lehr- und Konzertreise nach Los Angeles und Toronto zum Abschluss zu bringen. Durch ein Telegramm aus Aldeburgh alarmiert, tritt er so rasch wie möglich den Rückflug nach England an, eilt ans Krankenlager des vom Tod Gezeichneten. Seinem Wunsch, mit ihm in der Stundes des Todes allein zu sein, kann sich Rita Thomson schwerlich widersetzen: Er schickt sie zu Bett. Auch beim Abschiedsgottesdienst in der Parish Church, beim Trauerzug durch die Hauptstraße von Aldeburgh und beim Begräbnis auf dem Ortsfriedhof muss sich der »Engel« mit der zweiten Reihe begnügen. Benjamin Brittens Worte »My life is inextricably bound up in yours« behalten bis zum Schluss ihre Gültigkeit.

Menschenliebe

Honorar: ein Vaterunser
Armenarzt Dr. Ladislaus Batthyány

Wenn er Leute operiert, die sich einen kostspieligen medizinischen Eingriff nicht leisten können, verzichtet er auf das Honorar und bittet sie, statt dessen ein Vaterunser für ihn zu beten. Manchen seiner mittellosen Patienten drückt er nach erfolgter Behandlung sogar ein Schmerzensgeld in die Hand. So etwas spricht sich natürlich herum, und so kommen immer öfter auch Schlaumeier in seine Ordination, schützen eine Krankheit vor, die sie gar nicht haben, und kassieren »ihren« Obolus. Ein Bub plappert es offen aus: »Herr Doktor, die Mutter hat gesagt, wir haben kein Geld zum Brotkaufen, ich soll mir einen Zahn ziehen lassen, damit ich von Ihnen einen Gulden kriege.« Dr. Batthyány lacht, klopft dem Kleinen auf die Schulter und erwidert: »Den Zahn lassen wir drinnen. Du wirst sehen, er tut gleich nicht mehr weh. Und hier hast du *zehn* Gulden!«

Ja, seinen Ehrentitel »Arzt der Armen« trägt er zu Recht, dieser Dr. Ladislaus Batthyány aus Kittsee, den die Leute respektvoll mit »Herr Fürst« anreden, ja fast wie einen Heiligen anbeten. Dass er als Großgrundbesitzer, der ein beträchtliches Vermögen geerbt hat, sich solche Generosität leisten kann, besagt wenig: Auch andere Leute sind reich und rücken dennoch keinen Heller heraus. Was Dr. Batthyány von jenen unterscheidet, ist, dass er christliche Nächstenliebe nicht nur predigt, sondern Tag für Tag praktiziert.

Seitdem er sich auf die Augenheilkunde spezialisiert hat, kommen scharenweise Sehschwache in seine Praxis, um sich vom Herrn Doktor eine Brille verschreiben zu lassen. Für Fälle, wo es den Leuten am nötigen Geld fehlt, hat Dr. Batthyány mit dem örtlichen Optiker ein Abkommen getroffen: Sie bekommen ihre Brille gratis ausgefolgt, und die Rechnung geht an *ihn*.

Auch in dem aus seinen eigenen Mitteln errichteten Kittseer Spital trifft Dr. Batthyány jede erdenkliche Vorsorge, dass sich die zur Behandlung eingelieferten Kranken wohlfühlen. Für jüdische Patienten lässt er gar koscheres Essen zubereiten. Doch vor allem die Bauern der Gegend – das heute burgenländische Kittsee liegt im österreichisch-slowakisch-ungarischen Grenzgebiet – lieben »ihren« Fürsten, der ihnen bei schlechter Ernte den Pachtschilling erlässt und bei Brandkatastrophen Baumaterial schenkt.

Dass er lange über seinen Tod hinaus als Wohltäter verehrt und im Frühjahr 2003 im Petersdom zu Rom seliggesprochen wird, bedarf also keiner weiteren Begründung. Dabei ist Ladislaus Batthyány keineswegs von allem Anfang an der »Gutmensch«, als der er in die Geschichte eingeht: In jungen Jahren ein wahrer Hallodri, dem sein ausschweifender Lebenswandel mehr bedeutet als jeder Gedanke an Not leidende Mitbürger, wird er sich erst vom Tag seiner Eheschließung an zum Altruisten läutern. Aber setzt nicht gerade dies seiner Biografie ein weiteres Glanzlicht auf? Das christliche Weltbild liebt seit eh und je den Saulus, der sich zum Paulus wandelt …

Es ist noch das alte Österreich-Ungarn, in das Ladislaus Batthyány hineingeboren wird: In Dunakiliti im Komitat Moson-Wieselburg kommt er am 28. Oktober 1870 zur Welt. Als »Laci«, wie er von den Seinen gerufen wird, fünf Jahre alt ist, verwüstet ein Donau-Hochwasser das elterliche Anwesen: Man übersiedelt nach Kittsee, wo die Familie ein Schloss besitzt.

Zum Schulbesuch wird der Sechsjährige zusammen mit seinem älteren Bruder zu den Jesuiten nach Kalksburg geschickt. Da der patriotisch gesinnte Vater jedoch auf einer *ungarischen* Ausbildung besteht, ist die nächste Station des Heranwachsenden die Mittelschule von Kalocsa im Komitat Pest. Dort fliegt der Lausbub allerdings hochkantig hinaus, nachdem er einen ihm verhassten deutschstämmigen Professor »Sau-Preiß« geheißen und in der Pfarrkirche Tinte ins Weihwasserbecken geschüttet hat. Die Matura am Gymnasium von Ungvar schafft er nur mit Ach und Krach; auch beim Studium an der Wiener Universität zeigt er wenig Eifer. Entgegen dem Wunsch der Eltern, die ihn – als künftigen Gutsherrn – gern in der Bodenkultur inskribiert sähen, interessiert sich Ladislaus eher für Chemie und Astronomie, ehe er sich schließlich – nach etlichen verbummelten Semestern – fürs Medizinstudium entscheidet.

Aus einer der zahlreichen Liebschaften in diesen Jahren geht ein uneheliches Kind hervor. Sein Lotterleben gibt der junge Batthyány erst auf, als er, noch vor seiner Promotion, in den Ehestand tritt: Maria Theresia Coreth zu Coredo und Starkenberg entstammt einem Südtiroler Grafengeschlecht, die Mutter ist Russin. »Misl«, wie der junge Ehemann seine Angetraute ruft, versteht es, ihre tiefe Religiosität auch auf »Laci« zu übertragen: Aus dem Lebemann wird ein Familienmensch mit zwölffachem Nachwuchs, und den Arztberuf übt er mit solcher Hingabe aus, dass er sich schon bald nicht mit seiner Ordination begnügt, sondern auf dem Gelände des Kittseer Gutes ein Spital errichtet, dem nach einiger Zeit ein zweites in Körmend folgt, 130 Kilometer von seinem Stammsitz entfernt.

Armenarzt Ladislaus Batthyány, hier mit seiner Frau

Als Kreisarzt im mehrsprachigen Grenzland hat es Dr. Batthyány mit einem bunten Völkergemisch zu tun; zum vertrauten Ungarischen und Deutschen muss er noch Slowakisch und Kroatisch dazulernen. In seiner Ordination herrscht ein ständiges Gedränge, an manchen Tagen stehen fünf und mehr Operationen an. Dennoch liebt er sein Metier: »Ich danke meinem Herrgott«, schreibt Batthyány in sein Tagebuch, »daß er mich zum Arzt berufen hat.«

Apropos Herrgott: Vor jeder Operation verrichtet Dr. Batthyány ein stilles Gebet, und beim Abschied drückt er seinen Patienten eine Broschüre in die Hand, die er selbst verfasst hat: Anleitungen zum religiösen Leben. Dass er trotz seines gewaltigen Arbeitspensums niemals die tägliche Morgenmesse in der Schlosskapelle versäumt, ja sogar ministriert und das Harmonium spielt, wenn Messdiener oder Organist ausbleiben, zeigt, über welch enorme Energien dieser Kraftmensch verfügt. Auch als Familienvater lässt er es nie an der nötigen Zuwendung fehlen: Sein Klavierspiel und seine Zauberkunststücke betrachtet er als willkommenen Ausgleich.

Natürlich bleiben auch einem Mann wie ihm Enttäuschungen, ja schwerste Schicksalsschläge nicht erspart. Als Ödön, der älteste seiner Söhne, mit 21 an einem Darmverschluss stirbt, ohne dass die ärztliche Kunst des Vaters dem unter furchtbaren Qualen Leidenden helfen kann, greift Dr. Ladislaus Batthyány zur Feder und widmet dem Erstgeborenen eine 28-seitige Gedenkschrift.

Auch sein eigenes Ende ist nicht frei von Tragik: Ausgerechnet er, der im Laufe seines Berufslebens so vielen Krebspatienten beigestanden ist, erkrankt mit 58 an einem Blasenkarzinom, ist die letzten 14 Monate ans Spitalsbett gefesselt. Sein Krankenzimmer im Wiener Privatsanatorium Löw verwandelt sich in eine Pilgerstätte: Selbst aus den entferntesten burgenländischen Gemeinden reisen ehemalige Batthyány-Patienten an, um dem »Arzt der Armen« ihre Reverenz zu erweisen.

Kardinal Piffl, obwohl einer schweren Erkältung wegen außer Dienst, lässt es sich nicht nehmen, den in der Alserkirche Aufgebahrten einzusegnen. Der Leichnam wird zunächst nach Körmend überführt und schließlich – nach nochmaliger feierlicher Verabschiedung – in der Familiengruft zu Güssing beigesetzt.

Unter dem Eindruck des nicht abreißenden Besucherstromes, der vom Tag der Bestattung an Verehrer aus allen Teilen Österreichs und Ungarns in die Krypta des Güssinger Franziskanerklosters führt, setzen schon bald erste Bemühungen ein, den Seligsprechungsprozess für Dr. Ladislaus Batthyány einzuleiten, und im Kriegswinter 1944/45, 13 Jahre nach seinem Tod, nimmt die Sache auch offiziellen Charakter an: Ein Fürbittbuch wird aufgelegt, in dem sich die Besucher eintragen können, und sie tun es nicht nur in beträchtlicher Zahl, sondern auch mit den rührendsten Bezeugungen anhaltender Dankbarkeit und neuer Hoffnung.

Man weiß es aus der Kirchenpraxis: Beatifikationen brauchen ihre Zeit. Erst 1989 wird der für derlei Verfahren zuständigen vatikanischen Ritenkongregation das obligate *Wunder* zur Prüfung vorgelegt: Es betrifft einen 46-jährigen Krebspatienten aus der Diözese Pécs, der, von den behandelnden Ärzten bereits aufgegeben, nach neuntägiger Anrufung des Fürsprechers Batthyány, der sogenannten »Novene«, auf unerklärliche Weise gesundet – und das auf Dauer. Am 5. Juli 2002 gibt der Vatikan, nachdem auch die mit der Untersuchung des Falles betraute Medizinerkommission die plötzliche Heilung des Todeskandidaten für unbegreiflich erklärt hat, grünes Licht für den positiven Abschluss des Seligsprechungsprozesses.

Als Reliquien werden Batthyánys Leichnam Gewebsteile des Herzens sowie Splitter des Finger- und Handwurzelknochens entnommen; der in einer Budapester Goldschmiedewerkstatt angefertigte, mit Silber und Edelsteinen verzierte gläserne Behälter, auf der einen Seite mit der Bibelszene »Jesus heilt den Blindgeborenen« und auf der anderen mit einem Pelikan, dem Wappentier der Batthyánys, versehen, wird nach Rom geschafft; am 23. März 2003 nimmt Papst Johannes Paul II. auf dem Petersplatz im Beisein des Wiener Erzbischofs Kardinal Schönborn, des ungarischen Staatspräsidenten Ferenc Madl sowie Tausender Pilger aus Österreich und Ungarn jene Zeremonie vor, die dem Burgenland, dem jüngsten österreichischen Bundesland, seinen ersten Seliggesprochenen beschert

157

Eigenliebe

Himmelblau
Silvio Berlusconi und Silvio Berlusconi

Ich schreibe dieses Kapitel am 13. November 2017, jenem schwarzen Dienstag, an dem die blauen Götter des italienischen Fußballs, die »Azzurri«, aus dem Vorentscheid für die 2018 in Russland anberaumte Weltmeisterschaft hinausgeflogen sind. Viermal als Sieger gefeiert, haben sie nun, 84 Jahre nach ihrem ersten Triumph, nicht einmal mehr die Chance, Letzte zu werden. Wegen eines läppischen 0:0 gegen Schweden – einfach nicht mehr dabei! Das Fernsehen hat es uns gezeigt: wie den Spielern nach dem Match die Tränen flossen. Und gar erst die Zeitungskommentare an den der Katastrophe folgenden Tagen: Staatstrauer in Italien, Mitleid oder Häme im Rest der Welt.

Ja, Häme: »Silvio Berlusconi muss es richten!«, titelt die sonst so seriöse Wiener *Presse.* Ja, was hat denn der Ballverlust der italienischen Fußballnationalmannschaft mit dem umstrittenen Parteigründer und Politiker zu tun? Eine ganze Menge: Erstens sind genau in diesen Tagen die Zeitungen voll von Spekulationen über ein neuerliches Comeback des viermaligen Regierungschefs. Und zweitens lässt der Mailänder Cavaliere nach wie vor (oder mehr denn je) keine Gelegenheit aus, sich als Heilsbringer zu preisen. »Mit mir«, so tönt er, »kann sich keiner vergleichen, nicht in Europa und nicht in der Welt.«

Weitere Beispiele aus Berlusconis Zitatenschatz gefällig? Bitte sehr: In Anspielung auf seine sattsam bekannten Haarprobleme verkündet der 65-Jährige am 19. April 2002: »Durch mein politisches Engagement hat sich mein Gehirn so stark vergrößert, dass kein Platz mehr ist für Haare.« Und im Jahr darauf, als ihm wegen Korruptionsvorwürfen der Prozess gemacht wird: »Ja, es stimmt: Alle sind vor dem Gesetz gleich. Aber ich bin gleicher.« Begründung: »Weil mich die Mehrheit des Volkes gewählt hat.«

Und solch ein Wunderwuzzi sollte nicht imstande sein, die Scharte auszuwetzen, die dem Nationalstolz der Italiener durch den Ausschluss von der Fußball-WM zugefügt worden ist? Unser *Presse*-Satiriker zählt sie alle auf – die Hoffnungsträger, mit deren Hilfe Silvio Berlusconi eine Ausnahmeregelung für Italien erkämpfen und die »Azzurri« doch noch WM-reif machen könnte: Fifa-Boss Gianni Infantino, die Mafia und den Vatikan. Schließlich sind sie alle seine Landsleute. Und Gastgeber Wladimir Putin ist sowieso ein guter alter Amico.

Wer den Schaden hat, braucht für den Spott nicht zu sorgen, sagt das Sprichwort. Aber Berlusconi, der Champion des Narzissmus, ist es gewohnt, für seine großsprecherischen Tiraden verhöhnt zu werden, und auch der durch geringfügige Buchstabenumstellung kreierte Spitzname, mit dem man ihn für seine Possen bestraft, lässt ihn kalt: Burlesquoni.

Ob er wohl von dem Büchlein weiß, das vor einiger Zeit in einem Münchner Verlag erschienen ist? Es ist mir unlängst in die Hände gefallen: Es hat 96 Seiten im Postkartenformat und zeigt auf dem Umschlag eines jener selbstgefälligen, selbstverliebten Porträtfotos, wie man sie von Berlusconi kennt. Was das Besondere an dem kleinen Werk ist: Seine Seiten sind leer. Es ließe sich also gut als Notizbüchl verwenden. Aber so ist das vom Herausgeber, einem gewissen Mario Rossi, natürlich nicht gemeint. Denn das Büchl hat auch einen Titel, und der lautet: *Bleibende Werte – Die politischen Verdienste des Silvio Ber-*

Leere Buchseiten: Polemische Abrechnung mit Narzisst Berlusconi

lusconi. Dass dem Titel keine einzige Zeile Text folgt, ist weder auf die Einfallslosigkeit des Herausgebers noch auf ein Versagen der Druckerei zurückzuführen, sondern – erraten! – es ist der Sinn des Ganzen: die lautlose Abrechnung der italienischen Zivilgesellschaft mit der vermeintlichen Substanzarmut ihres Staatschefs.

Man wird sie nicht gerade einen Paukenschlag nennen können, diese Petitesse aus dem Herbert Utz Verlag, aber kraft ihrer »Sprachlosigkeit« kann sie immerhin als originelle Polemik durchgehen – gut geeignet als Geschenk für Italiener, die noch immer dem greisen Egomanen aus Mailand auf den Leim gehen, ja ihm bei Wahlen ihre Stimme geben. Ich werde mir also wohl noch ein paar Exemplare besorgen, sie kosten nicht viel und werden vielleicht doch den einen oder anderen Berlusconi-Anhänger zum Überdenken seines Standpunkts veranlassen. Einen Schönheitsfehler hat das Büchlein übrigens doch: Mit dem Untertitel *Mit keinem Nachwort von Ruby R.* nimmt der Verlag auf Berlusconis viel diskutiertes Gspusi mit jenem minderjährigen marokkanischen Escort-Girl Bezug, das den amtierenden Ministerpräsidenten 2011 vor Gericht gebracht hat. Geschmacklosigkeit gegen Geschmacklosigkeit – das ist denn doch zu billig. Hätte nicht müssen sein.

Es gibt natürlich auch eine Menge »richtige« Bücher über das Phänomen Berlusconi, wobei auffällt, dass der größere Teil davon kritischer, wenn nicht überhaupt spöttischer Natur ist. Ein so hemmungsloser Narziss wie er darf sich nicht wundern, wenn ihn manche der Autoren als Trickspieler, als »Zampano«, als »Sultanato« oder als »Clown« schmähen und seine Politik als »One Man Show«. Da werden ihm die Winkelzüge, mit denen die Nummer fünf unter den reichsten Männern Italiens sich ihre Besitztümer und ihr Medienimperium verschafft hat, ebenso vorgehalten wie seine egozentrische Politik – etwa, wenn er, der Bilanzfälschung angeklagt, das betreffende Gesetz außer Kraft setzen lässt oder, mit Blick auf seine Erben, die Erbschaftssteuer abschafft.

Was die Vergleiche mit Mussolini betrifft, die von manchen seiner Kritiker angestellt werden, so beschränkt man sich schonungsvoll aufs Äußere: Beide hätten die gleiche (kleinwüchsige) Statur, und beide ähnelten einander in den lächerlichen Ritualen ihres eitlen Posierens. Was ihrer beider Politik betrifft, kann es nicht verwundern, dass Berlusconi den »Duce« (so geschehen in einem Zeitungsinterview) in Schutz nimmt: Immerhin habe Mussolini »im Gegensatz zu Hitler niemals jemanden umgebracht, sondern sich darauf beschränkt, die destabilisierende Opposition in Zwangsurlaub zu verbannen«. Und was allfällige

Vergleiche mit US-Großmaul Donald Trump betrifft, lässt Berlusconi als Gemeinsamkeit nur gelten, dass er wie dieser gern »twittert«.

Lieber sind ihm Vergleiche mit historischen Größen wie Napoleon, wenn nicht gar Moses, kein heutiger Leader könne ihm das Wasser reichen. Im Rückblick auf seine Zeit als Bau-Tycoon brüstet er sich damit, »ganze Städte errichtet« zu haben, und den Vorwurf, während einer seiner Amtszeiten als Regierungschef das Wissenschaftsbudget gekürzt zu haben, pariert er mit der abenteuerlichen Antwort: »Wozu sollen wir Wissenschaftler bezahlen, wenn wir die schönsten Schuhe der Welt anfertigen?« Giovanni di Lorenzo, der (halbitalienische) Chefredakteur der deutschen Wochenzeitung *Die Zeit*, hat kürzlich die Ansicht geäußert, es gehöre zu den Ungereimtheiten der italienischen Mentalität, dass Berlusconi von vielen seiner Landsleute nicht *trotz*, sondern gerade *wegen* seiner Skandale bewundert wird.

Ein namhafter italienischer Schriftsteller, Drehbuchautor und Regisseur, der aus Sizilien stammende Andrea Camilleri, hat sich zum Auftakt der zweiten Regierungsperiode Silvio Berlusconis (2001 bis 2005) zu einer Satire aufgeschwungen, die sich keinen Geringeren als Goethe zum Vorbild nimmt. In seinem *Faust 2001* lässt er einen steinreichen Manager, der soeben eine Partei gegründet hat und vor seinem ersten Wahlkampf steht, einen Pakt mit dem Teufel schließen – mit dem Ziel, seine Glatze loszuwerden: »Ich würde alles dafür geben, wenn ich nur meine Haare wiederhätte.« Der Teufel lässt seinen Klienten unter mehreren Modellen wählen und garantiert ihm, dass er bis zu seinem Tod kein einziges von seinen neuen Haaren verlieren werde. Jetzt geht es nur noch um die Gegenleistung des Klienten: »Sie wünschen also, wie es die Tradition ist, meine Seele?«

Höhnisch lässt unser Satiriker den Teufel auflachen: Ja, wisse der Klient denn nicht, dass man schon lange nicht mehr an Seelen interessiert sei?

Ja, woran denn dann?

Der Teufel gibt bereitwillig darüber Auskunft, welche Gegenleistung er von seinem Verhandlungspartner erwarte: dessen materielle Reichtümer, also seine Firmen, seine Gelder, seine Bankkonten, seine Liegenschaften samt Immobilien. 85 Prozent von allem.

Unser Krösus, einerseits eine triumphale politische Karriere vor Augen, andererseits unnachgiebig an seinen Besitztümern hängend, zeigt sich entsetzt über die Höhe der Forderung. Der Teufel lässt nicht locker: Mit der neuen Haarpracht auf den Wahlplakaten werde sein Klient doch haushoch die Wahl gewinnen!

Andrea Camilleris sarkastische Schlusspointe: Er lässt seinen Protagonisten kurz überlegen, dann wendet sich dieser abrupt vom Teufel ab und entscheidet: »Nein, danke, dann lasse ich doch lieber die Fotos retuschieren!«

Ja, die äußere Erscheinung – sie ist dem Cavaliere das Wichtigste von allem. Im Italienischen gibt es dafür einen eigenen Begriff: *bella figura*. Als Berlusconi 2004 für drei Wochen »untertaucht«, um sich liften, die Tränensäcke verkleinern und die Gesichtszüge straffen zu lassen, erntet er nicht nur Spott, sondern auch Lob, vor allem vonseiten der Frauen in seiner Partei. Stefania Prestigiacomo, die Ministerin für Gleichstellung in Berlusconis Kabinett, jubelt: »Es ist nicht das erste Mal, dass sich ein Politiker liften lässt, aber es ist das erste Mal, dass er es auch zugibt.« Sechs Monate später sucht Berlusconi neuerlich eine Schönheitsklinik auf, diesmal in Ferrara und diesmal zur Haartransplantation. Von da an tritt er niemals mehr in der

Öffentlichkeit auf, ohne zuvor von seiner Visagistin »präpariert« worden zu sein.

Zu Berlusconis Körperkult, den er übrigens auch in Reden und Interviews ausdrücklich propagiert, gehören Jogging und Gymnastik ebenso wie die von seinem Leibarzt Umberto Scapagnini empfohlene Diät: »Er isst nur natürliche Sachen, Pasta mit leichten Saucen, geröstetes Gemüse, wenig Wein und zwar ausschließlich roten.« Und sollte doch wieder einmal das Bäuchlein anschwillen, kommt augenblicks eine Fettabsaugung und eine Entschlackungskur aufs Programm. Als Nahrungsmittel, die der Krebsvorbeugung dienen, schwört er auf Brokkoli und Tomaten aus Pachino; und um dem aus unreifen Oliven kaltgepressten Olivenöl nachzuforschen, das Kleopatra als Schönheitsmittel verwendet haben soll, unternimmt Berlusconi an der Seite des Gelehrten Prof. Mordechai eine Studienreise ans Tote Meer.

Die Gefallsucht des Cavaliere findet nicht zuletzt in dessen Farbwahl Ausdruck. Nicht erst seit seiner Präsidentschaft beim Fußballclub AC Milano, den Berlusconi 1987 gründete und beim Debüt-Match per Hubschrauber auf dem Spielfeld landen und unter den Klängen von Richard Wagners *Walkürenritt* paradieren ließ, ist Blau seine Lieblingsfarbe. Schon die Spieler der italienischen Nationalmannschaft werden von ihren Fans liebevoll »Azzurri« genannt, und auch die Funktionäre der Berlusconi-Partei *Forza Italia* kleiden sich gern himmelblau. Berlusconi selbst achtet darauf, dass er bei Fototerminen im Freien stets vor blauem Himmel posiert, von dem sich das Dunkelblau seines Anzugs vorteilhaft abhebt. Blau ist für den gläubigen Katholiken die Farbe der Madonna, für den erfolgheischenden Politiker »il colore mistico«, die den Zuschauer/Zuhörer in jene wohlige Stimmung zu versetzen vermag, die dem Redner Sympathiewerte zuführt.

Sympathie – das ist es überhaupt, worauf Siegertyp Berlusconi beständig aus ist. Bei einem seiner jüngsten Wahlkampfauftritte (es war in Palermo) animierte er seine Anhänger zu gemeinsamem Absingen des Liedes »Welch ein Glück, dass wir unseren Silvio haben«, und bei seinen Aufenthalten in Neapel versäumen seine Parteifunktionäre nie, über Lautsprecher die neapolitanischen Dialektgesänge abzuspielen, die er 2004 selbst komponiert und auf CD aufgenommen hat. Singen war schon immer seine Sache: Als Student (und Sohn eines zwar wohlhabenden, aber auch sparsamen Bankdirektors) verdiente er sich so manche Lira als Entertainer auf Kreuzfahrtschiffen, und mit der eigenen Band trat er sogar als Frank-Sinatra- und Nat-King-Cole-Imitator auf (bis er draufkam, dass als Staubsaugervertreter mehr Geld zu verdienen war). Geschäftemacherei – das liegt ihm nun einmal, und so nimmt es nicht wunder, dass sich Berlusconi in einer seiner Reden im römischen Parlament, damals schon das vierte Mal Ministerpräsident seines Landes, als »Vorstandsvorsitzender der Firma Italien« tituliert.

Zum Durchsetzungsvermögen des geborenen Stehaufmanderls Berlusconi gehört, dass er Niederlagen »wie nix« wegstecken kann: das Attentat von Dezember 2009, seine diversen Abwahlen und Ämterverluste, seine gerichtlichen Verurteilungen, seine Herzprobleme, das Scheitern seiner Ehe, das Trommelfeuer der ihn attackierenden Medien. Versucht er sich gegen Letztere zu wehren, trifft er allerdings nicht immer die glücklichste Wortwahl, wie das folgende Beispiel zeigt: »Meine Kinder sagen mir, sie fühlen sich, wie sich die Juden in Hitler-Deutschland gefühlt haben müssen. Die ganze Welt ist gegen uns.«

Umso größeren Wert legt Berlusconi darauf, seine Anhänger, seine Mitarbeiter und seine Wähler mit theatralischem Pathos einzulullen, ja förmlich zu umarmen: »Ich liebe euch, weil in euren Augen das Licht eines anständigen und arbeitsamen Landes leuchtet, reich an Talenten, an Vertrauen und an Entschlossenheit, mit eigenen Händen eine große Zukunft aufzubauen.«

Zukunft – das schließt natürlich auch den Tod mit ein. Silvio Berlusconi hat diesbezüglich gut vorgesorgt: Im Park seiner Villa, in Arcore vor den Toren Mailands, ist schon 1992, in seinem 57. Lebensjahr, die ihm angemessene Begräbnisstätte errichtet worden. Ob er an der angeblichen Verfügung, seinen Leichnam einfrieren lassen zu wollen, festhalten wird oder nicht – das Mausoleum steht bereit. Hundert Tonnen weißer Carrara-Marmor sind dafür verarbeitet worden, auf einem Quadrat von 7,5 Metern Höhe erheben sich zwölf Säulen, die eine Vielfalt geometrischer Figuren tragen: Würfel, Kugeln, Halbkugeln, Scheiben, Kegelstümpfe und Pyramiden. Angeblich eine kunstvolle Symbolisierung des Himmelsgewölbes. Was könnte ein Superman wie Silvio Berlusconi denn auch anderes für sich eingeplant haben als einen Spitzenplatz im Himmel?

»Verbotene« Liebe

Die Hölle
Richard Gerstl und Mathilde Schönberg

»Wien um 1900« – auch in puncto Malerei eine Trademark sondergleichen. Es fallen die Namen Schiele und Klimt, Kolo Moser und Oskar Kokoschka. Nur einer fehlt fast immer bei diesen Ad-hoc-Aufzählungen: Richard Gerstl. Wieso? An der Qualität der Bilder kann es nicht liegen: Die Akte, Porträts und Landschaften des österreichischen Frühexpressionisten, den die Fachkritik auf eine Stufe mit van Gogh und Edvard Munch, mit Lovis Corinth und Max Liebermann gestellt hat, zählen zur Weltklasse. Ist es also vielleicht der ungewöhnlich geringe Umfang seines Œuvres, der der Popularität Richard Gerstls im Wege steht? Nur karge vier Jahre umfasst seine Schaffenszeit: 1904 bis 1908.

Noch dürftiger fällt seine Ausstellungsbilanz aus: Nicht ein einziges Bild ist zu Gerstls Lebzeiten öffentlich gezeigt worden. Erst 23 Jahre nach seinem Tod wird man endlich auf ihn aufmerksam: Die Ausstellung, die der Kunsthändler Otto Nirenstein 1931 in der Wiener *Neuen Galerie* organisiert, geht als Sensation in die Annalen der Kunstgeschichte ein; die Kritik überschlägt sich in Superlativen: »Kein Maler auf der Welt hat zu seinen Lebzeiten so gemalt wie dieser Österreicher!«, urteilt das *Neue Wiener Journal*, und die *Österreichische Volkszeitung* fügt hinzu: »Aus der Versenkung steigt ein Mensch, der ein großer Maler war, wovon aber niemand etwas wußte.«

Nun also weiß man es. Und doch – es ist nur ein Strohfeuer, das da aufflammt: Die dunklen Jahre des Nationalsozialismus bringen es rasch wieder zum Verglimmen, die Werke des Halbjuden Richard Gerstl werden der »entarteten Kunst« zugerechnet, sein Name verschwindet aufs Neue in der Versenkung.

Und wie ist es *heute*, da Richard Gerstl immerhin zu den Stars des hochgelobten Leopold Museums im Wiener MuseumsQuartier zählt? Und wo keiner der Gründe aus dem Privatleben des Künstlers, die seinerzeit zu dessen Ausgrenzung, ja Tabuisierung Anlass gegeben haben mögen, mehr zählt? Wird also das Werk dieses Malers, das zu dessen Lebzeiten von einem Gesellschaftsskandal sondergleichen überschattet war, in unserer schrankenlos der Sensation zugeneigten Zeit mit umso lebhafterem Interesse rechnen dürfen?

Die Gerstls wohnen in der Nußdorfer Straße im Wiener Bezirk Alsergrund, ein paar Häuser weiter ist Franz Schubert zur Welt gekommen. Der Vater ist mit Börsengeschäften reich geworden, die drei Söhne können ohne finanzielle Sorgen in die Zukunft blicken.

Richard, am 14. September 1883 geboren und der Jüngste, belegt noch als Gymnasiast einen Kursus in der Zeichenschule *Aula* und bezieht mit 15 die Allgemeine Malerschule an der Akademie der bildenden Künste. Doch sein Lehrer, der streng konservative Professor Griepenkerl, kann mit dem ungebärdigen Schüler nichts anfangen: »So, wie Sie malen«, schnauzt er ihn an, »kann ich in den Schnee brunzen!« Da gefällt's Richard Gerstl in der Malerschule von Nagybánya in Siebenbürgen, wo er sich zwei Sommer hindurch aufhält, um vieles besser.

Auch mit Professor Lefler, in dessen Wiener *Spezialschule für Malerei* er im Frühjahr 1906 eintritt, verträgt er sich nicht: Wie kann sich ein ernst zu nehmender Künstler, so wirft der Schüler seinem Lehrer vor, für etwas so Triviales wie die Planung des Fest-zuges zum Regierungsjubiläum des Kaisers hergeben? Da hilft es auch nichts, dass Lefler, vom Talent seines Schülers durchaus angetan, dessen Arbeiten sogar – in einer Gemeinschaftsausstel-lung in der angesehenen Galerie Miethke – an die Öffentlichkeit bringen will. Der Eigenbrötler Gerstl, von der Einzigartigkeit seines Könnens fest überzeugt, legt sich quer: Da in der geplan-ten Ausstellung auch mehrere Bilder des bereits berühmten, von dem 20 Jahre Jüngeren jedoch rigoros abgelehnten Klimt gezeigt werden sollen, zieht Gerstl seine Exponate zurück.

Auch die offene Konfrontation scheut er nicht. Als Gerstl ein-mal mit Leinwand und Palette im Kunsthistorischen Museum am Werk ist, um eines der dortigen Bilder zu kopieren, schaut ihm ein Unbekannter über die Schulter und äußert sich abfällig über das Gesehene. »Stören Sie mich nicht«, fährt ihn Gerstl zornentbrannt an, »was verstehen Sie denn schon davon?!« Da-rauf der Fremde: »Entschuldigen Sie, ich bin der Direktor des Museums; wenn ich will, kann ich Ihnen das Malen in diesem Hause untersagen!« Replik Gerstl: »Sie können mir überhaupt nichts untersagen, ich habe die Erlaubnis vom Obersthofmeis-teramt.« Die Folge: Der Direktor gibt klein bei, Gerstl kann seine Arbeit unbehelligt fortsetzen.

Wir sehen schon, er ist ein schwieriger Zeitgenosse, dieser Richard Gerstl. Mindestens ein solcher Bürgerschreck wie der junge Kokoschka, liebt er es, mit kahl geschorenem Schädel im Sträflings-Look aufzutreten. Überschlank und hoch aufgeschos-sen, schwankt er zwischen den Extremen: einmal dandyhaft, dann wieder verwahrlost. Er plagt sich mit Magenproblemen und überreizten Nerven, hat kaum Freunde, und selbst mit dem einzigen, den er auf Dauer um sich duldet, seinem Mitschüler Victor Hammer, bleibt er per Sie.

Umso intensiver wendet er sich dem eigenen Innenleben zu: Gerstl betreibt philosophische und Sprachstudien, lernt in Eigenregie Spanisch und Italienisch, und sein Interesse für Musik nimmt solche Intensität an, dass er kurzzeitig sogar daran denkt, Musikkritiker zu werden. Seine literarischen Hausgötter sind Wedekind und Ibsen, Weininger und vor allem Freud, dessen gerade erschienene *Traumlehre* er in einem Zug verschlingt. Keines der bedeutenden Klassikerkonzerte lässt er aus, bis zu drei Mal in der Woche sieht man ihn in der Oper. Obwohl ihm Gustav Mahler, den er auf der Straße anspricht und um die Erlaubnis bittet, ihn porträtieren zu dürfen, eine Abfuhr erteilt, wird Gerstl unter jenen Adoranten sein, die dem aus der Wiener Hofoper Hinausgeekelten auf dem Westbahnhof einen bewegten Abschied bereiten.

Bei einem anderen Großen der Wiener Musikszene hat Gerstl mehr Glück: Arnold Schönberg, dessen Werk er über alles andere stellt, zeigt sich nicht nur bereit, dem neun Jahre Jüngeren Modell zu sitzen, sondern lässt sich von ihm auch selbst in die Grundbegriffe der Malerei einweihen, und vor allem: Er nimmt Gerstl in seinen Kreis auf, dem spätere Berühmtheiten wie Alban Berg, Anton von Webern, Alexander Zemlinsky und Egon Wellesz angehören.

Im Mai 1906 haben die beiden einander kennengelernt, noch im selben Jahr entsteht Gerstls repräsentatives Schönberg-Porträt. Auch die Familie des Komponisten wird in Öl festgehalten – zuerst Gattin Mathilde, später das Ehepaar mit den 1902 beziehungsweise 1906 geborenen Kindern Gertrud und Georg.

Dass Mathilde Schönberg – nächst ihm selbst – sein häufigstes Motiv ist, hat einen besonderen, einen höchst delikaten Grund: Der Maler hat sich in die um sechs Jahre Ältere verliebt …

Mathilde, eine Schwester des mit Schönberg eng verbundenen Komponisten Alexander von Zemlinsky, durchlebt in diesem Schicksalsjahr 1906 spannungsreiche Wochen: Da ist einmal ihre komplizierte Schwangerschaft mit dem im September zur Welt kommenden Sohn Georg, hinzu kommt die Überreiztheit ihres Mannes, der größte Mühe hat, seine Mehrfachverpflichtungen als Komponist, Dirigent und Lehrer unter einen Hut zu bringen, und dadurch seine Familie vernachlässigt. Dass es da diesen jungen Maler gibt, der sich seiner Frau annimmt und sie zu diversen musikalischen Veranstaltungen begleitet, kann ihm nur recht sein. Dieser leutscheue Eigenbrötler, der alles andere als ein Frauenheld ist, genießt jedenfalls sein volles Vertrauen: Richard Gerstl geht in der Schönberg-Wohnung in der Liechtensteinstraße 68–70 aus und ein. Was liegt da näher, als ihn dazu einzuladen, mit ihnen auch die Sommerferien zu verbringen?

Die Schönbergs schlagen ihr Ferienquartier am Traunsee auf: In einem der beiden kleinen Häuser, die zur sogenannten Fera-Mühle in Traunkirchen gehören, ist die Familie, im anderen der mitreisende Kreis der Schönberg-Jünger untergebracht.

Dass sich zwischen Mathilde Schönberg und Feriengast Richard Gerstl in diesem Salzkammergut-Sommer 1907 ein intimes Verhältnis anbahnt, fällt als Erster der Tochter des Komponisten auf: Gertrud, demnächst sechs Jahre alt werdend, beobachtet die beiden, wie sie einander eng umschlungen küssen, und gibt ihr Wissen an den Vater weiter. Arnold Schönberg schreitet ein, verbietet seiner Frau, als man wieder nach Wien zurückgekehrt ist, das Atelier des Nebenbuhlers zu betreten, und schreibt diesem, noch immer um eine Lösung im Guten bemüht, einen Brief, der in den beschwörenden Worten gipfelt: »Zwei wie wir sollten sich nicht wegen einer Frau entzweien.«

171

Eklat in der Sommerfrische:
Richard Gerstl und Mathilde Schönberg

Doch Gerstls Beziehung zu Mathilde Schönberg hält an, steigert sich noch, als man Mitte Juli 1908 neuerlich gemeinsam in die Sommerfrische fährt, und der gehörnte Ehemann verfällt darüber in so schwere Depressionen, dass er sogar sein Testament aufsetzt. »Ich habe geweint«, schreibt er in der Begründung, »habe mich wie ein Verzweifelter gebärdet, habe Entschlüsse gefaßt und wieder verworfen, habe Selbstmordideen gehabt, habe mich von einer Tollheit in die andere gestürzt – mit einem Wort, ich bin ganz zerrissen.«

Kurz darauf kommt es zum Eklat: Schönberg selbst überrascht Gattin und Nebenbuhler in einer verfänglichen Situation, das Paar reist Hals über Kopf aus Traunkirchen ab, Schönberg eilt nach Gmunden und schaltet, um die Ehebrecherin zurückzuholen, die Gendarmerie ein. »Mama kommt gleich!«, versucht

Schönberg seine kleine Tochter zu beruhigen, die von dem nächtlichen Tumult im Haus aufgewacht ist. Doch die Siebenjährige bricht in Tränen aus und stammelt: »Nein, Mama kommt nicht mehr ...«

Inzwischen ist auch einer aus der Runde der Schönberg-Schüler, der von der Katastrophe Kenntnis erhalten hat, in Aktion getreten: Anton von Webern. Ihm gelingt es, Mathilde, die mittlerweile in Wien eingetroffen ist, in ihrem Versteck in der Liechtensteinstraße 20, wo Gerstl eilends ein Atelier gemietet hat, ausfindig zu machen, zur Rede zu stellen und umzustimmen. Sein Appell, schon um der Kinder willen zu ihrer Familie zurückzukehren, hat Erfolg: Mathilde Schönberg reißt sich nach Ablauf einiger Tage von ihrem Liebhaber los und lässt diesen in seinem Atelier allein zurück.

Es folgen zwei Monate, die für den ohnehin depressionsanfälligen Richard Gerstl die Hölle sein müssen: Nicht nur, dass die Frau, der er in glühender Leidenschaft zugetan ist, jeglichen Kontakt mit ihm abgebrochen hat, wenden sich auch alle anderen, mit denen er in letzter Zeit Umgang gepflegt hat, brüsk von ihm ab. Von dem Vorgefallenen peinlich berührt und in stiller Solidarität mit dem betrogenen Ehemann Arnold Schönberg, machen sie einen weiten Bogen um den Ehebrecher: Richard Gerstl ist zur Unperson geworden, ist isolierter denn je. Die Glückwunschkarten zum 25. Geburtstag, der auf den 14. September fällt, bleiben ungeschrieben.

Es kommt der 4. November: Im Großen Saal des Wiener Musikvereins ist ein Konzert des Tonkünstlerorchesters angesetzt, bei dem Stücke von Schönberg-Schülern aus der Taufe gehoben werden sollen. Webern dirigiert sein Opus Nummer eins, die *Passacaglia*, Alban Berg ist mit seinen *Zwölf Variationen und Finale über ein eigenes Thema* vertreten, auch jüngste Arbeiten von Karl Horwitz, Heinrich Jalowetz und Viktor Krüger stehen auf dem Programm, desgleichen ein Werk des Meisters, der alles Erdenkliche unternommen hat, den für das Fortkommen seiner Adepten so wichtigen Abend zustande zu bringen. Damit es nicht wieder – wie bei allen Veranstaltungen, die mit dem heftig umkämpften Neutöner Schönberg zu tun haben – zu Publikumsprotesten, ja Ausschreitungen gegen die Mitwirkenden kommt, ist der Besuch des Konzerts an persönliche Einladungen gebunden, die auf die betreffenden Namen ausgestellt sind. Der Name Richard Gerstl fehlt auf der Liste.

Natürlich ist fraglich, ob Gerstl in dem Zustand, in dem er sich seit Wochen befindet, den Weg zum Musikverein angetreten und seinen Platz im Konzertsaal eingenommen hätte. Aber entscheidend ist die Tatsache, dass er von einer Veranstaltung, der alle seine Freunde seit Wochen entgegenfiebern und der er unter normalen Umständen nie und nimmer fernbleiben würde, ausgeschlossen bleiben soll. Es wird also kaum ein Zufall sein, dass Richard Gerstl ausgerechnet in der dem Konzert folgenden Nacht seinem jungen Leben ein Ende setzt ...

Die Rekonstruktion der Katastrophe lässt viele Fragen offen: Hat sich Richard Gerstl wirklich, als er vor jenem Spiegel, an dem er alle seine Selbstporträts gemalt hat, die Schlinge um den Hals legte, zuvor ein Fleischhauermesser ins Herz gestoßen? Und hat er sich gar, wie es einer anderen Version nach heißt, entmannt?

Die behördlichen Untersuchungen werden mit größter Diskretion abgewickelt, nur das Allernötigste dringt nach außen: Die Familie, einen Skandal fürchtend, blockt ab. Eine noch am Tag nach der Tat ausgefertigte amtsärztliche Unzurechnungsfähigkeitserklärung sichert Gerstl trotz Selbstmordes ein christliches Begräbnis; der Leichnam wird auf dem Sieveringer Friedhof beigesetzt.

Auch Arnold Schönberg schaltet sich ein und appelliert in einem Brief an Gerstls zwei Jahre älteren Lieblingsbruder Alois, seinen und den Namen seiner Frau bei allen Nachforschungen der Presse aus dem Spiel zu lassen und ausschließlich berufliche »Kränkungen und Mißerfolge« als mögliches Tatmotiv zu nennen. Der zweite Brief, der Alois Gerstl fünf Tage nach der Katastrophe erreicht, stammt von Mathilde Schönbergs Hand: »Glauben Sie mir«, versucht sich die 31-Jährige zu rechtfertigen, »Richard hat von uns beiden den leichteren Weg gewählt. Leben zu müssen in so einem Fall, ist schrecklich schwer.«

Tatsächlich sind die 15 Jahre, die noch vor ihr liegen, bis sie im Herbst 1923 nur 46-jährig stirbt, von Kränkelei und Depression geprägt: Mathilde Schönberg hält sich vom gesellschaftlichen Leben ihres Mannes fern, zieht sich bei Besuchen in ihr Zimmer zurück, meidet alle neuen Bekanntschaften, gibt sich wortkarg und reserviert.

Arnold Schönberg, in dem erwähnten Brief an Alois Gerstl sowohl seine Unschuld beteuernd wie sein eigenes »Leiden und Weiterleiden« beklagend, versucht mit dem Vorgefallenen fertigzuwerden, indem er es in etlichen seiner Kompositionen thematisiert – seien es das Augustin-Motiv im zweiten Satz seines fis-Moll-Quartetts (»Alles ist hin!«), das Monodram *Erwartung*, dessen Text von einer Frau handelt, die durch einen finsteren Wald irrt und auf der Suche nach ihrem Geliebten auf dessen Leichnam stößt, oder das Musikdrama *Die glückliche Hand*, dessen Protagonisten »Mann«, »Weib« und »Herr« in eine verhängnisvolle Dreiecksbeziehung verstrickt sind.

Liebeskult

Der Tadsch Mahal von Wien

Karl Lanckoronski und Franziska Attems-Heiligenkreuz

Kreuzworträtsellöser und Fernosttouristen sind sich darin einig: Unter allen Monumentalbauten, die aus intimer Zuneigung zu einem anderen Menschen errichtet worden sind und zur fortdauernden Erinnerung an diese Zuneigung, ist das größte, schönste und berühmteste der Tadsch Mahal. Vor den Toren der ostindischen Stadt Agra haben an die 20 000 Arbeiter 22 Jahre gebraucht, um dieses Wunder aus Türmen, Kuppeln, Minaretten zu vollenden, das dem Andenken an Mumtas Mahal gewidmet ist: die Lieblingsfrau von Schah Dschahan, der zwischen 1627 und 1658 Herr über Agra gewesen ist.

Nichts als ihrer beider Gebeine ruhen in dem palastartigen Mausoleum, und die Touristen, die aus aller Herren Länder herbeiströmen, um das Marmorjuwel zu bestaunen, lauschen gebannt der Stimme des Fremdenführers, der ihnen von Größe und Zauber morgenländischer Liebe berichtet. Totenkult, so mag dann neidvoll mancher Besucher von weither denken, gibt es auch bei uns da und dort in extremer Form – aber derart aufwendig, derart pompös?

Lassen wir uns nicht blenden: Auch Wien hat seinen Tadsch Mahal. Und was diesem an architektonischer Grandeur fehlt, macht es mit seiner humanitären Bestimmung wett. So winzig sich das Faniteum von Ober St. Veit neben dem Liebestempel des fünften Mogul-Kaisers ausnimmt, so

176

turmhoch überragt es diesen in dem wohltätigen Zweck, dem es gewidmet ist.

Gehen wir der Reihe nach vor. Der Ursprung ist da wie dort der gleiche: Auch hier hat ein Mann seine über alles geliebte Frau im Wochenbett verloren und zu ihrem Andenken ein Mausoleum errichten lassen. Einziger Unterschied: Nur der Toten zu huldigen, war ihm zu wenig. Er wollte zugleich auch etwas für die Lebenden tun …

Graf Karl Lanckoronski, im Revolutionsjahr 1848 in Wien geboren, zählt zu den herausragenden Gestalten der österreichisch-ungarischen Monarchie in deren Endphase. Haupt eines berühmten polnischen Magnatengeschlechts, ist er über ein halbes Jahrhundert lang eine Galionsfigur der Wiener Polen. Herr über ausgedehnte Latifundien in Galizien und anderen Kronländern, Oberstkämmerer des Kaisers, Ritter des Ordens vom Goldenen Vlies und verwandt mit Europas halbem Hochadel, ist er im franzisko-josephinischen Wien einer der obersten Würdenträger bei Hof.

Pole und Weltbürger in einem, macht sich der leidenschaftliche Kunstfreund vor allem als Forschungsreisender, Denkmalpfleger und Mäzen verdient. Mit Hans Makart bereist er Ägypten, Spanien und Portugal, mit dessen Malerkollegen Ludwig Hans Fischer Indien, China, Japan und Nordamerika. An der Freilegung der berühmten Mosaike von Aquileia hat er ebenso Anteil wie an der Erschließung der Römersiedlung Carnuntum oder der Restaurierung des Königsschlosses auf dem Krakauer Wawel. Wien verdankt ihm die Vereitelung dreier Barbarenakte: der Demolierung des Riesentors des Stephansdoms, des neugotischen Ausbaus des Turms der Minoritenkirche und der Verbauung der perspektivischen Aussicht auf die Karlskirche.

Auch mit gelehrten Abhandlungen tritt der studierte Kunst-historiker hervor: *Die Städte Pamphyliens und Pisidiens, Der Dom von Aquileia, Zur Rettung Alt-Wiens, Rund um die Erde* und *Venezianisches Tagebuch* sind nur einige seiner Buchtitel. Die Maler Böcklin und Rudolf von Alt, der Bildhauer Rodin, die Schriftsteller Rilke, Hofmannsthal, Max Mell, Sienkiewicz und Ebner-Eschenbach, die Schauspieler Hugo Thimig, Charlotte Wolter, Else Wohlgemuth und Rosa Albach-Retty zählen zu seinen Freunden; der Philologe (und spätere österreichische Unterrichtsminister) Wilhelm von Hartel ist in jungen Jahren sein Erzieher. Lanckoronskis Palais beim Belvedere, das 1944, lange nach seinem Tod, ein Opfer des Bombenkrieges wird, ist mehr Museum als Wohnstatt: Weil vor lauter Kunstschätzen, die der erklärte Renaissancemensch von seinen Reisen mit heim-bringt, kein Platz für Schränke »zur Aufbewahrung der herr-schaftlichen Wäsche« bleibt, reicht eine der frustrierten Kam-merzofen die Kündigung ein.

Ehrendoktor der Universität Berlin, Mitglied mehrerer wis-senschaftlicher Akademien und erbliches Herrenhausmitglied des österreichischen Reichsrats, ist Graf Karl Lanckoronski in seinem Privatleben weit weniger Glück beschieden: Seine erste Ehe bleibt kinderlos, geht in Brüche und wird auch kirchlicher-seits annulliert.

Umso glücklicher lässt sich die zweite an: Am 17. August 1892 treten Karl Graf Lanckoronski und Franziska Xaveria Gräfin Attems-Heiligenkreuz in Wien vor den Traualtar. Der Bräuti-gam ist 43, die Braut 31. Für ihn ist es der verheißungsvolle zweite Anlauf, für sie eine Schicksalswende, mit der sie kaum noch gerechnet hat.

Die Attems sind ein altes Adelsgeschlecht aus Görz, seit der Gegenreformation in Graz ansässig. Die Heiligenkreuzer Linie ist auf mehrere Ansitze verteilt: Franziska Xaveria kommt auf Schloss Schrattenthal im nördlichen Niederösterreich zur Welt. Die stattliche Herrschaft bei Sigmundsherberg an der Straße von Krems nach Znaim ist seit den Tagen Napoleons im Besitz der Attems. Sie umfasst ausgedehnte Ländereien, Weingärten und Wälder; das im 17. Jahrhundert errichtete Schloss genießt nicht zuletzt seines Wehrcharakters wegen einen vorzüglichen Ruf. Wehrgang und Wehrkapelle, Wassergraben und Schlosshof locken noch heute Besucher an. Unter den Gästen, die die Schlosschronik verzeichnet, findet sich auch so manche Berühmtheit, zum Beispiel der Dichter Nikolaus Lenau.

Franziska Xaveria, Jahrgang 1861, ist keine Schönheit. Ihre Porträts zeigen ein grob geschnittenes Gesicht mit starkem Kinn und übergroßer Nase: »Fanita«, wie sie im Familienkreis gerufen wird, richtet sich auf ein eheloses Leben ein. Das Savoy'sche Damenstift in der Wiener Johannesgasse erscheint für ihresgleichen der rechte Ort, also lässt sie sich hier für ihr ferneres Leben nieder.

Die Witwe des Herzogs Emanuel von Savoyen-Carignan, eines Neffen des Prinzen Eugen, hat testamentarisch verfügt, dass ihr Stadtpalais gegenüber dem Ursulinenkloster nach ihrem Ableben in ein Wohnstift für »adelige Fräulein« umzuwidmen sei. 1772 stirbt die Wohltäterin, Kaiserin Maria Theresia setzt noch im selben Jahr durch Institutionspatent das Vermächtnis der Herzogin, einer geborenen Prinzessin Liechtenstein, in Kraft, das Fürstlich Liechtensteinsche Majorat übernimmt die Verwaltung, im Oktober 1772 ziehen die ersten 19 »Kapitularinnen« in den prachtvollen Barockbau ein.

19 180 Gulden aus dem Vermögen der Herzogin stehen als jährliche Dotation für die Erhaltung des Stiftskapitels zur Verfügung, 2000 weitere für den Fall, dass eine der Insassinnen sich

einem Orden anschließt oder in den Ehestand tritt und demzufolge einer standesgemäßen Ausstattung bedarf.

Es geht streng zu im Savoy'schen Damenstift: Mit Handkuss für die »Regentin« und »schwesterlicher Umarmung« sämtlicher Mitbewohnerinnen hat sich die »Novizin« der Satzung des Hauses zu unterwerfen, die ihr in allem »Gehorsam und Ehrerbietung« abverlangt. Tägliche Chorgebete und täglicher Gottesdienstbesuch in der Stiftskapelle sind ebenso zwingend vorgeschrieben wie der Empfang der heiligen Kommunion zu allen größeren Festen. Zwischen 15. November und 15. Mai jeden Jahres besteht für die Stiftsdamen Anwesenheitspflicht, nur das übrige Halbjahr darf »extern« zugebracht werden. Die Tracht der »Fräuleins«, die von adeligem Stand sein müssen, ist dunkel gehalten; ihr Abzeichen besteht aus dem gekrönten Savoyer-Kreuz in weißem, goldgefasstem Email. An einem himmelblauen Moiré-Band befestigt, trägt es die Stiftsdame über der Brust – von der linken Schulter zur rechten Taille.

Hier also, in diesem altjüngferlichen Wohnstift aristokratisch-klösterlicher Prägung, verbringt Franziska Xaveria Gräfin Attems-Heiligenkreuz ihre Tage, als sie den frisch geschiedenen Grafen Lanckoronski kennenlernt. Es ist das Jahr 1892. Im November, wenn für die Stiftsdamen die Zeit der »Freiheit« (die sie für gewöhnlich auf dem Stammsitz ihrer Familie zubringen) vorüber ist, kehrt diesmal eine von ihnen nicht mehr zurück: Fanita.

Sie hat geheiratet. In der Lanckoronski-Villa in Ober St. Veit hat endlich das Eheglück Einzug gehalten. Und dieses Glück ist vollends perfekt, als die nunmehrige Gräfin Lanckoronska im Jahr darauf, am 8. August 1893, einem gesunden Kind das Leben schenkt. Es ist ein Knabe: Graf Lanckoronski, in erster Ehe ohne Nachkommen, hat also einen Stammhalter. Er wird auf den Namen Anton getauft.

Kurzes Glück:
Franziska und Karl
Lanckoronski

Aber bevor noch diese Zeremonie angesetzt werden kann, gilt es eine andere abzuwickeln, eine unendlich schmerzliche: das Begräbnis der jungen Mutter. Fanita ist im Kindbett gestorben. Einer überglücklichen Ehe ist nicht mehr als ein Jahr Dauer beschieden gewesen …

Umso dauerhafter soll das Denkmal sein, das der Witwer ihr setzt.

Ein Mausoleum soll erstehen, das für alle Zeiten von einer grausam zerstörten großen Liebe künden soll. Und mehr als das: Es soll zugleich einem wohltätigen Zweck dienen. Der Grab-

181

stätte wird, ebenfalls aus der gräflichen Schatulle finanziert und erhalten, ein Rekonvaleszentenheim für die Ärmsten der Armen angegliedert: für junge Mädchen aus mittellosem Hause, die, aus der Spitalsbehandlung entlassen, noch weiterer Erholung bedürfen.

Über den Standort der Anlage kann es keinen Zweifel geben: Nur jene Hügelkuppe auf dem Gemeindeberg von Ober St. Veit nahe dem Friedhof und der ehemaligen Einsiedelei kommt dafür infrage, die so oft das Spazierziel der Lanckoronskis gewesen ist. Auf der waldreichen Juraklippe, Fundort einer der frühesten prähistorischen Ansiedlungen Wiens und Sitz einer kleinen mittelalterlichen Burganlage, deren Überreste im vorigen Jahrhundert abgetragen und zum Plateau eingeebnet worden sind, von dem aus bei klarer Sicht über Lainzer Tiergarten und Mödling hinweg der Blick bis zum Schneeberg reicht, bietet sich ein idealer Bauplatz. Und auch was die Anlage selbst betrifft, hat der weit gereiste Lanckoronski sehr präzise Vorstellungen. Tief beeindruckt von der Architektur der Toskana, schwebt ihm für das Mausoleum eine Art Nachfolgebau der Capella Pazzi des Florentiner Meisters Brunnellesco und für das Kinderheim ein Landsitz nach dem Muster des Florentiner Findelhauses »Ospedale degli Innocenti« vor.

Graf Lanckoronski erteilt dem Basler Architekten Emmanuel de la Roche den Auftrag, die Pläne auszuarbeiten. Schon wenige Monate später liegen sie auf dem Tisch, zum ersten Jahrestag von Fanitas Tod können sie beim »Magistratischen Bezirksamte für den dreizehnten Bezirk im selbständigen Wirkungskreise« zur Genehmigung eingereicht werden.

Aus Italien werden Marmor und Holz herbeigeschafft, 1894 geht das Projekt in Bau, zwei Jahre später ist es abgeschlossen: ein Stück nachempfundenes Italien am westlichen Stadtrand von Wien. Die Kirche mit der charakteristischen Kuppel ist reines Quattrocento, den Kenner entzücken Bramante-, Palladio- und Michelangelo-Zitate. Besondere Delikatesse: Vom Altar geht der Blick durchs Kirchenportal und eine feierliche Thujenallee in gerader Linie zum Stephansdom. Die Krypta soll Fanitas Sarkophag aufnehmen; ein kapitelsaalartiger Raum und ein Korridor mit Kreuzgangfunktion deuten darauf hin, dass in dem der Kirche angegliederten Trakt ein kleiner Konvent vorgesehen war, dem die Wartung der Grabstätte obliegen sollte. Dieser Plan zerschlägt sich, seitdem das zweite Stadterweiterungsgesetz in Kraft ist, das Ober St. Veit mit Wien vereinigt hat: Die Wiener Bestattungsvorschriften untersagen jede Art von Privatmausoleum. Die sterblichen Überreste der Gräfin Lanckoronska werden also in einer Gruft auf dem Hietzinger Friedhof beigesetzt (und dort ruhen sie, nunmehr Seite an Seite mit denen ihres 1933 verstorbenen Gemahls, noch heute).

Hat das »Faniteum«, wie die Anlage zu Ehren der jungen Gräfin genannt wird, damit seinen Zweck verfehlt? Mitnichten. Das Kinderrekonvaleszentenheim, das Graf Lanckoronski von allem Anfang an dem Mausoleum angegliedert hat, wird 1898 eröffnet; das Hietzinger Heimatbuch rühmt es als »eine der sehenswertesten Humanitätsanstalten Wiens«. Die Barmherzigen Schwestern vom heiligen Vinzenz von Paul, die zuerst zwölf, später 16 und schließlich 35 pflegebedürftige Mädchen aus mittellosen Familien betreuen, können das Haus allerdings nur die warme Jahreszeit über bewirtschaften: »Es hatte kein Wasser; was davon zum Trinken, Kochen und Waschen benötigt wurde, mußte vom Tale heraufgetragen werden.«

Zu dem symbolischen Pachtzins von einer Krone pro Jahr überlässt Karl Graf Lanckoronski das Faniteum dem städtischen Jugendamt, die Gemeinde schließt das nunmehr florierende Erholungsheim ans öffentliche Wassernetz an und baut die Zufahrtsstraße aus. Während des Ersten Weltkrieges dient es als Lazarett, 1938 beschlagnahmt es die deutsche Luftwaffe und schirmt es so streng von der Umwelt ab, dass Gerüchte von einer geheimen V-1-Werkstätte aufkommen. Als im April 1945 die Sowjetpanzer durch den Lainzer Tiergarten rollen, nehmen zuerst russische Soldaten im Faniteum Quartier; sie werden später von britischen abgelöst.

Arme Fanita! Als 1955, nach dem Abzug der Besatzungstruppen, der Besitz in einen mehrjährigen Dornröschenschlaf versinkt, häufen sich bei den Wiener Juwelenhändlern mysteriöse Angebote von Goldplättchen. Sie entstammen, so spricht sich herum, den Beutezügen nächtlicher Diebe, die sich in der Krypta des Faniteums zu schaffen machen. Auch die Polizei wird eingeschaltet, schließlich übernimmt ein Wächter die Aufsicht über das devastierte Gelände. 1968 droht dem Wahrzeichen von Ober St. Veit die Demolierung: An seiner Stelle soll eine Wohnhausanlage errichtet werden. Der Hietzinger Bezirksvorsteher kann es im letzten Augenblick verhindern: Das Faniteum wird nun spontan unter Denkmalschutz gestellt.

1974 zieht, nach gründlicher Renovierung, ein Konvent der Unbeschuhten Karmelitinnen auf dem zwei Hektar großen Areal am Hanschweg ein und mit ihnen die Erinnerung an jene fromme Frau, der zu Ehren dies alles vor weit über einem Jahrhundert errichtet worden ist. »Sie öffnete ihre Hand den Armen und streckte ihre Hände nach den Dürftigen aus«, lesen wir auf dem Partezettel der Gräfin Lanckoronska, den die Nonnen neben so manchem anderen Dokument aus alter Zeit im Klosterarchiv aufbewahren.

So streng kann auch ihre Klausur nicht sein, dass sie, die ihr Leben dem beschaulichen Gebet geweiht haben, die ohne

Radio und Fernsehen auskommen und die sich ihren Unterhalt mit dem Betrieb einer Hostienbäckerei und mit der Reinigung von Kirchenwäsche verdienen, den interessierten Besucher nicht in eine ihrer vergitterten Sprechzellen einließen und ihm die Geschichte jener großen Liebe erzählten, der das Faniteum seine Gründung verdankt. In der Kirche, zu der auch die Öffentlichkeit Zutritt hat, nimmt diese Liebe noch ein letztes Mal Gestalt an: in dem großen Marmorrelief an der Südseite, das Karl Graf Lanckoronski zeigt, wie er, das neugeborene Kind im Arm, der sterbenden Gattin die Hand reicht: »... et Filipino Antonio«. Anton Lanckoronski, der Einzige und Letzte seines Namens in Wien, ist 1965 gestorben; auch er ist in der Familiengruft auf dem Hietzinger Friedhof beigesetzt.

Es ist nicht viel erhalten geblieben von all den Kostbarkeiten, mit denen der junge Witwer die Gedenkstätte für seine geliebte Gattin ausgeschmückt hat: das Chorgestühl aus der Bretagne, die Renaissance-Wandbank aus Italien, die Heiligenreliefs aus Spanien, das Taufbecken aus dem 17. Jahrhundert, der Weihwasserkessel mit der Darstellung der päpstlichen Schlüssel und die Fresken des Frankfurter Meisters Wilhelm Steinhausen, der für seine Darstellung der Werke der Barmherzigkeit originellerweise die Wienerwaldlandschaft um Ober St. Veit als Hintergrund gewählt hat.

Aber der Geist dieser einzigartigen Gedenkstätte ist unter ihren Dächern und Kuppeln, in ihren Gängen und Nischen, an ihren Stiegen und Pforten nach wie vor präsent.

Segretario di Giulietta

Glück und Leid eines Museumswärters

Man mag es kaum glauben: Trotz des Siegeszuges von E-Mail, Facebook und WhatsApp, trotz herkömmlicher Mittel wie Eheanbahnung per Zeitungsinserat oder neuartiger wie Parship werden nach wie vor und in aller Welt – ob mit einfachem oder gefüttertem Kuvert, ob mit oder ohne Herzerl-Post-it – Liebesbriefe geschrieben. Und nicht nur Liebesbriefe, sondern auch Liebeskummerbriefe: Wehklagen und Hilferufe, wenn es plötzlich mit der großen Liebe aus ist. An wen wendet man sich da in seiner Not – an gute Freunde, an den Psychiater oder (sofern man *Kronen-Zeitung*-Leser ist) an Gerti Senger? In einer Wiener Wochenzeitung hat es sogar einmal eine Kolumne gegeben, die *Madame Cœur ins Ohr geflüstert* hieß.

Circa 8000 Personen pro Jahr versuchen es mit Julia. Sie, die berühmte Veroneserin, die seit schätzungsweise 700 Jahren unter der Erde liegt, soll Verzweifelten Trost spenden, sie zum Weiterleben ermuntern, vom Selbstmord abhalten. Die Briefe werden großteils an ihrem Grab abgelegt, der Rest kommt per Post. »Signorina Giulietta, Verona« genügt als Anschrift, die Briefträger sind instruiert.

Aber ist Giulietta Capuleti (wie sie der Legende nach mit vollem Namen heißt) wirklich die geeignete Anlaufstelle für unglücklich Liebende? Erstens ist sie tot; man weiß nicht einmal, ob die *tomba* in der Gruftkapelle von San Francesco al Corso echt ist. Zweitens ist sie – zusammen mit ihrem Romeo – durch Selbstmord aus dem Leben geschieden, also wohl kaum die berufene Überlebensstrategin. Und drittens ist die Beantwortung von 8000 Briefen, auch wenn sie übers Jahr verteilt ist, für einen einzelnen Menschen kaum zu schaffen. Es wären

22 pro Tag, eingerechnet Feiertage und Wochenenden. Der Club di Giulietta (mit Sitz in Verona, wo sonst?), der sich seit 1972 der guten Sache annimmt, teilt sich also die Arbeit unter seinen Mitgliedern auf. Sie sind freiwillig und ehrenamtlich tätig, fürs Porto kommt das Kulturreferat der Stadt auf.

Übrigens hat es diese menschenfreundliche Einrichtung, wenngleich nicht derart perfekt organisiert wie heute, auch schon vor 1972 gegeben. Ich treffe den Erfinder, den seit vielen Jahren im Ruhestand lebenden Signor Solimani, nicht an seinem früheren Arbeitsplatz, sondern in seiner Wohnung. Den Ort, an dem er 27 Jahre lang den aus aller Herren Länder nach Verona strömenden Touristen die Eintrittskarten verkauft und die Legende des berühmtesten Liebespaares der Welt erläutert hat, also die Kapelle San Francesco al Corso am Südufer der Etsch, meidet Signor Solimani, seitdem ihm seine Vorgesetzten im Magistrat die Lizenz zu seinem (unbezahlten) Nebenjob als Trostspender und Ratgeber entzogen und in andere Hände übergeben haben. Sogar seine Gewerkschaft ist dem alten Herrn in den Rücken gefallen und hat entschieden, dass es mit dem Berufsbild eines Museumswärters nicht vereinbar sei, sich in seiner Freizeit als Berater in Liebessachen aufzuspielen. Nicht einmal den Stempel »Segretario di Giulietta«, den er sich hat anfertigen lassen, gönnen sie ihm. Ihm, der sich selbstlos all der vielen gebrochenen Herzen angenommen hat, ist mit seiner behördlich verfügten Kaltstellung wohl selbst das Herz gebrochen worden.

Für mich steht fest, dass ich diesen Mann kennenlernen muss, obwohl es mir nicht leicht gemacht wird, ihn ausfindig zu machen. Man lässt mich im Unklaren darüber, ob er bereits gestorben oder einfach nur hochbetagt ist – bei seinem mausgrau uniformierten Nachfolger lösen meine Recherchen deutliche Abwehr aus. Schließlich finde ich Cavaliere Solimani (auch dies mag manchen seiner Kollegen vom *municipio* gegen ihn aufgebracht haben: dass Rom ihm, dem kleinen Kustos, das Adelsprädikat eines Cavaliere verliehen hat) in seinem bescheidenen Pensionistenlogis am Vicolo cieco Dietro San Francesco Nummer 9. Es ist eine unansehnliche Sackgasse im Universitätsviertel am anderen Ufer der Etsch, nicht weit vom Friedhof, wo seine Frau begraben liegt – eine Deutsche, wie man mir sagt. Die Wohnung ist nur vom Hof aus erreichbar, eine schmale Stiege führt in den ersten Stock. Der 85-Jährige versorgt sich, seitdem er Witwer ist, ganz allein, fremde Hilfe könnte er sich bei seiner niedrigen Rente kaum leisten. Dennoch ist alles von größter Ordentlichkeit: In der Küche – obwohl es erst Vesperzeit ist – ist schon fürs Abendessen gedeckt.

Signor Solimani, der nach allem, was ich über ihn in der Stadt erfahren habe, ein altersschwacher Sonderling sein muss, den man am besten in Ruhe lässt, ist von alledem das Gegenteil: frisch und von übersprudelndem Temperament, ein Phänomen punkto Gedächtnis und Eloquenz – ich sehe sofort: Hier bin ich willkommen, alles andere als ein lästiger Besuch, für den von seiner Vaterstadt vergessenen alten Mann ein wahrer Segen, ein Ventil für seine Verbitterung. Es sei ihm eine große Freude, mir über sein Leben berichten zu können – unter einer Bedingung: Ich müsse mir Zeit dafür nehmen. Drei Stunden seien das Mindeste, noch könne ich es mir ja überlegen.

Bald erfahre ich, wieso er auf diesem Zeitrahmen besteht: Signor Solimanis Lebensgeschichte ist vorbereitet, aufs Gründlichste erarbeitet, ein für allemal einstudiert und auch nur nach diesem festen Konzept rekapitulierbar. Es gibt sie in schriftlicher Form (festgehalten in einem dicken Bündel Schulhefte und verwahrt in der großen Truhe vorm Bett), auf Tonband gesprochen (endend in einem melodramatischen »addio del Solimani a Giulietta«) und schließlich – wie in der nun bevorstehenden Sitzung mit mir – in der persönlich gesprochenen Fassung. Das bedeutet, dass in diesen drei Stunden das Wort ausschließlich Signor Solimani erteilt ist. Zwischenfragen sind nicht gerade unzulässig, aber doch unerwünscht und werden auch stets mit einem Verweis auf später Kommendes abgewehrt:

»Diesen Punkt, mein Herr, berühre ich in Kapitel Nummer vier.«

»Auf diese Frage gehe ich ausführlich ein, wenn wir auf das Thema Pensionierung zu sprechen kommen.«

»Geduld, mein Herr, das ist eine Sache, die ich Ihnen besser an der Truhe erkläre. Sie sind doch nicht etwa in Eile? Wenn Sie in Eile sind, sagen Sie es gleich. Wir müssen der Reihe nach vorgehen, jeder einzelne Punkt ist wichtig.«

So erfahre ich die Geschichte eines Mannes, der zunächst nichts als ein ganz gewöhnlicher Museumswärter ist, noch dazu in einem winzig kleinen Museum: jenem einst von Kapuzinern geführten Klösterchen an der Via Pontiere in der südlichen Vorstadt von Verona, schon außerhalb der Stadtmauern, das, inzwischen verfallen und von seinen Mönchen verlassen, einem gewitzten Mann vom Magistrat die Idee eingab, dies sei der ideale Platz, der Legende von Romeo und Julia, deretwegen so viele Fremde nach Verona kommen, ein festes Quartier zu verschaffen. Wie vortrefflich ließe sich doch diese Idylle aus Klostergärtlein und Kreuzgang, aus Krypta und Campanile, aus Zelle und Kapelle als Bruder Lorenzos Wirkungsstätte ausgeben! Man richtete also alles so her, wie es der Welt von Shakespeare her vertraut war, pflanzte Kräuter und siedelte Vögel an, setzte Trauerweiden und Zypressen und beschaffte – dies vor allem! – einen schönen alten Pferdetrog, etwas Länglich-Steinernes

189

aus einer der vornehmsten Stallungen Veronas, kaschierte mit kluger Hand dessen Abflussöffnungen, damit jede Erinnerung an die vormalige Funktion des Behältnisses ausgelöscht war, gab, was eben noch dem lieben Vieh als Tränke gedient hatte, in der Gruft unterm ehemaligen Klosterkreuzgang als ihres Inhalts beraubte *tomba di Giulietta* aus, versah das Ganze mit dem gebotenen Quantum schummerigen Lichts und durfte von Stund an sicher sein, eine der populärsten Fremdenverkehrsattraktionen der Region installiert zu haben.

Das war anno 1898.

Was tat es, dass der Sarg – selbst die eigenen Veroneser Stadtführer scheuten sich zu jener Zeit nicht, es auszusprechen – in Wahrheit ein »abbeveratoio per bestiame« war? Was tat es, dass der gute alte Bandello, auf dessen Novelle Shakespeares Quellentext zurückgeht, sich ausdrücklich – was Bruder Lorenzos Zelle und die Familiengruft der Capulets betrifft – auf das Franziskanerkloster San Bernardino am entgegengesetzten Ende der Stadt, drüben im Bezirk San Zeno, festgelegt hatte? Wie konnte derlei ins Gewicht fallen angesichts einer Legende, die ohnehin als Ganzes anfechtbar ist und vollends unhaltbar in den Details, dafür jedoch seit Jahrhunderten durch ein Stück Weltliteratur umso nachdrücklicher beglaubigt, also auf einer anderen Ebene (und einer höheren als der historischen) längst zu einem Bestandteil imaginierter Wirklichkeit geworden war? So wie ich es in einem der Verona-Verse des deutschen Autors Georg Schneider lese:

»Du bist nicht Julia. Und Romeo ist nie gewesen. Dieses Haus nur sagt: Hier wohnten alle Liebenden der Welt.«

Was konnte es da noch ausmachen, dass die Wissenschaft, immer schon des Zweifels voll, 1930 die lang ersehnte Klarheit gewann: dass die Geschichte von den beiden tragisch Liebenden

190

aus den verfeindeten Häusern, wenn nicht überhaupt eine reine Ausgeburt dichterischer Phantasie, so doch jedenfalls nichts Veronesisches sei? Was konnte es da noch für eine Rolle spielen, ob die Capuleti in Wirklichkeit die Cappelletti waren oder gar die Grafen von San Bonifacio, die Montague die Montecci oder die Monticuli, ob es sich bei ihnen beiden um alteingesessene Sippen handelte oder bloß um die Spitznamen zweier politischer Parteien, ob die Sache in Verona oder in Siena spielte oder auch in keinem von beiden, sondern irgendwo zwischen Cremona und Vicenza und ob der feine Herr Girolamo della Corte, seines Zeichens städtischer Geschichtsschreiber, jenes ominöse Jahr 1303 als Todesdatum von Romeo und Julia nicht schlichtweg nachträglich in seine *Istoria di Verona* hineingeschwindelt hatte?

Gewiss, die Diskussion, seit Jahrhunderten im Gange, geht unbeirrt weiter, und vor allem die Veroneser Lokalhistoriker lassen nicht ab von ihrem Kampf, auch nicht das kleinste Jota Julia-Ruhm an ein anderes Gemeinwesen abwandern zu lassen. Die von dem ehemaligen Lateinlehrer Professor Giuseppe Beltramini gegründete und herausgegebene Zeitschrift *Vita veronese* spart denn auch nicht mit einschlägigen Veröffentlichungen, und als sich vor etlichen Jahren im Nachbarbezirk Vicenza irgendwelche Geschäftemacher von der Installierung eines Romeo-Gemachs auf dem Hügel Montecchio maggiore vermehrten Touristenstrom für ihre Region versprachen, schritt der Herr Professor, sonst ein Mann von gediegenstem Wesen und ausgesuchtesten Manieren, mit so rabiaten Mitteln gegen die freche Konkurrenz ein, dass er deswegen um ein Haar vorm Richter gelandet wäre. Er und drei seiner Veroneser Gesinnungsgenossen machten sich auf zu jener Stätte ihres Missvergnügens und »regelten« die Angelegenheit auf ihre Weise: Während er, ganz Literat und Rezitator, das versammelte Publikum mit List ins Freie lockte und vor dem Haus eine neuere Dialektfassung von *Romeo und Julia* deklamierte, geschaffen von dem Veroneser Berto Barbarani, sich solcherart den Anschein gebend, als sei er gekommen, der Eröffnungsfeier die ihr angemessene literarische Vertiefung zu verleihen, plünderten seine raueren Kumpane das nach allgemeiner Auffassung illegitime Romeo-Zimmer und schleppten sämtliches Inventar auf Nimmerwiedersehen davon. Seit jenem Coup hat man nie wieder davon gehört, dass es irgendwo auf der Welt zu einem Versuch gekommen wäre, das Monopol anzutasten, das Verona spätestens seit jenem Jahr 1595 innehat, da William Shakespeare in den Prolog seines Trauerspiels *Romeo und Julia* die Worte »In Verona, wo der Schauplatz ist« hineinnahm:

»Denn hier liegt Julia; ihre Schönheit macht/zur lichten Feierhalle dies Gewölb'.«

27 Jahre tat Signor Solimani, draußen bei der *tomba*, das Seine, dies Monopol zu hüten. Anfänglich nur, indem er Eintrittskarten verkaufte, bald jedoch auch, indem er die Besucher persönlich zur Gruft geleitete, allerlei gefühlige Erklärungen abgab und, sofern es sich sichtbar um Liebesleute handelte, sie zum Vollzug des von ihm entwickelten Rituals anhielt: auf beiden Längsseiten des Sarkophags Aufstellung zu nehmen, einander über das Reliquiar hinweg zuzuneigen und schließlich jenen Kuss zu tauschen, der ihrer Beziehung ewige Dauer verspricht. Doch auch Alleinstehenden wusste Signor Solimani Rat – gar solchen, denen vielleicht gerade eben der Partner abhandengekommen, denen um Rückeroberung, um Aussicht auf einen neuen oder auch einfach nur ums nackte Vergessen zu tun war: Ihnen empfahl er, den Steinsarg zu berühren und hierauf

Signor Solimani in der Uniform des »segretario di Giulietta«

die Hand zur Brust zu führen. Wieder andere huldigten dem »Schutzgeist aller Liebenden«, den sie hier zu walten wähnten, indem sie Blumen niederlegten, Namenskärtchen, Briefe. Briefe, denen sie ihre geheimsten Wünsche, ihre tiefsten Bedrängnisse anvertraut hatten. Und eines Tages, ob nun von Solimani dazu ermuntert oder nicht, trudelten auch auf dem Postweg die ersten Botschaften ein. Der Schrift nach zumeist von Teenagern, dem Absender nach zumeist aus England oder Amerika. Bald häuften sie sich in einem Maße, dass nicht länger der Frage auszuweichen war: Was tun mit ihnen? Briefe, die an eine magistratische Dienststelle – denn um eine solche handelte es sich bei der *tomba di Giulietta* streng nach dem Paragrafen – adressiert waren: Durfte man sie öffnen, und wenn ja, wer? Oder *musste* man sie sogar öffnen? Wo waren sie abzulegen, wie lange aufzubewahren?

Unsinn, so entschied man höheren Orts, das Zeug wird verbrannt. Doch natürlich konnte auch dieses Autodafé nicht verhindern, dass weitere Briefe folgten. Und so geschah es, dass Signor Solimani eines Tages die Neugier überkam, in eines dieser seltsamen Poststücke, ob nun befugt oder nicht, Einblick zu nehmen. Es war, wie sich herausstellte, der Hilferuf eines jungen Mädchens aus der englischen Provinz, deren erste Liebe gerade zerbrochen war und die nun in ihrer Verzweiflung mit dem Gedanken an Selbstmord spielte. Signor Solimani, zutiefst betroffen, fühlte sich außerstande, den Brief wegzuwerfen. Er setzte sich nieder und schrieb der Absenderin eine Antwort. Nichts Weltbewegendes und auch nur in der einfachen Sprache, die ihm, dem kleinen Museumswärter, zu Gebote stand. Aber immerhin. Es verschaffte ihm eine eigene Befriedigung – und so blieb er denn von Stund an dabei: Er beantwortete die Liebeskummerpost in der Art einer professionellen Briefkastentante, »sempre a mano e sempre in italiano«, wie er betont. Er nahm dafür den Spott seiner Umwelt in Kauf und die Vorwürfe seiner Frau, die nun am Abend ohne ihn ins Kino gehen musste. Er ließ sich einen Stempel schneiden, der ihn vor aller Welt als »segretario di Giulietta« auswies, und schon bald durfte er sich der ersten Erfolgsmeldungen erfreuen: Dankschreiben derer, die er vor unbedachten Schritten bewahrt, die er seelisch wieder aufgerichtet, denen er zum richtigen Partner geraten oder vom falschen abgeraten hatte.

»My problem is deep and harmful«, lese ich in einem der Briefe, die Signor Solimani aus den säuberlich katalogisierten Bündeln für mich herausfischt. Es ist die Herzensergießung einer Schülerin aus Middletown, USA, die, wie sie mitteilt, in einen Burschen von 28 verknallt ist. Sie selbst sei 15, doch weit über die Jahre gereift. Ihr Problem sei, dass das Objekt ihrer Verehrung nicht die kleinste Spur von Reaktion zeige. »Dabei sieht er aus wie ein perfekter Romeo! Was kann ich nur tun, ihn für mich zu gewinnen? Oder muss ich versuchen, ihn zu vergessen?«

Signor Solimanis Truhe enthält nicht nur Briefe. Sorgfältig breitet er seine Schätze vor mir aus, das starke Aroma von Mottenkugeln verteilt sich im Raum. Ich bekomme den Billettbehälter zu sehen, von dem er die Eintrittskarten abriss, samt seitlich appliziertem Gummi, an dem er bei Hochbetrieb den Zeigefinger zu befeuchten pflegte, eine nach seinen Entwürfen angefertigte Spieluhr: Romeo und Julia beim Tanz, Probefläschchen eines von ihm kreierten Pater-Lorenzo-Likörs sowie eines Julia-Parfums auf Glyzinienblütenbasis, eine messbuchstarke Prachtausgabe von *Romeo und Julia* und schließlich eine Fotokollektion der Besucherprominenz: von Norma Shearer bis Ginger Rogers. Alles, was zur ersten Garnitur zählt, gerahmt, eingeglast und mit einem eigenen Illuminationsmechanismus versehen; ich selbst werde eingespannt, die Steckdose zu bedienen und so an dem phantastischen Spektakel mitzuwirken, das sich Signor Solimani an diesem Tag – wer weiß, wie oft noch in seinem Leben – vergönnt.

Ich brauche ihm nicht von dem Sakrileg zu berichten, dass die *tomba* seit seinem Abgang auf Tonbandbetrieb umgestellt ist. Er selbst ist zwar nie wieder dort gewesen, keine zehn Pferde brächten ihn an den Platz, von dem man ihn vertrieben hat, aber natürlich ist ihm längst hinterbracht worden, wie nüchtern es nun dort zugehe, wie die Touristengruppen durchgeschleust würden, sich selbst überlassen, ohne jede persönliche Ansprache. Pfeile, so habe man ihm zugetragen, wiesen die Besucher in die gewünschte Richtung – welch ein Jammer!

Je länger ich Signor Solimani zuhöre, desto plastischer nimmt meine Erinnerung an den amerikanischen Autor Nathanael West und dessen um 1930 kreierte Romanfigur Miss Lonelyhearts

Gestalt an – den Frageonkel des New Yorker *Post-Dispatch*, der sich, ein Transvestit des Journalismus, mit jenen Briefen herumschlug, die »alle gleicherweise mit einer Herzform aus dem Teig des Leidens ausgestochen« waren, und der am Ende mehr als alle seine Klienten jener Hilfe bedurfte, die er diesen zu spenden vertraglich verpflichtet war. Denn auch »meinen« Signor Solimani hat, seitdem er der Mission seines Lebens beraubt ist, ein solches Maß von Gram erfasst, dass er inzwischen selbst auf fremden Zuspruch angewiesen ist, auf Trost.

Tierliebe

Alle meine Esel

Am Schauplatz von Juan Ramón Jiménez' Platero und ich

»Platero ist klein, wuschelhaarig, sanft; so weich von außen, daß man meinen könnte, er sei ganz aus Watte, habe keine Knochen. Nur die Gagatspiegel seiner Augen sind hart wie zwei Skarabäen aus schwarzem Kristall. (…) Er ist zart, empfindsam und zärtlichkeitsbedürftig wie ein Kind, wie ein kleines Mädchen, aber stark und fest im Inneren, wie aus Stein. (…) Aus Stahl ist er. Aus Stahl und Mondsilber zugleich.«

Plateros Heimat ist die westandalusische Kleinstadt Moguer. In 20 Kilometer Entfernung mündet der Rio Tinto in den Atlantik; etliche der Expeditionen in die Neue Welt, damals im 16. Jahrhundert, haben vom Hafen von Moguer ihren Ausgang genommen; Christoph Kolumbus hat nach der Heimkehr von seiner ersten Amerikafahrt sein Gelübde erfüllt und zum Dank fürs Überleben eines fürchterlichen Azorensturms eine Nacht lang im Kloster von Santa Clara gebetet.

Huelva ist die nächste Großstadt, bis zur portugiesischen Grenze am Rio Guadiana sind es mit dem Auto zwei Stunden. Ich bin – Sommer 1990 – zu Recherchen für mein Buch *Im Tiergarten der Weltliteratur* in Andalusien unterwegs. Wieder einmal habe ich die Schwierigkeiten einer Anreise unterschätzt: Statt spätem Abend wird es tiefe Nacht. Nicht nur der Grenzübertritt hat länger gedauert als angenommen, ich verfahre mich auch ein paar Mal – die Uhr zeigt 2, als ich schließlich

197

im Dunkel die Ortstafel von Moguer ausmache, ich richte mich auf eine Übernachtung im Auto ein. Wie voreilig: Der nächtliche Korso hat sich gerade erst aufgelöst, die Straßen sind voller Leute, auch in der Pension Platero brennt noch Licht, der Portier, der mich zum Zimmer führt, versteht nicht, wofür er ein so töricht überhöhtes Trinkgeld erhält.

Selbst zu so später Stunde bleibt dem Ankömmling nicht verborgen, dass dieses Moguer von zwei Namen lebt: Platero und Jiménez, dem silbergrauen Esel aus dem Buch *Platero und ich* und dem nobelpreisgekrönten Dichter, der in jungen Jahren dieses Buch geschrieben hat, hier im Ort. Die Straßenabzweigung, die den Weg von der Stadtumfahrung ins Stadtinnere markiert, ist mit einem Porträt von Juan Ramón Jiménez ausgestattet, und auf dem Schlüsselanhänger meines Hotelzimmers erkenne ich das sanfte Antlitz eines »burrito«, dem zum Zeichen dieser seiner Sanftheit eine stilisierte Blume aus dem Maul schaut.

Die Live-Version wird mir wenige Stunden später, noch im Morgengrauen, nachgeliefert: Das Geräusch, von dem ich aufwache, ist eindeutig das Trippeln eines Esels, der dicht unter meinem Fenster einen Karren übers Kopfsteinpflaster zieht. Ein Blick auf die Straße bestätigt mir, dass er nicht etwa im Dienst des örtlichen Touristikbüros seine Runden dreht: Platero befördert frisches Gemüse auf den Markt – lange bevor der Bäcker mit seinem Kombi zur Hauszustellung aufbricht und die Witwen zur Frühmesse. Später wird er mir noch öfter begegnen, allerdings eher am Stadtrand und auf den Landstraßen zweiter Ordnung: Platero, auch in seinem Stammland längst vom chromblitzenden Pickup verdrängt, fristet nur noch als Armeleute-Vehikel ein kümmerliches Dasein. Für den Literaturtouristen ein pittoreskes Fotoobjekt, ist er in der Einschätzung der Einheimischen längst zum negativen Statussymbol herabgestuft: Dem Hausierer, dem er auf einer primitiven Tragevorrichtung sein billiges Plastikzeug von Haustür zu Haustür schleppt, ist anzusehen, dass auch er von einem Transportmittel mit höherer PS-Leistung träumt.

Wird in diesen Landen einem Künstler gehuldigt, so mit ungleich mehr Hingabe als weiter nördlich: An allen Plätzen, in allen Gassen, in allen Winkeln von Moguer, die in *Platero und ich* – sei es namentlich, sei es verschlüsselt – vorkommen, hat man, aus den landesüblichen Kacheln angefertigt, Tafeln mit den entsprechenden Zitaten angebracht, und wer seine solcherart gewonnenen Kenntnisse vertiefen und im größeren Zusammenhang überprüfen will, halte sich an die Fußnote, die auf das jeweilige Kapitel hinweist. Sogar ein eigener Stadtplan ist dem Besucher von auswärts dabei behilflich, die diversen Jiménez-Sehenswürdigkeiten aufzufinden: der »itinerario lirico juanramonino«.

Die spanische Sitte, sich im Umgang mit Berühmtheiten auf deren Vornamen zu beschränken, kommt dieser Atmosphäre der Vertrautheit entgegen: Wo immer ich nach Jiménez frage, werde ich, bevor man mir die gewünschte Auskunft erteilt, mit der Gegenfrage korrigiert: »Sie meinen Ramón?« Nicht ohne Bedauern darüber, auf das phonetische Erfolgserlebnis verzichten zu müssen, den schwierigen Familiennamen korrekt ausgesprochen zu haben, stelle ich mich um und erkundige mich also fortan nur noch nach Ramón: nach Ramóns Geburtshaus, nach Ramóns Wohnhaus, nach Ramóns Grab. Und komme dafür in den Genuss eines Zugehörigkeitsgefühls, für das es in der Sprache der Einheimischen sogar einen eigenen Ausdruck gibt: Ich bin, so lese ich es in den Prospekten von Moguer schwarz auf weiß, ein »turista ramonino«.

Als solcher habe ich während meines Aufenthalts in Moguer
alle Hände voll zu tun. Meine Vermutung, dass an einem Ort,
der so reich ist an originalen Jiménez-Gedenkstätten, ein Syn-
thetikum wie sein Denkmal nur enttäuschend, ja überflüssig
sein muss, trifft voll zu: Der Dichter, der da zwischen Marmor-
grazien und Wasserfontäne pathetisch auf seinem Granitsockel
thront, könnte ebenso gut ein um den Ausbau des regionalen
Kanalisationsnetzes verdienter Landtagsabgeordneter sein. Und
auch der *Nucleo Residencial Juan Ramón Jiménez* ist nichts weiter als ein Wohnblock, den man routinemäßig nach dem »großen
Sohn der Stadt« benannt hat.

Wie authentisch dagegen noch immer der Blick auf die Dach-
terrasse des Kindheitshauses in der Calle Ribera, die der junge
Jiménez immer mit einem leichten Anflug schlechten Gewissens
besteigt, weil ihm hierher der geliebte Gefährte Platero nicht
folgen kann. Oder das Haus gegenüber, wo Arreburra, der Was-
serträger, wohnt: Wenn man im Hof die Mauer erklimmt, kann
man bis nach Huelva blicken! Oder der Weinberg vor dem Ort,
wo Jiménez mit den Mädchen Victoria, Blanca, Lola und Pepa
zum Picknick einkehrt und für Platero spät im Jahr die allerletzten Trauben pflückt. Oder der Kirchturm, von dessen Glocken-
stuhl aus man den Zug nach Sevilla sehen kann, die Madonna
auf dem Felsgipfel, die Reste der Zitadelle, das Meer.

Als Juan Ramón Jiménez drei Jahre alt ist, zieht die Familie
aus der Calle Ribera ins Stadtzentrum um. Hier, in der Calle
Nueva, wohnt es sich ganz anders als im Seemannsviertel, wo
Matrosen immerzu mit dem Messer in der Hand herumfuchteln
und die Gassenjungen Hauslaterne und Türschelle demolie-
ren. Auch das neue Gegenüber ist verlockend: der Laden Don
Josés, des Süßwarenhändlers aus Sevilla, der die Türflügel im
Flur seines Hauses kanariengelb bemalt und die Blattspitzen

*Juan Ramón Jiménez
als Bub*

der Agave im Patio mit Eierschalen dekoriert. Heute breitet hier der Papierhändler seine Schätze vor der Kundschaft aus, wozu neben Tabakwaren auch ein kleines Sortiment an Literatur zählt: dies und das von Jiménez – und durchaus nicht nur sein *Platero*. Auch die Ansichtskartenkollektion stellt klar, dass in Moguer kein Platz ist für Souvenirkitsch: das sonnenblumengelbdurchflutete Dichterporträt von der Hand des Malers Joaquín Sorolla y Bastida, Faksimiles von Jiménez' imposanter, weitbogiger Handschrift, der Landsitz Fuentepiña mit Plateros Grab. Und da das Postkartenmotiv vom silbergrauen Esel, der mit gesenktem Kopf durch die ausgetrocknete Sommerlandschaft um Moguer stapft, nicht mit dem ausdrücklichen Titel »Platero« auftrumpft, sondern sich im Begleittext mit einem behutsamen Jiménez-Zitat begnügt, also keinerlei Identität mit dem literarischen Vorbild vortäuscht, ist kein Widerspruch zu den Selbstaussagen des Dichters zu ahnden:

»Viele Leute haben mich gefragt, ob es Platero gegeben hat. Natürlich hat es ihn gegeben. Jedermann in Andalusien hält, falls er Landbesitz hat, außer Pferden und Maultieren ein paar Esel. (…) Platero ist der allgemeine Name für eine gewisse Sorte von Eseln: für alle silberfarbenen. Mein Platero ist nicht ein einzelner Esel, sondern mehrere in einem. Als Bub und als junger Mann hatte ich verschiedene, und alle waren ›plateros‹. Die Summe meiner Erinnerungen an sie ergab für mich die Wesensgestalt und das Buch.«

Mehr über die Herkunft der Titelfigur aus Juan Ramón Jiménez' andalusischer Elegie *Platero und ich* erfahre ich bei einer Visite im Elternhaus des Dichters, das als Literaturmuseum öffentlich zugänglich ist. Hinterm Haus Plateros Futterkrippe; durchs Hoftor ritt man mit ihm aus, wenn es aufs Feld hinausging. Vater Jiménez war Kellereibesitzer – in den Jahren der Blüte seines Unternehmens expedierte er seine Weine auf eigenen Schiffen.

Sohn Juan Ramón ist ein stilles, verschlossenes, zu allerlei Ängsten und Verstörtheiten neigendes Kind. Schon früh ist ihm die Beschäftigung mit dem geschriebenen Wort – auch mit dem selbst geschriebenen – das Wichtigste und Liebste. Mit 15 Zögling des Jesuitenkollegs von Cádiz, kann er sich bereits erster Veröffentlichungen erfreuen: Zeitungen in Huelva und Sevilla drucken seine Gedichte. Der Vater möchte, dass er Jurisprudenz studiert. Daraus wird nichts: Der inzwischen 18-Jährige wendet sich der Malerei zu, schon ein Foto aus noch früherer Zeit zeigt ihn mit Palette und Staffelei.

In Madrid vermag Ramón nicht Fuß zu fassen; schon nach zwei Monaten kehrt er der Hauptstadt den Rücken und ist wieder daheim. Doch im Elternhaus in Moguer kommt es erst recht zur Katastrophe: Der herzkranke Vater stirbt, Ramón ver-

fällt in tiefe Depressionen, immer wiederkehrende Ohnmachts-
und Atemnotanfälle versetzen ihn in Todesangst, nur in ärztlicher Begleitung wagt er sich noch aus dem Haus. Die Leute in
Moguer munkeln, der junge Jiménez habe Türen und Fenster
seines Zimmers zugenagelt, um dem Tod den Zutritt zu verweh-
ren. Der Familie bleibt keine andere Wahl, als den Patienten in
ein Nervensanatorium einliefern zu lassen – zuerst in der Nähe
von Bordeaux, später in Madrid.

1905 kehrt er nach Moguer zurück, und dort, in der Abge-
schirmtheit des Elternhauses, nur von der Familie und seinem
ärztlichen Beistand umgeben, beginnt er die Geschichte seiner
Kindheit aufzuschreiben. Und da die Gefährten dieser Kindheit weniger Kinder waren, sondern überwiegend Esel, wird es
zugleich die Geschichte seiner Esel: *Platero y yo*. Alles, was der
Halbwüchsige erlebt, erlebt er im Beisein oder zumindest im
Gedanken an Platero: Wiese und Stall, Baum und Berg, Ange-
lusläuten und Sonnenfinsternis, Schindanger und Friedhof,
Feuerwerk und Stierkampfarena, Windmühle und Weinberg.

138 Episoden werden es, 138 Prosagedichte, zum vollen Jah-
reslauf sich rundend und stets mit Platero als stummem Zeugen
und geduldigem Kumpan. Zum Fest der Heiligen Drei Könige,
wo man sich mit Leintüchern und Hüten verkleidet und zum
feierlichen Umzug formiert, führt Platero als fahnengeschmück-
tes Kamel die Karawane an; zum Karnevalsumzug am Rosen-
montag wird ihm noch ein letztes Mal das maurische Geschirr
angelegt und die farbenprächtige Galamontur – dann ist seine
Lebensuhr abgelaufen:

»Ich fand Platero auf seinem Strohlager, langgestreckt, mit
matten, trüben Augen. Ich ging zu ihm hin, streichelte ihn,
redete ihm zu, wollte ihn zum Aufstehen ermuntern. Mit einer
jähen Bewegung drehte sich der Ärmste um sich selbst und

stockte, auf ein Knie gestützt. Er konnte nicht … Da löste ich ihm das geknickte Bein, legte es auf den Boden, streichelte ihn wieder und ließ den Arzt rufen. Gegen Mittag war Platero tot.«

Als Juan Ramón Jiménez mit 28 beginnt, *Platero und ich* zu schreiben, denkt er keineswegs an ein Kinderbuch, sondern an eine auf gleichgestimmte Erwachsene zugeschnittene Geschichte seiner Kindheit. Doch der auf Jugendliteratur spezialisierte Verlag La Lectura erfährt von dem Projekt und bittet den Autor um Überlassung des Manuskripts, um für die weitverbreitete *Biblioteca Juventud* eine Auswahl zu treffen. Francisco Acebal, der Verlagsleiter, bündelt 1915 die 64 kindertümlichsten der 138 Kapitel zu einem Band; erst zwei Jahre später wird der Verlag Calleja die erste komplette Ausgabe nachschieben. Und beide werden solche Erfolge, dass Jiménez in späteren Jahren – aus Sorge, der *Platero* könnte sein übriges Œuvre überschatten – den Vertrieb des Buches vorübergehend zu stoppen versucht. Vergeblich: Raubdrucker ficht ein solches Verdikt nicht an. Schließlich resigniert der Autor. Und als er nach dem Zweiten Weltkrieg, nun schon ein Mann von 57, an der Seite seiner Frau Lateinamerika bereist und erfährt, dass sein *Platero* in Argentinien zur Pflichtlektüre an den Elementarschulen zählt, nimmt er mit Freude die Schülerzeichnungen seines »burrito« entgegen und heftet die gelungensten in seinem Arbeitszimmer an die Wand. Nach seinem Tod verbleibt die Kollektion am Alterssitz des Dichters: als eine von vielen Kuriositäten der Jiménez-Gedenkstätte an der Universität von Puerto Rico.

Als ihm 1956, im Sterbejahr seiner Frau und zwei Jahre vor seinem eigenen Tod, die Schwedische Akademie den Nobelpreis für Literatur zuerkennt (und Jiménez damit so illustren Kandidaten wie André Malraux, Elio Vittorini, Jean-Paul Sartre, Alberto Moravia, Albert Camus, Graham Greene und Gottfried

Benn vorzieht), ist in der Begründung zwar nur von seiner Lyrik die Rede, »die beispielhaft ist für hohe Geistigkeit und künstlerische Reinheit«, aber für die große Leserschaft, der Werke wie *Eternidades* oder *La corriente infinita* viel zu schwierig, viel zu spröde sind, bleibt Juan Ramón Jiménez der Schöpfer von *Platero und ich*.

Das gilt erst recht für seine Heimatgemeinde Moguer, wo die Zahl der Platero-Darstellungen an den diversen Jiménez-Gedenkstätten die Zahl der tatsächlich lebenden Esel schon lange überrundet hat. Sollten spätere Vätergenerationen ihren Kindern dieses Tier nahebringen wollen, so werden sie auf die Illustrationen der *Platero*-Bücher angewiesen sein, in der Casa Museo liegen sie in allen Sprachen aus, in allen Preisklassen, sogar in Blindenschrift. Auch in den Alben, in die Jiménez die einschlägigen Zeitungsausschnitte eingeklebt hat, wimmelt es von handschriftlich kommentierten »burritos« aus aller Welt. Der Esel, der einem Rancher-Buben aus Arizona den Traum vom großen Cowboy erfüllt (»un platero auténtico universal«), ist nur einer unter vielen. Und auch das Foto von dem Esel, der der Bestattung des Dichters beiwohnt (nach erfolgter Überführung des Sarkophags von Puerto Rico nach Spanien), wirkt durchaus nicht gestellt, sondern echt: auf dem Friedhof von Moguer, wenige Schritte vom Grab der Eltern entfernt.

Gewiss, Museumswärter Pepe macht seine Besucher auch auf Jiménez' Privatbibliothek und deren Kostbarkeiten aufmerksam, auf Jiménez' und Doña Zenobias Tagore-Übersetzungen, auf die Geistesverwandtschaft mit Federico García Lorca, der den 17 Jahre Älteren als »Generalkonsul der Poesie« bewundert hat, und schließlich auf das geheimnisvolle Wandschränkchen, in dem, einem Allerheiligsten gleich, das Telegramm mit der Nobelpreis-Benachrichtigung aufbewahrt

Plateros Grab auf dem Landsitz Fuentepiña

ist. Doch das eigentliche Gedränge herrscht anderswo: vor dem bronzenen Esel im Hof und vor dem Ölbild der Hazienda Fuentepiña, das der Dichter selbst gemalt hat (und wo Platero begraben liegt).

Fuentepiña – natürlich will ich diesen Ort sehen, frage mich nach jener Anhöhe vor der Stadt durch, die dem Jiménez-Fan heilig ist. Ein paar Mal verlaufe ich mich: Waldpfade und Feldwege bilden ein verwirrendes Labyrinth. Einer der Grundstücksnachbarn geleitet mich schließlich ans Ziel: Der Besitz ist frei zugänglich, nur das Haus selbst versperrt. Niemand scheint die Früchte der ein wenig heruntergekommenen Hazienda zu ernten – der Fremde wird eingeladen, sich an den baumfrischen Orangen, Feigen und Mandeln zu laben. Weinstöcke und Olivenbäume sind sich selbst überlassen, mächtige Korkeichen und Eukalyptus werfen riesige Schatten.

Hierher also hat sich der junge Jiménez in Begleitung seines Esels Platero zurückgezogen, hier hat er zum Teil auch geschrieben, und hier, unter der großen Pinie, liegt der Gefährte seiner Kindheit begraben. Der Blick auf die Stadt Moguer, die sich strahlend weiß vom erdbraunen Einerlei der staubigen Landstraße abhebt, ist überwältigend schön, übertroffen nur von der Aussicht, die man vom nahen Klosterhügel Montemayor hat, wo das Gnadenbild der Schutzpatronin von Moguer verehrt wird seit Jahr und Tag. In der Ferne die weite Ebene – »las vegas« sagen die Spanier.

Wieder zurück in der Stadt, blättere ich in den Jiménez-Beständen des Städtischen Kulturzentrums; ich bin der Einzige im Lesezimmer. Ist es nicht von besonderem Reiz, sich auf die Lektüre eines Buches »an Ort und Stelle« einzulassen? Der köstliche Reprint der Erstausgabe von *Platero y yo* mit den jugendstilhaften Schwarzweißzeichnungen von Fernando Marco, die von Mal zu Mal ausschweifenderen Vorworte der Philologen, deren Auslassungen über Symbolik und Archetypik, über das Franziskanische und Tagorische im *Platero* man folgen mag oder nicht; dann – welch ein Schock! – der gemeinsame Schmähbrief von Luis Buñuel und Salvador Dalí, die mit den rüdesten Prädikaten das Werk ihres Landsmannes abkanzeln (»Der uneselhafteste Esel, der uns je über den Weg gelaufen ist!«); schließlich die Mitteilung des deutschen *Platero*-Übersetzers Fritz Vogelsang, dass antiker Eselkult und altgriechische Musik die gleiche Wurzel haben: »Apollon war im Anfang ein Eselgott.«

Sämtliche Jiménez-Bände, die ich zur Hand nehme, sind mit einem Exlibris der »Familia de Zenobia y Juan Ramón« versehen, und zwar immer erst auf der Seite, auf der, nach Titelei, Vorwort und Anmerkungsteil, der eigentliche Text beginnt: ein Prägestempel von erlesenem Geschmack. Auch auf dem Briefkopf des Nachlassverwalters, des in Madrid ansässigen Jiménez-

Neffen Francisco Hernandez-Pinzón, kehrt er wieder; im heutigen Moguer lebt niemand mehr von der Familie.

»Schau, Platero, was sie aus dem Fluß gemacht haben – mit ihren Bergwerken, mit ihrer lieblosen Raffgier. Sein rotes Wasser ist heute abend kaum noch imstande, zwischen violettem und gelbem Schlamm einen Schimmer der sinkenden Sonne aufzufangen, und nur noch Spielzeugschiffchen können in seiner Rinne fahren. Früher (…) Sardinen, Riesenaustern, Aale, Seezungen und Krabben (…) Das Kupfer von Riotinto hat alles mit seinem Gift verseucht.«

Der *Platero* von 1917 ist also schon ganz schön umweltbewusst. Nur leider, des Dichters Klage ist ungehört verhallt. Es ist nicht besser geworden seither, eher schlimmer. Die Fabrikschlote des nahen Zellulosewerks rauchen auch das Wochenende über, der Rio tinto ist nur noch die Karikatur eines Flusses, führt kaum noch Wasser, und auf der Straße dicht vor meinem Hotelfenster, das ich unglücklicherweise offengelassen habe, brennt gerade ein PKW aus. Die Rußteilchen, die mein Zimmer bis in den hintersten Winkel schwärzen, machen eine Übersiedlung unumgänglich. Die Feuerwehr, die viel zu spät am Unglücksort eintrifft, wird auch dann eher behindert als unterstützt, die Schaulustigen scheinen in ihr eine Art Spielverderber zu sehen – da sind sie wie die Kinder.

Am Abend – Tisch an Tisch in der Bodega – Zufallsbekanntschaft mit einem Bankdirektor aus Málaga, der mit einer Frau aus Moguer verheiratet ist. Dem Typ nach ein weltläufiger und auch literarisch beschlagener Mann, hat er Großstadthektik und Großstadtsnobismus gründlich satt und schöpft, sooft es sein Beruf zulässt, in der Provinz Kraft. Der spätabendliche Familienkorso auf der Plaza Monjas ist für ihn, dem dies alles wohlvertraut ist, der gleiche Genuss wie für mich: die Kinder, wiewohl

um vieles vorlauter als anno dazumal, noch immer in Matro-
senanzug und Spitzenkragenkleid. Dann die Pärchen. Und die,
aus denen vielleicht an diesem Abend noch Pärchen werden.
Und schließlich die Alten und ganz Alten, die selbstverständlich
ebenfalls mit dabei sind – niemand käme auf den Gedanken,
sie zu Hause einzusperren. Zu Hause oder etwa gar in einem
Altersheim. Eine intakte Gesellschaft, die keine Kommunikati-
onsprobleme zu kennen scheint. Aber mein Gewährsmann verschweigt nicht, dass diese intakte Gesellschaft auch grausam sein
kann. Zum Beispiel dem Künstler gegenüber, der aus der Reihe
tanzt. Zum Beispiel dem jungen Juan Ramón Jiménez gegenüber, der zu Zeiten seiner psychischen Verstörtheit die Bürger
von Moguer zu Verspottung und Verfolgung reizte. Jahrzehnte
mussten verstreichen und aus dem »Verrückten« erst eine Welt-
berühmtheit werden, damit sich das Blatt wendete. Das Einzige,
was Moguer zu seiner Entschuldigung vorbringen kann, ist, dass
es sich in dieser Hinsicht nicht schlechter (allerdings auch nicht
besser) verhalten hat als all die anderen Orte, denen nachmals
bedeutende Geister entsprossen sind. Auch Dantes Florenz,
auch Thomas Manns Lübeck, auch Marcel Prousts Illiers haben
ihre Zeit gebraucht, bis sie aus dem Verräter oder Narren einen
Abgott gemacht haben.

Hingabe

Der gute Mensch von Jena
Wieso sich Goethe von seinem Lieblingsdiener trennte

Die Enthüllung des Frankfurter Goethe-Denkmals ist ein in jeder Hinsicht außergewöhnliches Ereignis. Zwölf Jahre ist es her, dass man den Dichter in seiner Wahlheimat Weimar zu Grabe getragen hat, jetzt, 1844, will ihm endlich auch die Vaterstadt in gebührender Weise huldigen: Eine hübsche Stange Geld hat sich die Bürgerschaft der Freien Reichsstadt den Schwanthaler-Koloss in der Gallus-Anlage kosten lassen. Einer der Männer aus dem Festkomitee, die das Spektakel vorbereiten und die Liste der einzuladenden Ehrengäste erstellen, macht den Vorschlag, doch auch nach Jena zu blicken: Müsste es nicht gerade dort noch mancherlei Goethe-Reliquien geben, die man sich als Leihgabe für die Zeremonie erbitten kann?

Hier hat der Meister, wenn man es zusammenzählt, ziemlich genau fünf Jahre seines Lebens zugebracht, hat in Wahrnehmung seiner weimarischen Ministerpflichten an den örtlichen Rekrutenaushebungen teilgenommen, den Bau der Chaussee durchs Mühltal sowie die Flussregulierung der Saale überwacht, den Botanischen Garten und das sogenannte Accouchierhaus, ein Entbindungsheim mit Hebammenlehranstalt, gegründet, die dem Hof unterstehenden Bibliotheken, Sammlungen und Kabinette geordnet und den naturwissenschaftlichen Fächern Mineralogie, Botanik und Chemie zur Etablierung als eigene Universitätsdisziplinen verholfen. Im Hörsaal des Anatomieturms am Teichgraben ist dem 35-Jährigen die aufsehenerregende Entdeckung des menschlichen Zwischenkieferknochens geglückt, im Bachstein'schen Haus am Marktplatz ist er nach einer abendlichen Sitzung der Naturforschenden Gesellschaft zum ersten Mal Kollege Schiller begegnet, in Jena hat er den Roman *Wilhelm Meisters Lehrjahre* und das Epos *Hermann und Dorothea* vollendet, die Ratschläge des »Urfreundes« Carl Ludwig von Knebel eingeholt und im Hause des Buchhändlers Frommann dessen Pflegekind Minchen Herzlieb schöne Augen gemacht. Als einen »Stapelplatz des Wissens und der Wissenschaft« hat er die Stadt gepriesen – müsste es da nicht ein Leichtes sein, zur Ausschmückung des Frankfurter Festakts ein einschlägiges Exponat ausfindig zu machen und für ein paar Tage von der Saale an den Main zu transferieren?

Die Antwort aus Jena könnte origineller nicht ausfallen: Man schickt den Frankfurtern kein Möbelstück, kein Schreibwerkzeug, kein Dokument. Sondern eine lebendige Leihgabe, eine leibhaftige, wohl die rührendste, die sich denken lässt: den alten Diener Carl Wilhelm Stadelmann. Der 62-Jährige, in letzter Zeit arg heruntergekommen, verbringt seinen Lebensabend im Armenhaus der Stadt.

Eigentlich heißt er – nach jener Maria Magdalena Bindnagelin, die ihn am 21. Jänner 1782 unehelich geboren hat – Bindnagel (oder auch Bindernagel). Aber die Mutter heiratet in späteren Jahren einen Stadelmann, und so darf er fortan dessen Namen tragen. In seiner Heimatstadt Jena absolviert er eine Buchdruckerlehre, gibt jedoch die »schwarze Kunst« bald auf und tritt in den Haushalt der Kommerzienrätin Hagenbruch als Kämmerer ein.

32 ist er, als Goethe auf den aufgeweckten Burschen aufmerksam wird: Seine Intelligenz, sein Witz und die Sicherheit

seines Auftretens machen auf den 33 Jahre Älteren starken Eindruck, der Dichter engagiert ihn vom Fleck weg, am 1. Juli 1814 tritt Stadelmann seinen Dienst »beym Herrn Cammer-Rath v. Göthe« an. »Haar: braun, Augen: blau, Nase und Mund: proportioniert, Statur: mittel, besondere Kennzeichen: keine« – so wird später der betreffende Eintrag im Weimarer Gesindebuch lauten.

Noch im selben Monat, am 25. Juli 1814, treten Dienstherr und Domestik die erste gemeinsame Reise an: Rhein, Main und Neckar sind ihr Ziel; auf des Dieners Arm gestützt, wandert Goethe durch das nächtliche Frankfurt, hält vor dem Vaterhaus am Hirschgraben inne, lauscht gerührt dem Schlag der alten Standuhr, die schon in seinen Kindertagen die Stunden gezählt hat.

Unter den dienstbaren Geistern, die Goethe in seinem fast 83-jährigen Leben »verbraucht«, wird Carl Wilhelm Stadelmann derjenige sein, der ihm von allen am nächsten steht. Auch als er sich bereits von ihm getrennt hat, wird er dem »braven guten Menschen« verbunden bleiben, indem er dessen Nachfolger Ferdinand Schreiber nicht etwa »Ferdinand«, sondern weiterhin, als hätte es nie einen Wechsel gegeben, »Carl« ruft.

Stadelmann ist ständig um ihn. Auf Reisen sitzt er neben dem Kutscher auf dem Bock des »Fahrhäuschens«; ist man daheim, so besorgt er seinem Herrn das Gewand, das Lager, die Zwischenmahlzeiten. Goethe ist Frühaufsteher, schon um sechs auf den Beinen. Nach der Early-morning-Labung – wahlweise Kaffee, Schokolade oder Fleischbrühe – geht er daran, das am Vortag in Stichworten Notierte zu diktieren, dann folgt das eigentliche Frühstück. »Ich muß von morgens 4 ½ Uhr auf den Füßen seyn und komme des nachts öfters vor 1 nicht zu Bette«, lässt Stadelmann vorsichtige Klage anklingen.

Als der »treue sorgfältige Diener« eines Tages erkrankt, gerät Goethes Tagesablauf vollends ins Stocken. »Durch sein Übel«, schreibt er an einen der Freunde, »gingen mir vierzehn Tage aufs schmählichste verloren.« Besonders hart trifft es ihn, wenn Stadelmann auf Reisen krankheitshalber ausfällt: »Kommt Carl wieder auf die Beine, so wollen wir des Restes dankbar genießen.« Und allein aufbrechen? Ausgeschlossen! Wie könnte er ihm »das Herzeleid antun, ohne ihn die Reise zu machen«? Missmut und Untätigkeit befallen Goethe, der nun »zugleich einen Diener, Rechner und Schreiber« vermissen muss.

Ist etwas an den Kleidern zu richten, so bringt Stadelmann sie zum Schneider, und auch die Anschaffung der täglichen Lebensmittel erfolgt nach seinen Anweisungen, wobei er sich stets bemüht zeigt, in die Speisenfolge Abwechslung zu bringen: »Ich glaube nicht, daß Blumenkohl wird nötig sein, ich habe noch zwei Stauden. Schotten haben wir diese Woche auch schon zweimal gehabt. Sollten Sie aber eine gute Melone schicken können, die nicht so viel Mühe kostet, so glaube ich, daß es gut ist, doch ist es kein Befehl vom Herrn.«

Ein weiterer Bestellzettel an den »wertesten Herrn Bibliotheks-Secretair« gibt Aufschluss über Goethes Trinkgewohnheiten: »Sie werden durch den Fuhrmann Thierolf die Kiste mit 9 Bouteillen erhalten haben nebst den Stöpseln. Ich bitte ergebenst, mir sie so bald als möglich gefüllt zu senden, da mein Vorrat nur noch in 3 ½ Bouteillen besteht und ich jetzt mehr brauche, da immer kleine Frühstückchen stattfinden.«

Auch Goethe selbst wird von seinem Diener mit derlei Sendschreiben bedacht – etwa wenn von Weinmar eine »Warenlieferung« nach Jena unterwegs ist: »Ehrwürdige Exzellenz! Empfangen ein Paket mit Strümpfen, eins mit einer Schöpskeule und eins mit Wachsstümpchen. Auch habe ich hier ein sehr schön schwarz gewässertes Zeug zum Sofa gefunden. Es ist 5/4 breit, aber nur 10 Ellen. Der Kaufmann Schmidt will mir bis Montag welches verschreiben, wenn es so lange anstehen kann. Doch werde ich die anderen Kaufleute durchgehen, um zu sehen, ob ich nicht das nämliche finde, und es dann so schnell als möglich zu senden. Inliegend ein Brief von Franzensbrunn, sonst ist nichts eingelaufen.«

Will Goethe von seinen Reisen Geschenke für Ehefrau Christiane oder für die Damen der Weimarer Hofgesellschaft mitbringen, so ist Stadelmann der verantwortliche Organisator: Gleich nach der Ankunft in Karlsbad holt er den »Preiscourant« für Haarnadeln ein. Und natürlich obliegt ihm alles, was mit der Herbergsbeschaffung zusammenhängt. Goethe an Sohn August: »Da ich keine rechte Gewißheit wegen des Quartiers erhalten konnte, hab ich Stadelmann mit der Equipage und Effekten nach Marienbad geschickt, damit er dort alles einleite, ordne und mich des unerfreulichen ersten Ankommens überhebe. Morgen fahr ich nach und trete ruhig und beruhigt ein.« Damit auch ja alles nach Wunsch abläuft, holt Stadelmann sogar Ratschläge von Goethes Leibarzt ein – erst dann erfolgt die Vollzugsmeldung an die »Ehrwürdige Exzellenz«: »Melde ich, daß der Herr Hofrat Rehbein das Logis im ersten Stock der ›Goldenen Traube‹ für das zweckmäßigste gefunden.«

Im Frühjahr 1823 wird Goethe von einer schweren Erkältung heimgesucht. Stadelmann ist der Einzige, der auch jetzt immer um ihn sein darf. Augenzeugen berichten: »Ein heftiger Frost schüttelt ihn auf einmal so zusammen, daß der getreue Stadelmann nicht genug herbeiholen konnte, um ihn zuzudecken.« Und als sich die Freunde besorgt zur Krankenvisite einstellen, ohne freilich vorgelassen zu werden, ist es wiederum der Diener, der dem Patienten die Besucherlisten vorlesen muss.

Sogar in Eckermanns Aufzeichnungen findet Stadelmanns Obsorge um Goethes Genesung Eingang: »Als ich unten in das Bedientenzimmer trat, um meinen Mantel zu nehmen, fand ich Stadelmann sehr bestürzt. Er sagte, er habe sich über seinen Herrn erschrocken. Wenn er klage, so sei das ein schlimmes Zeichen. Auch wären die Füße plötzlich ganz dünn geworden, die bisher ein wenig geschwollen gewesen. Er wolle morgen in aller Frühe zum Arzt gehen, um ihm die schlimmen Zeichen zu melden. Ich suchte ihn zu beruhigen, allein er ließ sich seine Furcht nicht ausreden.«

Sekretär und Diener vertragen sich leidlich gut miteinander: Als Johann Peter Eckermann, Sohn eines Hausierers und einer Mützennäherin aus Winsen an der Luhe, am 27. Oktober 1823 im Haus am Frauenplan seinen Dienst antritt, ist es Stadelmann, der alles für den Empfang des »Neuen« vorbereitet. Goethe ist gerade mit dem Manuskript der *Marienbader Elegien* fertig geworden, Eckermann soll die Ehre widerfahren, es als Erster zu lesen, der Diener schleppt zwei Kandelaber herbei, um den feierlichen Augenblick ins rechte Licht zu rücken.

Selbst in den ganz banalen Dingen des Dichteralltags geht nichts ohne Stadelmanns geschickte Hand: Wenn Goethe nach seinen geliebten Näschereien, nach »Pfeffermünzkügelchen« und seltenem Obst verlangt, bekommt der Bote präzise Anweisungen mit auf den Weg, wie das kostbare Gut zu verpacken sei: »Die Birn in reines Löschpapier gewickelt, damit sie sich nicht drücken!«

Wieder ein anderes Aufgabengebiet betrifft die Abwehr lästiger Besucher. Wie hält man beispielsweise jene aufdringliche Theatersouffleuse fern, die sich von Goethe ein Engagement

ihres Mannes erhofft und Stadelmanns Fürsprache mit amourö-
sen Gegenleistungen zu honorieren verspricht? Das »schwarze
Rabenaas«, so wird der Diener in seinem Tagebuch vermerken,
habe ein paar »recht schöne Mädchen« zur Hand, die sie ihm,
sollte er »mit liebeglühendem Herzen Sehnsucht empfinden«,
bei Bedarf jederzeit zuführen könne. »Sie brauchen sich nur an
mich zu wenden, es sind ein paar allerliebste Kinder.«

Auch als »lebender Kalender« stellt der »gute Carl« seinen
Mann – überhaupt in späteren Jahren, als Goethes Gedächtnis
dramatisch nachzulassen beginnt.

Sommer 1820, man weilt zur Kur in Karlsbad. Goethe ruft
nach dem Diener, er solle zwei Flaschen Rotwein sowie zwei
Gläser herbeibringen und auf den einander gegenüberliegenden Fensterbrettern abstellen. Dann setzt er zu einem Rund-
gang im Zimmer an, wobei er zügig ein Glas nach dem anderen leert. In diesem Augenblick tritt Leibarzt Dr. Rehbein ein.
Goethe herrscht ihn an: »Ihr seid mir ein schöner Freund! Was
für einen Tag haben wir heute und welches Datum?«

Rehbein: »Den siebenundzwanzigsten August, Exzellenz.«
Goethe: »Falsch. Es ist der achtundzwanzigste und mein
    Geburtstag!«
Rehbein: »Ach was, wie könnte ich den vergessen? Wir haben
    den siebenundzwanzigsten.«
Goethe: »Das ist nicht wahr! Wir haben den achtundzwan-
    zigsten!«
Rehbein (nun sehr bestimmt): »Den siebenundzwanzigsten!«
Goethe (klingelt dem Diener, Stadelmann tritt ein): »Carl,
    was für ein Datum haben wir heute?«
Stadelmann: »Den siebenundzwanzigsten, Exzellenz.«
Goethe: »Daß dich der Teufel hole, her mit dem Kalender!«

Stadelmann bringt den Kalender, Goethe wirft einen Blick darauf. Dann, nach langer Pause: »Donnerwetter! Da habe ich mich ja ganz umsonst besoffen!«

Nur in puncto Sprache und Rechtschreibung hapert es beim »guten Carl«. Auf dessen Dienste zurückzugreifen, wenn einmal kein Schreiber zur Hand ist, um Brief- und andere Diktate aufzunehmen, unterlässt Goethe nach einigen Versuchen: Stadelmann setzt weder Punkt noch Komma, macht keine Absätze und leistet sich so manchen orthografischen Schnitzer.

Umso sattelfester ist er in allen Fragen der Botanik – und nicht etwa nur jenen, die bei der täglichen Gartenarbeit anfallen. Wie oft geschieht es, dass er, selbst der »Pflanzenlust« verfallen, seinem Herrn bestimmte Gewächse zu näherer Betrachtung ins Zimmer bringt! Und als eines Tages gar eine Probe einer versteinerten Heideneiche ins Haus kommt, nimmt Stadelmann aktiv an der Untersuchung des kostbaren Fundes teil.

Noch nützlicher ist seine Hilfe, wenn es um die Beobachtung geologischer Formationen und ums Sammeln mineralogischer Trouvailles geht. Auf einem ihrer gemeinsamen Ausflüge lässt der scharfsichtige Stadelmann die Kutsche anhalten, springt vom Bock herunter, hebt einen Feldspat-Zwilling vom Boden auf und reicht den Fund an Goethe weiter, der seiner Verwunderung mit den beinahe zärtlichen Worten »Wie kommst denn du hierher?« Ausdruck verleiht. Verlässt Stadelmann nicht oft schon um vier Uhr früh das Haus, um nach seltenen Steinen zu suchen, mit dem »Hämmerchen« die jeweilige Beute einzusammeln und sie seinem Herrn zu präsentieren? Kaum ein Tag, da Goethe nicht in seinem Diarium das Finderglück seines Dieners lobend hervorhebt: »Besonders war Stadelmann unersättlich, den stänglichen Eisenstein, den er in pseudovulkanischem Bruche in großen Kugeln antraf, zusammenzulesen. Wie denn über ein Viertelzentner nach Hause geschleppt wurde.«

Auch gegenüber Besuchern, die seine mineralogischen Neigungen teilen, wird Goethe nicht müde, die Meriten seines Dieners zu würdigen:»Mein Stadelmann hat schon viel Gutes zusammengeschleppt.« Ja, der Bediente versäumt bei alledem nie, nicht nur Goethe selbst, sondern auch dessen Freunde mit Proben seiner Funde zu versorgen. Graf Stroganoff, eine Kurbekanntschaft aus Marienbad, erhält einen ganzen Kasten Steine, und zwei aus Stadelmanns Vorräten zusammengestellte»Suiten« gehen als Geschenk ans Mineralienkabinett des Stiftes Tepl beziehungsweise ans Vaterländische Museum in Prag.

In seiner eigenen Werkstatt fertigt Stadelmann Gipsabgüsse an:»Da sitze ich nun Tage und Abende und sinne, wie ich das Ding recht schön und gut machen will und vergesse alles um mich her, Freunde und Frau ...«

Dem gelernten Buchdrucker kommt dabei zustatten, dass er sich vorzüglich auf das Herstellen von Matrizen versteht, und Goethe macht davon auch hocherfreut Gebrauch.»Stadelmann wünscht eine Bouteille mit Gips«, schreibt er an einen der Hausgeister,»sie steht in der Bedientenkammer im Schranke; der Bote ist angewiesen, sie mitzunehmen.« Sei es ein in der aufgelassenen Synagoge von Eger entdeckter Stein mit althebräischen Schriftzeichen oder ein fossiler Elefantenzahn aus einer einschlägigen Sammlung: Stadelmann erhält Auftrag,»Tonabdrucke« von den Objekten zu nehmen, und führt alle Anweisungen bezüglich Firnis und Färbung gewissenhaft durch.

Selbst in der Farbenlehre steigt Stadelmann vom bloßen Gehilfen zum»vollkommen eingeweihten« Jünger auf. 16. Mai

1824 im Haus am Frauenplan in Weimar, die Herren Riemer und Meyer sind mit Goethe in einen ernsten literarischen Diskurs vertieft.

> Stadelmann (sie unterbrechend): »Gestatten, Exzellenz, ich muß Ihnen eine Entdeckung mitteilen.«
> Goethe: »Nun, Carl, laß sehen!«
> Stadelmann: »Also, ich nehme dies Glas Wein und stelle es auf ein Blatt weißes Papier, und hierhin stelle ich ein Licht. Das Licht scheint durch den Wein und bildet auf dem Papier drei Sonnen und einen Regenbogen – ganz, wie wir das neulich am Himmel beobachtet haben. Dreht man das Glas so, dann ist hier die Sonne; so, dann werden es zwei, und so drei, und hier ist der Regenbogen und hier der helle und der dunkle Kreis.«
> Goethe: »Stadelmann ist ein Genie, er wetteifert mit der lieben Natur. Ja, er ist sogar sparsamer als sie! Er braucht nur ein Glas Weißwein, um ihren ganzen Himmelsraum zu schaffen. Los, Carl, dreh dein Glas noch einmal!«

Ja, dieser Carl Wilhelm Stadelmann aus Jena ist wahrhaftig ein Tausendsassa – fröhlichen Gemüts und immer voller Einfälle. Und weit mehr als ein Domestik! Nicht nur, dass er seinem Dienstherrn in dessen naturwissenschaftlichen Interessen nacheifert, kopiert er ihn auch bis in die äußere Erscheinung hinein, nimmt manches von seinem Gehaben an, ahmt seinen Gang nach. Soll man es rührend nennen oder grotesk? Sogar Goethes Hang zu Liebelei und Flirt färbt auf den um so viele Jahre Jüngeren ab. Nur im Schreiben (Stadelmann entfaltet eine rege Korrespondenz sowohl mit dem übrigen Personal wie mit manchen der illustren Goethe-Vertrauten) bleibt er ein hoffnungsloser Dilettant, mag er durch seinen Umgang mit all den hehren Geistern auch noch so viel an Gelehrsamkeit aufschnappen. Seinem Landsmann Friedrich Theodor Kräuter, dem gleichfalls aus Jena stammenden Goethe-Sekretär (und späteren Bibliothekar und Archivar), schreibt er: »Sehen Sie, hier in Jena, da laufen unsereinem die Professoren immer vor den Füßen herum: Da kommt ein Bergrat, dort ein Chemiker, da wieder ein Künstler, ein Technolog und Gott weiß wer alles. Ich muß mich den ganzen Tag mit den Leuten herumbalgen, und da habe ich denn jedem so etwas abgemerkt.«

Aber es gibt auch Probleme: Goethe hält seinen »guten Carl« verdammt knapp. Und wieder ist es der Eckermann-Vorgänger Kräuter, dem er sich, ohne sich ein Blatt vor den Mund zu nehmen, anvertraut: »Ich leide an allem Notdürftigen Mangel. Alles geht in Stücke, an den Stiefeln keine Sohlen, sogar die Vorschuhe nicht mehr brauchbar. Meine besten Hosen sind zerfleischt, andere habe ich nicht. Schon sind 3 ½ Monat verflossen, daß ich im Dienst bei Seiner Exzellenz bin, und habe weiter noch nichts von den versprochenen Livreestücken als Rock und Hut, worin ich in dem schrecklichen Aprilwetter habe paradieren müssen. Ferner habe ich den Tag 8 Groschen, und jeden will ich loben, der imstande ist, bei dieser Zeit mit 8 Groschen auszukommen … Diese Lage macht mir den Aufenthalt in Jena wirklich schwer, doch wage ich nicht, dem Herrn Geheimen Rat mit Klagen schwerzufallen, da ich mir alle Mühe gebe, seinen Aufenthalt so angenehm als möglich zu machen. Auch wollte ich dieses Klagelied bloß für Sie gesungen haben.«

Es ist wahr: Der Dichterfürst ist knausrig. Jeden Abend, so wird berichtet, lässt er »seinen Bedienten zu sich auf die Stube kommen, um Rechnung mit ihm abzuhalten über alle

Ausgaben des Tages, die größten wie die kleinsten, und für den folgenden Tag den vorläufigen Etat im Ausgabenbuch festzustellen.«

Goethes trockener Kommentar: »Wenn die Prosa abgetan ist, kann die Poesie um so lustiger gedeihen. Man muß sich das Unangenehme vom Halse schaffen, um angenehm leben zu können, und der Schlaf bekommt nur um so besser.«

Doch einen weiteren Grund für seine notorische Geldnot verschweigt Stadelmann: Er trinkt. Dass auch der ausgewiesene Weinkenner Goethe diesem Laster zuneigt, mag ihn zu Unbekümmertheit, ja Übermut verleiten. Was er dabei freilich übersieht: Goethe spricht dem Alkohol zwar regelmäßig, doch nie unmäßig zu. Und er hasst Exzesse. Stadelmann jedoch ist der typische Quartalsäufer: Wenn es ihn überkommt, ist er wehrlos. Und außerstande, seinen Dienstpflichten nachzukommen. So sehr Goethe sonst an dem »braven guten Menschen« hängen mag, solche Nachlässigkeit kann er ihm nicht durchgehen lassen. »Ohnehin lag es in meiner Art«, hält er schon in seinem Jahresheft von 1795 fest, »aus herkömmlicher Dankbarkeit unbequeme Menschen fortzudulden, wenn sie es mir nicht gar zu arg machten, alsdann aber meist mit Ungestüm ein solches Verhältnis abzubrechen.«

Jetzt, im Sommer 1824, ist dieser Punkt erreicht: Der Bogen ist überspannt, Goethes Geduld aufgebraucht, der Herr Geheimrat muss sich um einen neuen Bedienten umsehen. »Stadelmanns Abgang« – so trägt er am 1. Juli lakonisch in sein Tagebuch ein. Und fährt fort: »Nötige Einrichtungen deshalb.«

Schon einmal hat er sich von Stadelmann getrennt: Ende 1815, anderthalb Jahre nach dessen Dienstantritt; die Gründe dafür liegen im Dunkeln. Doch Goethe holt ihn wieder zurück. Als Nachfolger Ferdinand Schreiber im darauffolgenden Jahr ins Siechenhaus gebracht werden muss, entsinnt sich Goethe der besonderen Qualitäten Stadelmanns und engagiert ihn aufs Neue, und diesmal sind es über sieben Jahre, die sie beisammenbleiben.

Diese sieben Jahre sind nunmehr um, der Bruch scheint endgültig. Goethe schreibt an einen seiner Freunde nach Jena: »Es hat der vor kurzem aus meinen Diensten getretene Stadelmann seit mehreren Jahren meine Reiserechnungen geführt, die zwei zusammengehefteten Jahre von 1822 und 1823 jedoch, ohngeachtet wiederholter Erinnerung, nicht abgeliefert.« Sogar von der Möglichkeit gerichtlicher Sanktionen ist die Rede.

Stadelmann verteidigt sich, redet sich auf den Kutscher aus, dem die Obsorge über die Kiste mit den Rechnungszetteln anvertraut gewesen sei. Unverschlossen habe er sie an einem Ort stehen sehen, »wo jeder Tagelöhner und jede Waschfrau Zutritt hatte«. Jetzt aber sei das Ding unauffindbar verschwunden. Sogar den Wandkalender, mit dessen Hilfe er vielleicht in der Lage wäre, wenigstens einen Teil der Ausgaben zu »rekonstruieren«, habe er »nicht wiedererlangen können«.

Über den genauen Ablauf der Entlassung schweigen die Dokumente, doch wird eine »lautstarke Auseinandersetzung« vermutet: Goethe ist enttäuscht, Stadelmann verletzt. Der inzwischen 42-Jährige verlässt Weimar und kehrt in seine Heimatstadt Jena zurück, wo er zunächst wieder in seinem angestammten Beruf als Buchdrucker Fuß zu fassen versucht, bevor er – wohl über Empfehlung seines ehemaligen Dienstherrn – in die Werkstatt des von Goethe hochgeschätzten Hofmechanikus und Optikers Dr. Körner eintritt und diesem bei der Fertigung von Chrom- und Flintglas assistiert. Schließlich aber landet er im Armenhaus. Als ihm 1834 auch noch seine Frau wegstirbt, verliert Stadelmann den letzten Halt, liefert sich vollends der Geißel Alkohol aus, kann von seinem Dienstgeber nicht einmal mehr für die einfachsten Arbeiten in Haus und Garten herangezogen werden. Im Armenasyl in der Jenergasse quält er sich noch zehn Jahre dahin – als Holzhacker und Gartenknecht, dessen einziges »Vergnügen« es bleibt, sich ab und zu einen gewaltigen Rausch anzutrinken, vorausgesetzt, es gelingt ihm, sich der Aufsicht durch den strengen Inspektor zu entziehen. Aus dem »nicht ganz gewöhnlichen Menschen«, dem eine Zeitzeugin aus den letzten Lebensjahren noch kurz zuvor »feine Manieren und eine gebildete Sprache« attestiert hat, ist ein Wrack geworden. Treffe man ihn jedoch in nüchternem Zustand an, so »brauche man sich nur fünf Minuten mit ihm zu unterhalten, um zu wissen, daß man einen Mann vor sich habe, der viel erlebt und erfahren«.

Nur ein einziges Mal, gegen Ende seines Lebens, fällt ein letzter Strahl des einstigen Glanzes auf den Verelendeten, wenigstens für ein paar Stunden darf sich Carl Wilhelm Stadelmann noch einmal im Ruhm seines früheren Dienstherrn sonnen: Es ist die bereits erwähnte Einweihung des Frankfurter Goethe-Denkmals 1844.

Als er die »Extrapost« aus Frankfurt in Händen hat, holt er aus seinem Wäschekasten im Jenaer Arbeitshaus das Sonntagsgewand hervor, das ihm Goethe seinerzeit zum Abschied vermacht hat, probiert die jahrelang unbenützt gebliebenen Sachen, packt sein Köfferchen und besteigt, das Gratisbillet für die weite Reise in der Rocktasche, die Kutsche nach Frankfurt. In Weimar macht er Zwischenstation und stattet dem verhinderten Sekretarius Riemer einen Besuch ab, über den dieser in seinem Tagebuch wohlgelaunt festhält: »Er erzählt von alter Zeit und seiner jetzigen Arbeit aller

Das Frankfurter Goethe-Denkmal

Art im Arbeitshause zu Jena, alles mit gutem Humor und
Schwatzhaftigkeit.«

Die Weiterfahrt an den Main kann Stadelmann nicht schnell
genug gehen: »Was – erst Gotha? Noch immer nicht Fulda?
Und wann kommt endlich Butzbach?« Der Empfang in Frankfurt kommt ihm wie ein Traum vor: Ist es möglich, dass sie ihn,
den einstigen Buchdrucker, Lakai und Labordiener, wahrhaftig
mit »Euer Gnaden« anreden? Und dass sie ihm bei der Feier
der Denkmalsenthüllung einen Ehrenplatz in der ersten Reihe
zuweisen? Jeder der Umstehenden will ihm die Hand drücken,
so mancher spricht ihm frischen Lebensmut zu, ergötzt sich an
den Goethe-Anekdoten, die er zum Besten gibt, steckt ihm die
eine oder andere milde Gabe zu. »Mit vor Freude glühendem
Antlitze«, wird man anderntags in den Gazetten lesen, nimmt

»die letzte lebendige Reliquie des Dichter-Heros« all die Huldigungen der Frankfurter Honoratioren entgegen. Sogar eine kleine Altersrente, so wird ihm zugeraunt, wollen sie ihm aussetzen: Baron Rothschild verbürgt sich persönlich für die prompte, regelmäßige Überweisung.

Als am 26. Dezember 1844 tatsächlich das versiegelte Kuvert mit der ersten Zahlung in Jena eintrifft, ist niemand zur Stelle, den Geldbetrag zu übernehmen und den Kassenzettel der Freien Stadt Frankfurt zu quittieren: Der Adressat hat in der Nacht davor seinem Leben ein Ende gemacht. Aus dem Frankfurter Festtagstrubel zurückzukehren zu Strohsack und Suppennapf des Jenaer Arbeits- und Armenhauses, dieser Sturz ist zu tief gewesen: Stadelmann, aufs Neue den Schikanen des Asylinspektors ausgesetzt, öffnet eine der Bouteillen kostbaren Rheinweins, die ihm die Frankfurter Gastgeber ins Reisegepäck gesteckt haben, trinkt sich ein letztes Mal Mut an, wirft die leere Flasche aus dem Fenster seiner Wohnkammer, klettert die Treppe zum Dachboden hinauf, legt einen Strick um einen der Balken und erhängt sich.

Wo kann er nur geblieben sein, der Stadelmann? Der Geldkurier drängt auf Erledigung seiner Mission, man sucht nach dem Vermissten, wähnt ihn auf einem Spaziergang. Und schließlich die grausige Entdeckung … Dem eilends herbeigerufenen Arzt bleibt bloß noch eines zu tun: den Totenschein auszustellen. Nur der Justitiar des Großherzogtums Sachsen-Weimar wird dem Verstorbenen im Namen des Hofes eine letzte Auszeichnung zukommen lassen: Es wird verfügt, Carl Wilhelm Stadelmanns Leichnam sei nicht – wie sonst bei Selbstmördern üblich – der Anatomie der Universität zu Versuchszwecken freizugeben, sondern in einem ordentlichen kirchlichen Begräbnis beizusetzen.

Habsburgerin h. c.

Kaiserin Zita und Gräfin Korff-Schmising-Kerssenbrock

An das einst blühende Klosterleben von Muri erinnert heute nur noch das kleine, von Benediktinermönchen betriebene Hospiz, das der prachtvollen Barockkirche angegliedert ist. Muri – das ist jenes malerisch im Schweizer Kanton Aargau gelegene Städtchen 30 Kilometer südwestlich von Zürich, dessen natürlicher Mittelpunkt nach wie vor die von allen Reiseführern gepriesene, anno 1027 gestiftete Basilika zum heiligen Martin ist. Graf Radebot von Habsburg, Gemahlin Ita von Lothringen und Bischof Wernher von Straßburg gelten als ihre Gründer.

Wie fast alle Klöster von Rang blickt auch dieses auf eine bewegte Geschichte zurück. Einst von Patres aus Einsiedeln besiedelt und mit einer weithin berühmten Schule ausgestattet, brennt der ursprüngliche Bau um das Jahr 1300 ab, es folgen Plünderungen und kriegsbedingte Verwüstungen, und auch dem 1532 vollendeten Wiederaufbau bleiben Rückschläge nicht erspart – so vor allem, als 1841 die kirchenfeindlichen Eingriffe der aargauischen Provinzregierung zur Aufhebung des Konvents führen. Erst in den frühen 30er-Jahren des 20. Jahrhunderts erkennen auch die weltlichen Instanzen, welchen Schatz Kloster Muri darstellt, und so schreiten Bund und Kanton gemeinsam zur aufwendigen Innen- und Außenrenovierung des Baujuwels, das 1941 ins Eigentum der örtlichen Pfarrgemeinde übergeht.

Worauf bei dem ehrgeizigen Unternehmen besonderer Wert gelegt wird, ist die Wiederherstellung des aus der Mitte des 16. Jahrhunderts stammenden Kreuzganges und seiner im Nordarm installierten Loretokapelle. Und sie, die ehrwürdige Weihestätte mit dem wappengeschmückten Kreuzrippengewölbe, der edlen Muttergottesstatue und dem schlichten Barockaltar, ist es, die nach unserer besonderen Aufmerksamkeit heischt, dient sie doch seit 1971 dem Hause Habsburg als Familiengruft.

Die an der rechten Seitenwand der Kapelle angebrachte Schrifttafel gibt darüber Auskunft, welche Mitglieder des österreichischen Kaiserhauses an diesem Ort zur ewigen Ruhe bestattet sind. Durchwegs Nachkommen des letzten Kaiserpaares Karl und Zita, sind dies deren zweiter Sohn, Erzherzog Robert, die mit Sohn Rudolf vermählte Erzherzogin Xenia samt Kind Johannes, die mit Sohn Felix vermählte Erzherzogin Anna Eugenia und schließlich eine Frau, deren Name dem Uneingeweihten Rätsel aufgeben mag: Therese Gräfin von Korff genannt Schmising-Kerssenbrock. Was verschafft dieser Frau, die weder eine Habsburgerin gewesen ist noch einen Habsburger zum Mann gehabt hat, die Berechtigung, in der Habsburgergruft beigesetzt zu werden?

Auch die wenigen weiteren Hinweise auf der Schrifttafel geben darüber keinerlei Aufschluss – weder die Lebensdaten (geboren in Lichtenstein/Böhmen am 6. Oktober 1888, gestorben in Chur am 10. Februar 1973) noch der ominöse Zusatz »Sternkreuzordensdame«. Wir müssen also die einschlägige Literatur heranziehen, um dem Geheimnis auf die Spur zu kommen. Das Sternkreuz, so lesen wir in Jean Sévillias Zita-Biografie, ist der »Orden des Erzhauses Österreich für Damen aus dem römisch-katholischen Hochadel«. Wir haben es also bei Therese Gräfin von Korff offensichtlich mit einer Person zu tun, die sich um das Haus Habsburg in besonderer Weise verdient gemacht haben muss. Dafür spricht auch, dass – wiederum höchst ungewöhnlich! – ihrem offiziellen Namen ein zwischen Anführungszeichen gesetztes »Korffi« vorangestellt ist, was sich wie eine Art Kosename liest.

Wir forschen weiter. Den entscheidenden Hinweis liefert der Kirchenführer, der am Verkaufsstand von Kloster Muri angeboten wird. Die vornehmlich den architektonischen Eigenheiten der Anlage gewidmete Broschüre enthält selbstverständlich auch ein Kapitel über den Kreuzgang, und dort, bei der detaillierten Beschreibung der Loretokapelle, stoßen wir – neben dem Hinweis auf das hinter dem Altar beigesetzte Behältnis mit den Herzen des letzten österreichischen Kaiserpaares – auf eine Fußnote, die endlich Klarheit schafft: Bei Gräfin Korff – von Karl, Zita, deren Kindern, ja dem gesamten kaiserlichen Gefolge liebevoll »Korffi« gerufen – handelt es sich um jene Hofdame, die 56 Jahre lang – von 1917 bis zu ihrem Tod am 10. Februar 1973 – Kaiserin Zitas engste Vertraute gewesen ist: ihre ständige Begleiterin, die Erzieherin ihrer Kinder, in den Jahrzehnten der Flucht und des Herumirrens von Exil zu Exil ihre Schicksalsgefährtin.

Für jeden, der jemals ihre Dienste in Anspruch genommen hat, allen voran Otto von Habsburg, ist »Korffi« im Laufe ihres Lebens fast zu einem ebenbürtigen Mitglied der Familie geworden. Und so wiederholt sich bei ihrem Tod, was einst schon Maria Theresia nach dem Ableben ihrer geliebten Obersthofmeisterin Gräfin Fuchs verfügt hat: So wie diese als erste und einzige Nicht-Habsburgerin honoris causa in der Kapuzinergruft beigesetzt wird, erhalten die sterblichen Überreste der Gräfin Korff-Schmising-Kerssenbrock einen Ehrenplatz in der Habsburgergruft zu Muri.

Wien, Winter 1916/17. Österreich-Ungarn befindet sich seit zweieinhalb Jahren im Krieg. Am 21. November ist der 86-jährige Franz Joseph gestorben. Großneffe Karl tritt seine Nachfolge an. Der junge Kaiser hat alle Hände voll zu tun, das in seinen Grundfesten erschütterte Reich zusammenzuhalten:

Da bleibt fürs Familienleben wenig Zeit. Auch Gemahlin Zita von Bourbon-Parma, die ihm vier Kinder geschenkt hat, muss, gerade erst 24 Jahre alt, eine Reihe öffentlicher Aufgaben übernehmen, stattet am laufenden Band den Lazaretten, Waisenhäusern und Volksküchen Besuche ab.

Zur Betreuung der Kaisersprösslinge Otto, Adelheid, Robert und Felix muss also eine Erzieherin aufgenommen werden. Die Wahl fällt auf die aus dem böhmischen Lichtenstein stammende Gräfin Therese Korff-Schmising-Kerssenbrock: Am 1. Februar tritt die 28-Jährige ihren Dienst in Schönbrunn an. »Aja« lautet die Berufsbezeichnung der neuen Hilfskraft bei Hofe – die antiquierte italienische Vokabel klingt heimeliger als der strenge Begriff Gouvernante.

Gräfin Kerssenbrock, die man im Kreise der kaiserlichen Familie schon bald – wohl auch der einfacheren Aussprache wegen – Korff (und noch später mit dem Diminutiv »Korffi«) rufen wird, hat es im Moment noch, was ihren Aufgabenbereich bei Hof betrifft, mit Kleinkindern im Alter zwischen fünf und einem Jahr zu tun. Kaiserin Zitas mütterliche Strenge erfährt durch »Korffis« Milde ein nicht unwichtiges Korrektiv. Dies gilt vor allem, als die Kinder älter und dem intensiven Lernprogramm ihrer Mutter unterworfen werden. Otto, der Älteste, wird darüber später aussagen: »Die Gräfin Kerssenbrock war ein Segen für uns alle. Sie hat immer wieder für uns interveniert und auch geschaut, daß die Strafen nicht allzu hart ausfielen.«

Karl und Zita haben sich entschlossen, ihre Kinder nach dem österreichischen und zugleich nach dem ungarischen Lehrplan unterrichten zu lassen. Für Ersteres wird ein Hauslehrer aus Tirol, für Letzteres ein Priester aus Ungarn engagiert, Mademoiselle Batard beziehungsweise Mademoiselle Sépibus obliegt der Französischunterricht. Der Stundenplan, gegen dessen

*Fast ein Familienmitglied: Gräfin Therese von Korff,
hier im Kreise der Kaisersprösslinge*

Strenge sich sogar die Lehrkräfte aufzulehnen versuchen, sieht
von 6 bis 8 Uhr Hausaufgaben vor, von 8.30 bis 12 sowie von 14
bis 17 Uhr Unterricht und von 17 bis 19 Uhr abermals Hausaufgaben. Was total gestrichen ist, sind Ferien. Erst auf allgemeinen Einspruch hin lässt sich Zita zur Gewährung eines vierwö-
chigen Sommerurlaubs überreden: Wenigstens den August über
sollen die Kinder frei haben. »Es war sehr hart«, wird Otto von
Habsburg später resümieren. Aber er wird auch hinzufügen:
»Gott sei Dank.« Als Ausgleich und Erholung sind sportliche
Betätigung und Ausflüge in die nähere Umgebung zugelassen.
Man geht schwimmen und segeln, und man fährt Rad. Bei allen
diesen Aktivitäten ist es immer Korffi, der das Kommando übertragen ist.

Korffis Arbeitsprogramm – die Kaiserin wird im März 1918 und im September 1919 weitere zwei Mal Mutter – nimmt noch an Umfang und vor allem an Schwierigkeit zu, als der Krieg für Österreich-Ungarn verloren geht, die Monarchie zusammenbricht und das Herrscherpaar Wien verlassen muss. Eine nicht enden wollende Odyssee der Entthronten nimmt ihren Anfang, und immer ist Korffi an vorderster »Front« mit dabei: Sie begleitet die kaiserliche Familie ins ungarische Gödöllö, an die österreichische Zwischenstation Eckartsau, an die Schweizer Exilorte Schloss Wartegg, Villa Prangins und Schloss Hertenstein.

Nicht nur, dass die von Ort zu Ort Irrenden samt ihren Getreuen im Nachbarland alles andere als willkommen sind, versagen ihnen die Schweizer Behörden auch jegliche Unterstützung, als es darum geht, die durch Kaiser Karls Restaurationsversuche in Ungarn auseinandergerissene Familie wieder zusammenzuführen. Korffis am 7. November 1921 an die eidgenössische Regierung in Bern gerichteter Bittbrief, dem inzwischen von den Ententemächten an ein ungewisses Ziel abgeschobenen Kaiserpaar eine Nachricht über den Verbleib der Kinder zukommen zu lassen, die sich nach wie vor unter der Obhut ihrer Erzieherin auf Schloss Hertenstein bei Luzern aufhalten, bleibt unbeantwortet. Immerhin kann die Unermüdliche den ihr Anvertrauten eine gewisse Zerstreuung verschaffen, indem sie mit den Kindern zu Wandertouren in die Graubündner Berge aufbricht oder ihnen den Stammsitz ihrer Dynastie, die im Kanton Aargau gelegene Habichtsburg, zeigt.

Nach fast dreiwöchiger Irrfahrt kreuz und quer durch mittel- und osteuropäische Gewässer, ja, bis an die asiatische, dann wieder an die spanische und schließlich an die portugiesische Küste trifft das britische Dampfschiff *Cardiff* mit seinen unfreiwilligen Passagieren Karl und Zita am 19. November 1921 im Hafen von

Funchal ein. Erst jetzt, als die verzweifelten Eltern – wochenlang ohne jedes Wissen, was aus ihren Kindern geworden ist und ob sie jemals wieder mit ihnen vereinigt werden würden – ihren Fuß auf Madeira setzen, erreicht sie die erlösende Nachricht der Erzieherin: Die Kleinen sind wohlauf. Unverzüglich reicht das Kaiserpaar um die Erlaubnis ein, Otto, Adelheid, Robert, Felix, Karl Ludwig, Rudolf und Charlotte aus der Schweiz nachkommen zu lassen. Sechs der sieben treffen am 25. Jänner 1922 auf der Atlantikinsel ein. Robert, der Drittälteste, folgt in Begleitung der Gouvernante einen Monat später nach: Der Sechsjährige hat sich erst noch von einer Blinddarmoperation erholen müssen.

Konnte sich Korffi, solange sie sich mit den ihr anvertrauten Kindern in der Schweiz aufhielt, auf die tätige Mithilfe der zahlreichen dort ansässigen Zita-Verwandtschaft verlassen, so wird auf Madeira, wo man ganz auf sich allein gestellt ist, die finanzielle Situation der kaiserlichen Familie prekär. Der entmachtete Regent verfügt über keinerlei Einkünfte, sein gesamtes Vermögen ist von der jungen Republik Österreich konfisziert, das letzte bisschen Bargeld ist aufgebraucht, die in der Schweizerischen Nationalbank in Bern hinterlegten Juwelen aus Zitas Privatschatulle werden von dem mit dem Verkauf betrauten Mittelsmann veruntreut. Portugal erklärt sich zwar bereit, den Exilierten Asyl zu gewähren, kommt aber nicht für deren Lebensunterhalt auf.

Im Pensionspreis des Fünf-Stern-Hotels Reid's, wo man sich für die ersten drei Monate niederlässt, ist der Kaffee nach dem Mittagessen nicht inbegriffen, also wird er gestrichen. In den Straßen von Funchal können die Einheimischen einer Kaiserin beim Einkaufen und einem Kaiser bei der täglichen Besorgung der Zeitungen begegnen. Als man am 18. Februar 1922 das

Angebot eines wohltätigen Grundbesitzers annimmt, in dessen hoch über Funchal gelegene Sommervilla umzuziehen, treten neue Probleme auf: Zum Hunger gesellt sich nun, sobald es Winter wird, auch noch die Kälte. Unter den rund 30 Personen des »Hofstaates« brechen Krankheiten aus, und soweit auch die Kinder davon betroffen sind, ist es selbstverständlich wieder Korffi, der die Pflege obliegt.

Auch beim Ableben des Kaisers – der 34-jährige Karl stirbt am 1. April 1922 zur Mittagsstunde – fallen der inzwischen 33-jährigen Gräfin Kerssenbrock eine Reihe heikler Aufgaben zu: »Seine Majestät heute sanft verschieden!« telegrafiert sie nach Wien. Auch das Waschen und Ankleiden des Toten liegt in ihren Händen, und bei dem von Zita und den älteren Kindern angeführten Leichenzug ist sie den jüngeren der sieben Halbwaisen Stütze und Geleit. »Korffi hat uns in diesem Moment sehr geholfen«, wird Otto von Habsburg später aussagen.

Sie wird dies auch weiterhin tun – und zwar bis zu ihrem eigenen Ableben. Noch am Abend von Kaiser Karls Todestag ruft sie die Dienerschaft zusammen und eröffnet ihr, dass der erstgeborene Otto von Stund an mit »Majestät« anzusprechen sei.

Auch bei der nun einsetzenden Odyssee der ihres Vaters beraubten kaiserlichen Familie erweist sich Korffis ruhige Hand als unverzichtbar: Sie begleitet Zita und die Kinder an alle Stationen ihres künftigen Lebens – ob es Lequeitio an der spanischen Baskenküste ist, wo man bis 1929 Unterschlupf findet, Schloss Ham bei Brüssel oder die im Mai 1940 einsetzende Flucht vor den Nazis, die sie über Dünkirchen, Paris und Bordeaux nach Spanien und Portugal führt. Auch als die Kinder beginnen, sich auf eigene Beine zu stellen, und Zita in Amerika eine neue Heimat zu finden versucht (zuerst im kanadischen Quebec, dann in Tuxedo bei New York), ist Korffi an ihrer Seite: Nun ist es die

Exkaiserin selbst, der die vier Jahre Ältere als Gesellschafterin und Sekretärin dient.

Da es ihre Natur ist, sich stets diskret im Hintergrund zu halten, wird nur wenig über ihre persönliche Lebensweise bekannt. Nur eines sickert durch: Gräfin Kerssenbrock hat zwei Schwächen, die es vor der auch in diesem Punkt überstrengen Zita geheim zu halten gilt: Sie raucht, und sie kippt gern ein, zwei Gläschen Sherry.

1953 kehrt Zita nach Europa zurück und lässt sich in Schloss Berg bei Luxemburg nieder, wo ihre hochbetagte, schwerkranke Mutter Maria Antonia ihre Hilfe braucht. Nach deren Tod 1959 nehmen Zitas Kinder – teils in Belgien, teils in Deutschland – die inzwischen 67-jährige Mutter auf.

Bei der Feier ihres 70. Geburtstages äußert Zita den Wunsch, künftig doch wieder über ein eigenes Heim zu verfügen. Sie findet es – gemeinsam mit ihrer langjährigen Vertrauten Korffi – im Johannesstift in der kleinen Graubündner Gemeinde Zizers, einem von katholischen Schwestern geführten Altersheim nahe der österreichischen Grenze. Die drei Räume im zweiten Stock, die sich Zita, ihre geistig behinderte Schwester Isabella und Gräfin Kerssenbrock teilen, sind betont einfach möbliert: Die Exkaiserin begnügt sich mit einem Tisch, einer Kommode, einem Bücherregal, einem Kleiderkasten sowie Nachttisch und Bett. Als »Salon« dient den drei Damen eine verglaste Veranda, die an eines der Zimmer angrenzt. Das Mobiliar ist Stiftseigentum. An eigenen Habseligkeiten beschränkt sich Zita auf ein paar Landschaftsgemälde, ein Ölporträt Kaiser Karls, die Fotos ihrer Kinder, die geliebten Bücher und die alte Reiseschreibmaschine, von der sie sich niemals trennen wird.

Größten Wert legt sie auf die Nähe der Hauskapelle, in der sie täglich zur Frühmesse erscheint. Auch weiß sie es zu schätzen, dass das Stift über eine Reihe von Gästezimmern verfügt, in denen die Besucher einquartiert werden können, die zu ihren Geburtstagsfeiern anreisen. Auch sie selbst unternimmt noch die eine oder andere Reise – eine davon, 1962 in Begleitung der treuen Korffi, ist eine Pilgerfahrt ins Heilige Land.

Gräfin Kerssenbrock ist für alle, die sie kennen, ein einzigartiges Phänomen: Dank des hohen Alters, das sie erreicht, und dank der schier unversiegbaren Energie, die ihr der Herrgott geschenkt hat, umfasst ihre Obsorge für das Haus Habsburg nicht weniger als drei Generationen. Zuerst sind es die acht Kinder des Kaiserpaares, die sie eines nach dem anderen aufzieht, dann sind es die Enkel, bei deren Betreuung sie immer wieder besuchsweise einspringt, und schließlich ist sie selbstverständlich auch zur Stelle, sollte die alternde Zita Hilfe brauchen. Letzteres fällt allerdings am wenigsten ins Gewicht: Auch mit 80 bringt die Kaiserin, schon um die Hausangestellten des Johannesstiftes zu entlasten, ihr Zimmer noch selbst in Ordnung. Eher sind es die anderen Insassen des Altersheimes, denen Korffi im Krankheitsfall beisteht oder denen sie über ihre Einsamkeit hinweghilft.

Als sie 1965 – nach einem Herzinfarkt – selbst zur Patientin wird und mehrere Krankenhausaufenthalte hinter sich bringen muss, kommt es zu einem Rollentausch, der alle, die davon erfahren, tief beeindruckt: Jetzt ist es Zita, die die Pflege der vier Jahre Älteren in die Hand nimmt. Es ist, als wollte die Kaiserin auf ihre alten Tage ihrer eigenen Namensgeberin nacheifern – jener in allen Heiligenkalendern verzeichneten Dienstmagd Zita, die sich im 13. Jahrhundert im toskanischen Lucca für ihre Herrschaft aufgeopfert hat und darüber zur immerwährenden Schutzpatronin aller Hausangestellten geworden ist.

Zu Korffis 80. Geburtstag im Oktober 1968 reisen sämtliche Mitglieder der kaiserlichen Familie an, um der Hochverdienten ihre Dankbarkeit zu bezeugen. Selbst dem in Mexiko lebenden Kaisersohn Felix ist die Reise ins schweizerische Zizers nicht zu weit. Als sie Anfang 1973 von ihrem letzten Krankenhausaufenthalt aus Chur zurückkehren soll, stehen Zita, deren Sohn Rudolf und ein ebenfalls in Zizers zu Besuch weilender Enkel zur Abholung bereit. Als man sich zum gemeinsamen Mittagsmahl im Speisesaal treffen will, wird Zita plötzlich von einer seltsamen Unruhe erfasst: Sie steigt in den Aufzug und kehrt noch einmal in das Zimmer der Patientin zurück. Es ist Korffis letzte Stunde: An die Schulter ihrer Herrin gelehnt, schläft die 84-Jährige für immer ein.

Stellvertretend für die acht Kaiserkinder, ist es Erzherzogin Charlotte, die Zweitjüngste, die ihrer »Aja« nach deren Ableben einen besonders liebevollen Nachruf widmen wird. Sie schreibt: »Korffi hat mit meiner Mutter alles Schöne und alles Schwere mitgetragen. Sie war der gute Geist der Familie. Ihr Leben mit uns war längst kein ›Dienstverhältnis‹ mehr, sondern eine echte, tiefe Freundschaft. Getrennt von ihrer Familie in Böhmen, gab es für sie kein Zurück in die alte Heimat. Das bedeutete für meine Mutter und für uns, daß sie für immer bei uns bleiben müsse. So wie Korffi sich stets um unser Wohl und Wehe gesorgt und ein Leben lang für uns gebetet hatte, so betrachtete meine Mutter Korffis Familie als die ihre, bangte um deren schweres Schicksal im Osten, überlegte alle Möglichkeiten der Hilfe und freute sich, wenn ihre Verwandten zu Besuch kamen. Als sie starb, hatten wir eine Getreue auf Erden verloren, aber eine machtvolle Beterin vor Gott gewonnen.«

Therese Gräfin von Korff genannt Schmising-Kerssenbrock wird in der zwei Jahre vor ihrem Tod errichteten Habsburgergruft in Kloster Muri beigesetzt.

Fügung

Casablanca und Wien
Hochzeitsreise mit Folgen

Jeder einigermaßen anspruchsvolle Kinogänger erinnert sich an *Casablanca*, und ist auch sein Textgedächtnis intakt, schüttelt er bei passender Gelegenheit die berühmten Zitate aus Michael Curtiz' Kultfilm aus dem Ärmel: »Ich seh dir in die Augen, Kleines«, »Verhaften Sie die üblichen Verdächtigen« oder »Ich glaube, dies ist der Beginn einer wunderbaren Freundschaft«. Und natürlich meldet sich bei der Aufforderung »Spiel's noch einmal, Sam!« auch die Melodie zurück, die sich leitmotivisch durch den Film zieht: das melancholische *As time goes by*. Humphrey Bogart und Ingrid Bergman in den Hauptrollen – noch 61 Jahre nach seiner Entstehung wird *Casablanca* vom American Film Institute zum besten US-Liebesfilm aller Zeiten gewählt.

Weniger bekannt ist, dass die Story des 1941 in Hollywood gedrehten Meisterwerks ihren Ursprung in Wien hat. Genauer gesagt: in einer Hochzeitsreise, die den Autor der »Urfassung« und dessen junge Ehefrau im Sommer 1938 an jenen Ort führt, der seit dem »Anschluss« ans Großdeutsche Reich nicht mehr die Hauptstadt Österreichs, sondern der auf sieben »Gaue« aufgeteilten »Ostmark« ist.

Murray Burnett heißt der 27-jährige New Yorker Sprachlehrer, der vor Kurzem seine Frances geheiratet hat. Die 10 000 Dollar, die er von einem Onkel geerbt hat, versetzen das junge Paar in die glückliche Lage, für ihre Flitterwochen eine Schiffspassage nach Europa zu buchen. Dass man als Reiseziel Wien wählt, hat nur zum Teil romantische Gründe: In Wien lebt ein Teil der überwiegend in Antwerpen beheimateten Verwandtschaft von Frances, und da sie allesamt jüdischen Bekenntnisses sind, ist das in Wien befindliche Vermögen der dortigen Familienangehörigen in akuter Gefahr, von den Nazis beschlagnahmt zu werden. Murray und Frances sollen versuchen, Geld, Schmuck und andere Wertsachen in Sicherheit zu bringen und außer Landes zu schaffen.

Das Touristenvisum, das sie beantragen, ist kein Problem: Devisenbringende Amerikaner sind zu diesem Zeitpunkt auch im NS-regierten Österreich durchaus willkommen. Nur eine Garantie für ihre Sicherheit kann ihnen der Beamte im New Yorker Konsulat nicht geben, lediglich den Ratschlag, sich in der Öffentlichkeit möglichst unauffällig zu verhalten und sich – als Schutzschild – bei jedem Ausgang das Abzeichen mit der Miniatur der US-Flagge ans Revers zu heften.

Es ist ein stark verändertes Wien, in dem – August 1938 – Murray und Frances Burnett ihren Honeymoon feiern. Vor knapp sechs Monaten hat sich Hitler auf dem Heldenplatz von seiner riesigen Anhängerschaft bejubeln lassen, überall hängen die Fahnen der NSDAP, in einem Steinbruch der Gemeinde Wien im oberösterreichischen Mauthausen beginnen die Bauarbeiten zur Errichtung des ersten österreichischen KZ. Die Verordnung zur »Kennzeichnung« jüdischer Geschäfte tritt in Kraft, das Hören ausländischer Radiosender sowie die Weiterverbreitung von Flüsterwitzen werden unter Strafe gestellt. Acht Monate Haft werden über einen Widerständler verhängt, der Spottverse wie diesen unter die Leute gebracht hat:

Wien ohne Wein
St. Marx ohne Schwein
Schwechat ohne Bier
Führer, wir danken dir.

In Dachau ist der erste österreichische Gefangenentransport eingetroffen: Ehemalige Minister und Spitzenbeamte, Mitglieder des Heimatdienstes und der Vaterländischen Front, jüdische Geschäftsleute und linke Intellektuelle landen im Konzentrationslager.

Zu schildern, mit welchen Gefühlen sich unsere beiden US-Hochzeiter in den folgenden sechs Wochen im bereits weitgehend »judenfreien« Wien bewegen, ihren Besuch bei den vor der Ausreise stehenden Verwandten absolvieren, deren Habe »übernehmen« und in ihrem Reisegepäck verstauen, um schließlich mit dem Zug vom Westbahnhof die Weiterfahrt nach Frankreich anzutreten, erübrigt sich: Unter den aus Österreich flüchtenden Juden gibt es kein anderes Thema als die Angst davor, von der Gestapo gefasst zu werden. Murray und Frances Burnett können von Glück sagen, dass sie unbehelligt die Staatsgrenze passieren – trotz des Bündels Geldscheine im Koffer, trotz der Brillantringe an allen zehn Fingern und trotz des Pelzmantels, den Frances mitten im Hochsommer übergestreift hat.

Vor ihrer Heimkehr in die USA legen die beiden noch einen Aufenthalt in Nizza ein, und dort, beim Besuch eines am Stadtrand gelegenen, stark frequentierten Nachtklubs, in dem vor allem Ausländer aller Art verkehren, Antifaschisten neben NS-Bonzen, Kollaborateure neben Visahändlern, kommt dem noch vom Erlebnis des Wiener NS-Terrors aufgewühlten Murray Burnett, neben seinem Brotberuf als High-School-Teacher seit geraumer Zeit auch schriftstellerisch tätig, die Idee zu

Murray Burnett

einem Theaterstück, das – mit einem dem Nizzaer Nachtklub nachempfundenen, jedoch nach Lissabon verlegten Lokal als Schauplatz – die ganze Misere des vom Hitler-Wahn verseuchten Europa auf die Bühne bringt. *Everybody Comes to Rick's* wird er es nennen; noch während der Überfahrt auf dem Transatlantikdampfer nach Amerika entwirft er die ersten Szenen, zeichnet die Umrisse der Figuren, feilt an den Dialogen – mit dem Exilamerikaner und Barbetreiber Rick Blaine im Mittelpunkt, in dessen Charakter sich Grandezza und Zynismus mit tiefer Menschlichkeit und aufopfernder Liebe verbinden.

Sofort nach der Rückkehr nach New York macht sich Murray Burnett, der sich bis dato nur ein einziges Mal als Theaterautor versucht und seine Erfahrungen aus dem Lehrerberuf für die Niederschrift der Komödie *An Apple for the Teacher* genützt hat, auf die Suche nach einem professionellen Co-Autor, der sich im Bühnenbetrieb besser auskennt als er. Murray findet ihn in Gestalt der neun Jahre älteren Joan Alison, die er von seinem

Beach Club her kennt, die bereits eine Reihe von schriftstelle-
rischen Erfolgen vorzuweisen hat und die sich vor allem, von
Murrays Stoff begeistert, spontan zur Mitarbeit bereit erklärt.
Man mietet ein Appartement für die täglichen Treffs, teilt sich
die Dialoge auf, tippt sie mal in die eine, mal in die andere
Schreibmaschine, liest sie einander vor. Aufgrund seiner Dop-
pelbelastung als Lehrer und Schriftsteller zeitweise der totalen
Erschöpfung nahe, sucht der hochsensible Murray bei dem aus
Wien stammenden und von Sigmund Freud ausgebildeten Psy-
chiater Theodor Reik ärztlichen Beistand.

Binnen sechs Wochen ist man mit der Arbeit fertig. Jetzt
braucht man nur noch ein Theater, das das Script annimmt und
aufführt. Oder wäre *Everybody Comes to Rick's* gar ein Film-
sujet, etwas für Hollywood? Mit Clark Gable in der Titelrolle?
Wien-Emigrant Otto Preminger, vormals Assistent bei Max
Reinhardt in Wien und Direktor des dortigen Theaters in der
Josefstadt, nun aber am Beginn seiner Hollywood-Karriere, ist
unter denen, die den Text zu lesen bekommen; die Pläne, ihn
für eine der Hauptrollen zu gewinnen, zerschlagen sich jedoch.
Auch die Versuche der von Joan eingeschalteten Theateragen-
ten, das Stück auf die Bühne zu bringen, scheitern.

Besser sieht es in puncto Film aus: Nach x-maliger Prüfung
des Textes kauft die Firma Warner Brothers dem Autorenteam
für 20000 Dollar die Rechte ab, darunter das Recht zu jed-
weder Umarbeitung durch erprobte Drehbuchschreiber. Drei
solcher Profis, das Brüderpaar Julius und Philip Epstein sowie
Kollege Howard Koch, erhalten den Zuschlag, machen sich an
die Arbeit.

Das Erste, das sie ändern, sind Schauplatz und Titel des
Werks: Nach den guten Erfahrungen, die Produzent Hal Wal-
lis mit dem vor einigen Jahren gedrehten Film *Algiers* gemacht

hat, verlegen sie die Handlung von Portugal ins französische Marokko und versehen ihr Skript mit dem zugkräftigen Titel *Casablanca*. Der allzu steifen Story werden sowohl romantische wie humoristische Elemente beigefügt; auch in puncto Personenführung und Dialoge bleibt kein Stein auf dem anderen. Um die erhoffte Vermarktung im Ausland nicht zu beeinträchtigen, verlangt die Produktionsfirma, dass sämtliche unsympathischen Figuren Nationen angehören, mit denen die USA verfeindet sind: Deutschland vor allem, aber auch Ungarn.

Michael Curtiz, jüdischer Emigrant wie überhaupt ein Großteil der Darsteller, übernimmt die Regie, Max Steiner schreibt die Musik. Humphrey Bogart, erst seit gut einem Jahr – durch den John-Huston-Thriller *Die Spur des Falken* – im Rang eines Hollywood-Stars, Ingrid Bergman, gleichfalls noch am Anfang ihrer Weltkarriere, der Franzose Claude Rains und der Österreicher Paul Henreid erhalten die Hauptrollen; der Slowake Peter Lorre und der deutschstämmige Brite Conrad Veidt haben sich bereits zu Stummfilmzeiten einen Namen gemacht.

Am 25. Mai 1942 beginnen die Dreharbeiten. Mit Ausnahme der Pariser Szenen werden sämtliche Örtlichkeiten in den Hollywood-Studios nachgestellt, Rick's Café ist dem Luxushotel *El Minzah* in Tanger nachempfunden. Da sich die USA mittlerweile im Krieg befinden, kann die Schlussszene auf dem Flughafen von Los Angeles nicht nach Einbruch der Dunkelheit gedreht, muss in puncto Licht mit Kunstnebel nachgeholfen werden.

Am 26. November 1942 hat *Casablanca* Premiere. Ob sich im Publikum des New Yorker *Hollywood Theatre* auch Murray Burnett und Joan Alison befinden, ist ungewiss: Die von den Produzenten ausgebooteten Autoren der Originalfassung sind zwar für ihren »Anteil« finanziell abgefunden worden, aber im Vorspann des Films nur mit einer winzigen »Byline« gewürdigt.

*Ein Name fehlt: der
des Originalautors
Murray Burnett*

Sie werden es ihr Leben lang nicht verwinden, den Ruhm, eines der bedeutendsten Werke der Filmgeschichte initiiert zu haben, mit anderen teilen zu müssen. Murray und Frances Burnetts Honeymoon im Wien des Jahres 1938 und ihre nachfolgenden Erlebnisse im von den Deutschen bedrohten Nizza haben dem 27-jährigen New Yorker Sprachlehrer zwar die Idee zum *Casablanca*-Vorläufer *Everybody Comes to Rick's* eingegeben, auf die Früchte ihrer Arbeit müssen er und seine Co-Autorin Joan Alisan jedoch 45 Jahre warten: Erst 1986 spricht ihnen ein New Yorker Berufungsgericht am Ende eines langwierigen Copyright-Prozesses 100 000 Dollar Gewinnbeteiligung aus der Kasse von Warner Brothers zu.

243

Ein schöner Batzen – verglichen mit den bescheidenen Gagen, mit denen das Autorenduo ab den frühen 50er-Jahren für seine weiteren Arbeiten als Drehbuchschreiber abgespeist wird: 1000 Dollar pro Woche (es handelt sich um Aufträge für die Konkurrenzfirma Paramount). Mehr Erfolg hat Burnett als Verfasser von Radiosendungen: Für seine Hörfunkserie *Café Istanbul* tritt keine Geringere als Marlene Dietrich vors Mikrofon. Erst im Alter von 82, mit über 40 Jahren Verspätung und fünf Jahre vor seinem Ableben, erlebt Burnett endlich doch noch die Theaterpremiere seines Stückes, das bis dahin nur als Vorlage für den mit drei Oscars prämiierten *Casablanca*-Film genutzt worden ist: Uraufführung von *Everybody Comes to Rick's* am Whitehall Theatre in London. Im Gegensatz zu *Casablanca*, das Millionen über Millionen eingespielt und inzwischen via Fernsehen auch Generationen neuer »Followers« gewonnen hat, hält sich die Bühnenfassung nur karge vier Wochen im Programm. Kein Autor, der den Text in andere Sprachen übersetzt hat, schon gar nicht ins Deutsche. Und auch kein Theater, das *Everybody Comes to Rick's* nachspielt – weder in Los Angeles noch in New York, weder in Nizza noch in Wien – den beiden Orten, von denen die Jahrhundertstory einst ihren Ausgang genommen hat.

Nachwort

Bitte nur Schnittblumen!
Die Liebe des Autors zum Leser und umgekehrt

Jänner 1973, im renommierten Frankfurter Verlag S. Fischer war in der für einen Debütanten wie mich erstaunlich hohen Auflage von 10 000 Exemplaren mein erstes Buch erschienen: *Von Schloß Gripsholm zum River Kwai*, Untertitel *Literarische Lokaltermine*. Noch im selben Jahr folgte ein Nachdruck von weiteren 5000 Stück; Zeitungsinterviews, Rundfunksendungen und Rezensionen machten auf den neuen Autor aufmerksam. Sorgfältig sammelte ich die mir von der Presseabteilung des Verlages zugesandten Belege, der dafür angeschaffte Aktenordner begann sich zu füllen. Da es mir schon in meiner Gymnasiastenzeit zur Gewohnheit geworden war, die Adressen von Schriftstellern, deren Werke mich begeisterten, zu eruieren und zu versuchen, mit den Verehrten in Kontakt zu treten, war ich gespannt, ob auch ich, der ich nun selbst in den »Ring« gestiegen war, mit Leserpost zu rechnen hätte.

Ich musste nicht lange warten. Am 21. Februar traf der erste Brief ein. Eine Ursula S. aus Köln 41 teilte mir (nach der Eingangsformel, es sei an und für sich nicht ihre Art, »an wildfremde Menschen zu schreiben«) ihr Interesse an meinem Thema mit, von dem sie aus ihrem Leibblatt, dem *Kölner Stadtanzeiger*, erfahren habe. Da ihr Auslandstelefonate zu kostspielig seien, habe sie sich über den Verlag meine Postadresse besorgt und bitte nun auf diesem Wege um Auskunft, ob es »weitere Bücher

245

aus Ihrer Feder« gebe beziehungsweise in Planung seien, teile sie doch mit mir die Neigung, die Schauplätze von Romanen, die sie besonders beeindruckten, persönlich aufzusuchen. So habe Arnold Zweigs *Erziehung vor Verdun* sie zu einer Reise an die lothringischen Schlachtfelder des Ersten Weltkrieges angeregt; das Terrain des ehemaligen Warschauer Gettos, wie sie es aus Leon Uris' Werk *Mila 18* kenne, sei ihr nächstes Ziel.

Diesem ersten Leserbrief folgten Buch für Buch Dutzende, Hunderte, ja Aberhunderte weitere, und egal, ob sie zustimmender, dankbarer und ermunternder oder aber kritischer und ablehnender Natur waren – sie fügten sich in summa zu jener Art geistigem Humus zusammen, aus dem Neues erwachsen konnte. Neue Ideen, neue Bücher, neue Kontakte, neue Freundschaften. Oder – pathetischer ausgedrückt: Ich hatte meinen Platz in dieser Welt gefunden.

In einem sind wir im Grunde alle gleich – ob Autor oder Bäckergesell, ob Kinderärztin oder Staatsminister: Wir gieren nach Anerkennung des von uns Geleisteten. Wenn ich morgens aus dem Haus trete, in dem ich lebe, meine paar Runden im Park drehe und den Gärtnerinnen dabei zusehe, wie sie die verblühten Pflanzen entfernen und die neuen einsetzen, spreche ich von Zeit zu Zeit die eine oder andere von ihnen an. Es sind keine großen Gespräche, in die ich sie verstricke, dafür wäre auch gar keine Zeit. Ich frage nach dem Namen eines der von ihnen betreuten Gewächse, ein andermal nach deren Herkunft. Und vor allem: Ich lobe sie für das, was sie tun. Es sind in der Mehrzahl robuste Frauen, zupackend, unsentimental. Doch noch jede hat sich über mein Interesse gefreut. Und genau so ist das auch mit uns Schriftstellern: Wir brauchen den Zuspruch – ob als Medienecho, Leserpost oder Vortragsapplaus. Wir brauchen Empathie.

Beim großen Martin Walser, so habe ich in einer seiner Biografien gelesen, gehe das Interesse für die Meinung seiner Leser
so weit, dass er sich zum 70. Geburtstag von seinem damaligen
Verleger, Siegfried Unseld, einen Sammelband der klügsten und
originellsten Leserbriefe gewünscht habe. Durch die Unmen-
gen an Zuschriften, die er erhielt, fühlte sich der Dichter – ich
zitiere – »aufgenommen in eine große Erfahrungsgemeinschaft«.
Und weiter: »Deshalb schrieb er doch: um zu entdecken, daß er
mit seinem Denken und Fühlen nicht alleine ist.«

Ich selbst habe in den 45 Jahren, die seit meinem Debüt auf
dem Buchmarkt verstrichen sind, mancherlei an Zuspruch, an
Hilfe, Unterstützung, Güte erlebt: Entzückendes, Beglücken-
des, Unglaubliches. Lassen Sie mich mit einem Beispiel aus der
Kategorie Unglaubliches beginnen:

Ende September 1994, die ersten Buchmesse-Vorberichte
gingen durch die Medien. Ich hatte beschlossen, diesmal nicht
nach Frankfurt zu reisen, es würde gut auch ohne mich gehen.
Aber dann stellte sich doch wieder dieses gewisse Kribbeln
ein. Ich zähle nämlich nicht zu jenen Autoren, die über Trubel
und Hektik des Messebetriebs jammern: Ich genieße ihn. Auch
war gerade mein Buch *Wien – Wahlheimat der Genies* erschienen – in Österreich vom Start weg auf allen Bestsellerlisten.
Vielleicht würde es gelingen, ihm auch in Deutschland auf die
Sprünge zu helfen? Mit der Frühmaschine nach Frankfurt,
mit der letzten zurück nach Wien – einen Tag, mehr nicht. Ich
wollte schon buchen, da flatterte mir die Einladung zu einem
Messe-Empfang des österreichischen Kulturministeriums ins
Haus. Wieso nicht – da könnte es zu interessanten Begegnungen kommen. Nur – es war ein Abendtermin, an einen Rückflug noch am selben Tag nicht zu denken. Ich würde also ein
Quartier benötigen, und wie treibt man das im zur Messezeit

heillos überfüllten Frankfurt im letzten Moment auf? Hundert Kilometer im Umkreis kein Gästebett frei! Die Rezeptionisten der Hotels, die ich probeweise anrief, ließen mich entweder gar nicht ausreden oder klatschten sich vor Lachen auf die Schenkel.

Ich dachte angestrengt nach. Als ich schon kurz vorm Aufgeben war, fiel mir ein Brief in die Hand, den mir vor Monaten eine Leserin meines Buches *Nachsommertraum* geschrieben hatte. Der Brief war zunächst ein Hymnus aufs Salzkammergut und in weiterer Folge ein Hymnus auf mich, der ich in jenem Buch die »Seelenlandschaft« zwischen Gmunden und Hallstatt zum Thema gewählt hatte. Der Brief kam aus dem Großraum Frankfurt, genauer: aus der Nachbarstadt Offenbach. Und er enthielt außer der Adresse auch die Telefonnummer der Schreiberin – ob ich sie also kurzerhand anrufen und in Sachen Quartierbeschaffung konsultieren sollte? Fans, das weiß man, können Berge versetzen.

Ich hatte Glück, die Dame war auf Anhieb erreichbar. Mein Anruf schien sie zu freuen, ihre Stimme ließ auf eine patente Person schließen, auch habe sie gute Verbindungen zur Hotellerie, ganz sicher werde es ihr gelingen, ein Zimmer für mich aufzutreiben.

Noch am selben Tag rief sie zurück, jetzt schien ihre Stimme allerdings gedämpft, fast kleinlaut: Sie habe die Problematik unterschätzt, nicht einmal ihr sei es geglückt, fündig zu werden. Aber dafür habe sie eine andere Idee: Kurz vor Messebeginn werde sie zu einem Kurzurlaub an ihren Zweitwohnsitz bei Bad Ischl aufbrechen, ihr Haus in Offenbach stehe also zu dieser Zeit leer, ob sie mir nicht die Schlüssel schicken dürfte?

Ich traute meinen Ohren nicht: Eine wildfremde Person, der ich niemals in meinem Leben begegnet war, die von mir nichts wusste und nichts kannte außer jenem einen Buch, offerierte mir per Telefon und über Staatsgrenzen hinweg ihr Haus!

Zwei Tage später lag das Päckchen mit dem Schlüsselbund im Briefkasten. Noch benommen von so viel Vertrauensseligkeit und Generosität, rief ich meine Gastgeberin ein weiteres Mal an, um ihr überschwenglich zu danken und zugleich zu klären, wie die Rückgabe der Schlüssel vor sich gehen solle.

»Sind Sie in nächster Zeit nicht irgendwann einmal im Salzkammergut?«, erkundigte sie sich.

»Doch«, gab ich zur Antwort und nannte zwei knapp aufeinanderfolgende Lesungstermine in Ischl und Aussee.

»Ischl wäre mir lieber, dorthin hab ich nicht weit, ich komme zu Ihrem Vortrag, da lerne ich Sie auch gleich von Angesicht zu Angesicht kennen, und bei dieser Gelegenheit geben Sie mir die Schlüssel zurück.«

Genau so geschah es. Unauffällig und bescheiden saß sie in einer der hinteren Reihen, und ich glaube, es war ihr nicht einmal recht, dass ich sie coram publico als meine Retterin pries und das gerührte Auditorium sie mit Sonderbeifall überschüttete.

Bei Leserkontakten habe ich oft erlebt, dass sich aus einer simplen Zuschrift ein längerer Briefwechsel, vielleicht gar eine Dauerkorrespondenz, ja eine Lebensfreundschaft entwickelt hat. Da ist zum Beispiel der Dresdner Germanist, der – noch zu DDR-Zeiten – meine Deutschlandfunk-Sendereihen hörte, weil er das Glück hatte, dass sich seine Wohnung in einem Stadtteil mit »West-Empfang« befand. Am Radio verfolgte er meine Recherchereisen in alle Welt, war sprachlos über so viel Mobilität. Ich schickte ihm meine Bücher, nicht jedes ließen Honeckers Aufpasser durch.

Nach einigen Jahren intensiven Korrespondierens besuchte ich ihn in Dresden, mit seinem klapprigen Trabi kutschierte er mich durch die Stadt. Damit er zu meinem Hotel Zutritt fand, gab er sich als Fremdenführer aus, »Stadtbilderklärer« hieß das in der Amtssprache der sächselnden Rezeptionistin. Als er nach der »Wende« in seinen Stasi-Akt Einblick nahm, musste er erkennen, dass unser Briefkontakt über all die Jahre beobachtet und registriert worden war. Ein Glück, dass wir bei unserem Gedankenaustausch nicht die Grenzen des Zulässigen überschritten hatten: Schon als »parteiloser« Student an seinem akademischen Fortkommen behindert, hätte er nun auch noch seinen Brotjob riskiert, und ich wäre daran mit schuld gewesen.

Wie idyllisch dagegen die Leserkontakte im eigenen Land: Zur Feier meines 75. Geburtstags im voll besetzten Stadttheater der Salzkammergut-Perle Gmunden reisten nicht nur meine österreichischen Fans, sondern auch Freunde aus Deutschland, Italien und der Schweiz an; in Hallein, Linz und Steyr schlosss man sich zu Grüppchen zusammen und charterte Kleinbusse.

Mit Lesern hat es leider auch das eine oder andere unschöne Erlebnis gegeben, doch möchte ich hiervon lieber schweigen.

Um unser Tagwerk bestmöglich zu verrichten, um beim Schreiben in Stimmung zu kommen, bedarf es – je nach Temperament – unterschiedlicher Umstände. Da sind zunächst einmal die rein äußeren Bedingungen: Der eine (und das ist wohl die Mehrheit) braucht die totale Abgeschiedenheit von seiner Umwelt, die klösterliche Zelle, die Unterbindung von Störungen jeglicher Natur, das ausgeschaltete Telefon. Andere sind, um in Fahrt zu kommen, auf Hintergrundmusik angewiesen – Schubert-Sonaten der eine, Free Jazz der andere. Auch die Gegenstände, die den Schriftsteller an seinem Arbeitsplatz umgeben, können eine wichtige Rolle spielen. Von Sigmund Freud ist überliefert, dass ihn die auf seinem Schreibtisch versammelte Antiken-Kollektion aus Bronzestatuetten, Gipsfiguren und Vasen zum Schreiben anregte. Schillers faule Äpfel in der Schublade sind bekannt. Erich Kästner begnügte sich mit einem Sortiment von exakt zehn frisch gespitzten Bleistiften der Stärke F. Was bei Joseph Roth die Absinthflasche, waren bei Friedrich Torberg Tabak und Kaffee. Seine Schwester Ilse erinnerte sich: »Schon immer arbeitete Fritz in der Nacht. Neben ihm eine große Thermoskanne mit sehr starkem Kaffee und eine Hunderterpackung der stärksten Zigaretten, die aufzutreiben waren. Zeitig in der Früh ging als erste unsere Mutter in sein Zimmer, um die Fenster zu öffnen. Und dann klagte Fritz: ›Mutter, ich hab mir so eine gute Kaffeehausatmosphäre geschaffen – und du reißt die Fenster auf!‹«

Als in meinem Umkreis durchsickerte, dass ich (in früheren Jahren) zu Whisky der Marke Dimple neigte und zu Zigaretten der Marke Johnny, wurde ich wieder und wieder von Fans mit den betreffenden Stimulantien versorgt. Einer von ihnen, über meine Rotwein-Vorliebe instruiert, hatte sogar herausgefunden, dass es in Südtirol eine Sorte Lagrein Kretzer gab, die auf ihren Etiketten meinen Namen trug: Sogleich erging ein Dauerauftrag an die in Gries bei Bozen ansässige Kellerei, und ich konnte von Stund an, wenn ich Besuch bekam, regelmäßig das Vergnügen genießen, meinen Gästen mit »Grieser-Wein« zu imponieren.

Kleine Geschenke erhalten nicht nur, wie das Sprichwort sagt, die Freundschaft, sondern auch die Leserschaft. Dass genau genommen nicht der Leser, sondern der Autor der Beschenkte ist, nimmt dieser gern in Kauf – überhaupt, wenn es sich (wie in meinem Fall) um so schöne Gaben handelt wie die folgenden: Zum Dank für das Kaiserin-Zita-Kapitel in meinem Buch *Die guten Geister* trennte sich ein hochbetagter Monarchist unter meinen Lesern von der ihm vererbten Österreichstandarte aus dem Ersten Weltkrieg; in Erinnerung an mehrere meiner Lesungen, denen er beigewohnt hatte, überließ mir ein Wiener Anwalt nach Auflösung seiner Kanzlei jenes prachtvoll intarsierte Biedermeier-Stehpult, auf das ich bei jeder meiner Vorsprachen ein begehrliches Auge geworfen hatte; und eine im Wiener Antiquitätenhandel tätige Dame reagierte auf den Umstand, dass ich in späteren Jahren aus Altersgründen den bequemen Lesetisch dem anstrengenderen Stehpult vorzog, mit der Schenkung eines handlichen Tischpultes.

»Zur spielerischen Entspannung in Schreibpausen« – so hieß es in der begleitbrieflichen »Gebrauchsanweisung« jenes noblen Spenders, der mich mit einem Anker-Steinbaukasten aus der Zeit vor 1900 erfreute; »come pagno di grazie e favori celesti« lautete der päpstliche Segen, der mir auf feinstem Pergament zu einem meiner runden Geburtstage erteilt worden war – ein in Rom ansässiger Leser mit direktem Draht zum Vatikan hatte diese Auszeichnung für mich wohl mit dem Hinweis erwirkt, dass ich in meinem Buch *Sie haben wirklich gelebt* das Urbild der frommen Köchin Teta Linek aus Franz Werfels Roman *Der veruntreute Himmel* porträtiert und dafür den Katholischen Journalistenpreis der Deutschen Bischofskonferenz erhalten hatte.

Unvergessen auch jener hochgebildete Wiener Ministerialbeamte, der stets unter den ersten Käufern meines jeweils neuesten Buches war und unter den Ersten, die mir allfällige Fehler brieflich mitteilten – aber nicht, um mich in Beckmesser-Art zu rügen, sondern um mir Gelegenheit zu geben, beizeiten für die gebotenen Korrekturen in der zu erwartenden zweiten Auflage vorzusorgen. Als ich dem Herrn Hofrat und seiner Frau eines Tages einen Dankbesuch abstattete, erweiterten sie noch ihr Angebot: Sie seien beide schon im Ruhestand, hätten also reichlich Zeit – wie wär's, wenn ich ihnen noch vor der Drucklegung des nächsten Buches mein Manuskript zu gemeinschaftlichem »Vor-Lektorieren« anvertrauen würde? Sie würden auch ganz gewiss nicht in den Text eingreifen, geschweige denn ins Sprachliche – nur in puncto Jahreszahlen und Eigennamen seien sie absolut sattelfest und könnten mich vor manchem Patzer bewahren.

Besonderen Dank schulde ich auch jenen unter meinen Stammlesern, die mich im Laufe der Jahre mit der Übereignung von Kunstwerken erfreut haben, darunter Originalen von Herzmanovsky-Orlando, Flora, Hollemann, Winnie Jakob und Wotruba. Und seitdem – spätestens durch mein Buch *Geliebtes Geschöpf* – bekannt ist, dass ich, was Haustiere betrifft, der Gattung Dackel rettungslos verfallen bin, geht mein Atelier von einschlägigen »Devotionalien« über. Nur meinen »grünen« Verehrerinnen und Verehrern gegenüber, die mir von Zeit zu Zeit seltene und zum Teil kostbare Gewächse zur Aufzucht und Pflege anvertraut haben, muss ich Abbitte leisten. Ob Bonsai, Kamelie oder Bryophyllum – sie sind mir alle miteinander eingegangen. Der liebe Gott hat mir leider kein grünes Handerl mitgegeben. Bitte nur Schnittblumen!

Literaturnachweis

»Sehr geliebt und geacht'«
Anneli Karrenbrock-Berger (Hrsg): Das Mutter-Beethoven-Haus. Höfische Kultur und gesellschaftliches Leben in Ehrenbreitstein. Koblenz 2005

Jurka
Alja Rachmanowa: Jurka. Tagebuch einer Mutter. Salzburg/Leipzig 1938
Ilse Stahr: Das Geheimnis der Milchfrau von Ottakring. Wien 2012

»Mein liebes, gutes Muttchen, Du!«
Luiselotte Enderle (Hrsg): Mein liebes, gutes Muttchen, Du! Dein oller Junge. Briefe und Postkarten aus 30 Jahren. Hamburg 1981
Erich Kästner: Als ich ein kleiner Junge war. Zürich 1957
Werner Schneyder: Erich Kästner. München 1982

Der Engel von Korea
Walter Fischer: Koreas erste First Lady stammt aus Österreich. In: Kurier, Wien 15.9.1988
Pia Maria Plechl: Koreas First Lady ist eine gebürtige Wienerin. In: Die Presse, Wien 28.2.1960
Bruno Seiser: Heimkehr aus einem abenteuerlichen Leben. In: Kronen Zeitung, Wien 26.9.1965

»Du bist und bleibst mein Licht«
Ludwig Fels: Die Parks von Palilula. Salzburg 2009

Erinnerung an den Eugen B.
Bertolt Brechts Hauspostille. Berlin 1927
Marianne Kesting: Bertolt Brecht in Selbstzeugnissen und Bild-
dokumenten. Hamburg 1959

»Ein wunderbares Wesen ...«
Josef Cermák: Nachrichten vom Krankenbett. In: Prager
deutsch-sprachige Literatur zur Zeit Kafkas. Wien 1991
Dora Diamant: Mein Leben mit Franz Kafka. In: Hans-
Gert Koch (Hrsg): »Als Kafka mir entgegenkam ...« Berlin
1995
Nahum N. Glatzer: Frauen in Kafkas Leben. Zürich 1987
Ronald Hayman: Kafka. Sein Leben, seine Welt, sein Werk.
Bern/München 1983
Gina Thomas: Kafkas Geliebte. In: Frankfurter Allgemeine Zei-
tung, Frankfurt 17.8.1999
Werner Timm: Müritz. Franz Kafkas Begegnung mit Dora
Dymant. In: Freibeuter 28, Berlin 1988

Wüstentraum
Agatha Christie: Die Autobiographie. Hamburg 2017

Die kleine Prinzessin
Karlheinrich Biermann: Antoine de St. Exupéry. Reinbek 2012
Alain Vircondelet: Antoine und Consuelo de St. Exupéry. Eine
legendäre Liebe. München 2006

In der Schlangengrube
Heinz Gerstinger: Österreich. Holdes Märchen und böser Traum. Wien 1987
August Strindberg: Kloster/Einsam. Hamburg 1967
Frida Strindberg: Lieb, Leid und Zeit. Hamburg 1936
Friedrich Uhl: Aus meinem Leben. Stuttgart 1908

My Beloved Man
Vicki P. Stroeher, Nicholas Clark, Jude Brimmer (Hrsg.): My Beloved Man. The Letters of Benjamin Britten and Peter Pears. Woodbridge 2016

Honorar: ein Vaterunser
Josef Dirnbeck: Geöffnete Augen. Ladislaus Batthyány. Güssing 2003
Lene Mayer-Skumanz: Die Schätze des Doktor Batthyány. Innsbruck 2003

Himmelblau
Udo Gümpel, Ferrucio Pinotti: Berlusconi Zampano. München 2006

Die Hölle
Otto Breicha: Gerstl und Schönberg. Salzburg 1993
Richard Gerstl: Bilder zur Person. Salzburg 1991
Otto Kallir: Richard Gerstl. In: Mitteilungen der Österreichischen Galerie 62, Wien 1974
Arnold Schönberg: Gesammelte Schriften. Frankfurt 1976
Klaus A. Schröder: Richard Gerstl. Dissertation, Wien 1995

Der Tadsch Mahal von Wien
Carl Lanckoronski-Brzezie: Karl Graf Lanckoronski. Wien 1924
Julius Twardowski: Lanckoronski. Wien 1935

Alle meine Esel
Juan Ramón Jiménez: Platero und ich. Frankfurt 1953
Juan Ramón Jiménez: Tagebuch eines frischvermählten Dich-
ters. Berlin 2017
Gerhard Wild: Spanische Literatur. 20. Jahrhundert. Stuttgart
2015

Der gute Mensch von Jena
Walter Schleif: Goethes Diener. Berlin und Weimar 1965
Klaus Seehafer: Mein Leben ein einzig Abenteuer. Johann Wolf-
gang Goethe. Berlin 1998

Casablanca und Wien
Noah Isenberg: We'll always have Casablanca. New York 2017

Text- und Bildnachweis

Textnachweis

Einige Abschnitte dieses Buches sind früheren Veröffentlichungen des Autors entnommen, wurden jedoch für die vorliegende Ausgabe überarbeitet und aktualisiert.

»»Von meiner Sopherl laß' ich nicht!«« aus: Dietmar Grieser, *Die böhmische Großmutter*, Amalthea Verlag, 2005; »Wunder einer Ehe« aus: Dietmar Grieser, *Wien. Wahlheimat der Genies*, Amalthea Verlag, 2002; »Der Engel von Korea« aus: Dietmar Grieser, *Heimat bist du großer Namen*, Amalthea Verlag, 1999; »Erinnerungen an den Eugen B.« aus: Dietmar Grieser, *Piroschka, Sorbas & Co.*, Langen*Müller* Verlag, 1978; »»Ein wunderbares Wesen ...«« , »Die Hölle« aus: Dietmar Grieser, *Das späte Glück*, Amalthea Verlag, 2002; »Honorar: ein Vaterunser« aus: Dietmar Grieser, *Verborgener Ruhm*, Amalthea Verlag, 2003; »Segretario di Giulietta« aus: Dietmar Grieser, *Schauplätze der Weltliteratur*, Langen*Müller* Verlag, 1976, »Alle meine Esel« aus: Dietmar Grieser, *Im Tiergarten der Weltliteratur*, Langen*Müller* Verlag, 1991, »Der gute Mensch von Jena« aus: Dietmar Grieser, *Im Dämmerlicht*, NP Buchverlag, 1999; »Habsburgerin h. c.« aus: Dietmar Grieser, *Die guten Geister*, Amalthea Verlag, 2008; sowie weiters:

Seite 126–141: Dietmar Grieser, »In der Schlangengrube – August Strindberg am Mondsee«, in: Nachsommertraum © 1989 Residenz Verlag GmbH, Salzburg–Wien;

Seite 176–185: Dietmar Grieser, »In Memoriam Fanitae – Karl Lanckoronski und Franziska Attems-Heiligenkreuz«, in: Eine Liebe in Wien © 2003 Residenz Verlag GmbH, Salzburg – Wien.

Bildnachweis

Alle Abbildungen stammen aus dem Archiv des Autors bzw. dem Archiv des Amalthea Verlages mit Ausnahme der folgenden: Privatarchiv Ilse Stahr (31), ullstein bild/Ullstein Bild/picturedesk.com (38), Sammlung Hubmann/Imagno/picturedesk.com (70), Dr. Walter Fischer (76), Alexandra Pawloff/picturedesk.com (83), dpa Picture Alliance/picturedesk.com (103 rechts), Bettmann/Getty Images (111), Tallandier/Bridgeman Images (121), akg-images/picturedesk.com (135 rechts), ÖNB-Bildarchiv/picturedesk.com (143), Kloster der Franziskaner Güssing (155), Herbert Utz Verlag GmbH (160), Gerstl, Richard/ÖNB-Bildarchiv/picturedesk.com (172 links), Wikimedia Commons/Attems (181), Wikimedia Commons/Dontworry (224), Maria Theresia von Braganza, Infantin von Portugal/ÖNB-Bildarchiv/picturedesk.com (230)

Der Verlag hat alle Rechte abgeklärt. Konnten in einzelnen Fällen die Rechteinhaber der reproduzierten Bilder nicht ausfindig gemacht werden, bitten wir, dem Verlag bestehende Ansprüche zu melden.

Namenregister

Abels, Norbert 147
Acebal, Francisco 204
Adenauer, Paul 15
Albach-Retty, Rosa 178
Albert, König von Sachsen 71
Alexander II., Zar von Russland 71
Alighieri, Dante 209
Alison, Joan 240–243
Alt, Rudolf Ritter von 178
Amann, Marie Rose 86–93
Andersen, Hans Christian 100
Arenberg, Anna Eugenie von 227
Arnim, Achim von 13
Auden, Wystan Hugh 144

Bach, Johann Sebastian 144
Baedeker, Karl 15
Bandello, Matteo 190
Banholzer, Paula 87, 91
Barbarani, Berto 192
Batthyány, Ladislaus von 11, 152–157

Batthyány, Ödön von 156
Bauer, Felice 94
Beethoven, Johann van 17, 20f.
Beethoven, Lodewyk van 21
Beethoven, Ludwig van 11, 14, 18–21, 144
Beethoven, Maria Magdalena van (geb. Keverich) 13, 15–18, 20f.
Beltramini, Giuseppe 191
Benn, Gottfried 204
Berg, Alban 170, 173
Bergman, Ingrid 237, 242
Berlusconi, Silvio 11, 158–166
Bernhardt, Sarah 72
Billroth, Theodor 72
Bindnagel, Maria Magdalena 211
Bismarck, Otto von 71
Böcklin, Arnold 178
Bogart, Humphrey 237, 242
Brahms, Johannes 144

Brecht, Bertolt 11, 86–88, 90–93
Breitbach, Joseph 14
Brentano, Clemens von 13, 16
Britten, Benjamin 11, 142–151
Britten, Edith 144
Brod, Max 94, 96, 101, 103, 105
Buber, Martin 94
Buñuel, Luis 207
Burnett, Frances 237–239, 243
Burnett, Murray 237–244
Burra, Peter 144
Busse, Carl 98

Camilleri, Andrea 162f.
Camus, Albert 204
Camus, Francine 117
Chotek, Bohuslaw Graf von Chowoka und Wognin 57f.
Chotek, Sophie Gräfin von Chowoka und Wognin 55, 57–60, 62, 65

Für Musikliebhaber und Weltenbummler

Der prachtvolle römische Palazzo, in dem Puccini seine Tosca zur Mörderin werden lässt, beherbergt heute die französische Botschaft; Gustav Mahlers Elternhaus, in dem der Sechsjährige seine ersten Noten aufs Papier kritzelt, steht im südböhmischen Iglau; nur der Tempel, der der »Göttin« Maria Callas am Ufer des Gardasees zugedacht war, wartet noch immer auf seinen Bau. Ungezählt sind sie und über die ganze Welt verstreut: die Schauplätze der Musik. Weltenbummler Dietmar Grieser ist ihnen nachgereist, um ihren Genius loci aufzuspüren. Wo spielt Verdis Oper »Maskenball«, wo die Lehár-Operette »Schön ist die Welt«? Wie wurde Wien zur Welthauptstadt der Musik? Der Autor fährt mit dem Opernbus nach Pressburg und Brünn, in Nagasaki lauscht er der Geschichte der originalen »Butterfly«. Er übt mit Elvis Presley »Muss i denn ...« und sucht unter 250 Damen die echte Lili Marleen. Eine Reise zu bekannten und unbekannten Musik-Schauplätzen – und ein großes Lesevergnügen.

....

Dietmar Grieser

Schön ist die Welt
Schauplätze der Musik

272 Seiten, mit zahlreichen Abbildungen
ISBN 978-3-99050-096-5
eISBN 978-3-903083-71-4

Amalthea   amalthea.at

Tierische Kultfiguren aus Geschichte
und Literatur, Musik und Film

Die Chow-Chow-Hündin Jofie, die Sigmund Freud als »Ordinationshilfe« gedient, die Schmetterlinge, denen »Lolita«-Autor Vladimir Nabokov sein Leben lang nachgejagt, die Möpse, die Loriot zur Kultfigur erhoben, und die Boxerhunde, denen Bruno Kreisky gehuldigt hat – lauter Tiere, die es »zu was gebracht haben«: zu einem Namen, zu Ruhm, vielleicht gar zu literarischer Verewigung.

Diesen Geschöpfen und vielen mehr ist Dietmar Griesers Spurensuche gewidmet: Wie ist der Doppeladler zu Österreichs Wappentier geworden? Was steckt hinter den Figuren des Musicals »Cats«, was hinter Marie von Ebner-Eschenbachs »Krambambuli«? Wieso reiste der Schah von Persien mit einem Rudel Gazellen zu seinem Staatsbesuch nach Wien? Was sucht das Schwein des heiligen Antonius im Stephansdom?

Ein Buch, das mit einer Fülle von Hintergrundwissen aufwartet, das zum Nachdenken über das Verhältnis von Mensch und Tier anregt – und das vor allem viel Spaß macht.

Dietmar Grieser

Geliebtes Geschöpf

Tiere, die Geschichte machten

272 Seiten, mit zahlreichen Abbildungen
ISBN 978-3-99050-045-3
eISBN 978-3-903083-28-8

Amalthea amalthea.at

Auf Entdeckungsreisen mit

Das gibt's nur in Wien
Eine autobiographische Spurensuche
ISBN 978-3-85002-805-9

Landpartie
*Begegnungen, Erlebnisse und
Entdeckungen in Österreich*
ISBN 978-3-85002-839-4

Das *zweite* Ich
*Von Hans Moser bis Kishon,
von Falco bis Loriot*
ISBN 978-3-85002-756-4

Bestsellerautor Dietmar Grieser

Es ist nie zu spät

Ihr zweites Leben
Von Charlie Chaplin
bis Karlheinz Böhm

ISBN 978-3-85002-718-2

Wege, die man nicht vergißt

Entdeckungen und Erinnerungen

ISBN 978-3-99050-001-9

Die böhmische Großmutter

Reisen in ein fernes nahes Land

ISBN 978-3-85002-536-2